2025 国家统一法律职业资格考试

百日通关攻略

BAIRI TONGGUAN GONGLÜE

民 法

嗨学法考 组编　　段波 编著

中国农业出版社
北 京

图书在版编目（CIP）数据

国家统一法律职业资格考试·百日通关攻略. 民法 / 嗨学法考组编；段波编著. -- 北京 : 中国农业出版社, 2024. 9. -- ISBN 978-7-109-32497-8

Ⅰ. D92

中国国家版本馆CIP数据核字第2024JH8208号

国家统一法律职业资格考试·百日通关攻略·民法

GUOJIA TONGYI FALÜ ZHIYE ZIGE KAOSHI · BAIRI TONGGUAN GONGLÜE · MINFA

中国农业出版社出版

地址：北京市朝阳区麦子店街18号楼

邮编：100125

责任编辑：刁乾超

文字编辑：陈亚芳

责任校对：赵 硕

印刷：正德印务（天津）有限公司

版次：2024年9月第1版

印次：2024年9月第1次印刷

发行：新华书店北京发行所

开本：787mm×1092mm 1/16

总印张：89.5

总字数：2233千字

总定价：298.00元（全8册）

使用指南

第一次使用本书的同学们，请花几分钟阅读本页，了解如何最大限度地使用这本书。另外，本书的权益是配套课程及题库，扫码即可获取8位作者的240小时配套精讲课程及章节精练3500题。同学们可以对着本书，听课、练习！

知识点 »
这里是高频考察的知识点，须仔细阅读，如未完全理解可立即听课加深理解。

图 表 »
简洁明了的表格，提炼考点的关键信息，方便你对比记忆。

例 »
举例子，方便你更易读懂重要知识点。

题 »
精选与章节知识点相结合的题，助你及时检验学习成果，查漏补缺。

注 意 »
关键信息提示，加深理解，避免忽视重点信息。

☀ 知识点

一、自然人的民事权利能力

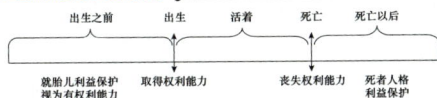

出生之前	出生	活着	死亡	死亡以后
就胎儿利益保护视为有权利能力	取得权利能力		丧失权利能力	死者人格利益保护

1.信用证欺诈的种类		（1）开立假信用证；（2）"软条款"信用证，即以信用证附加条件等方式加重受益人（卖方）风险；（3）伪造单据；（4）以保函换取与信用证相符的提单；（5）受益人（卖方）恶意不交货或交付的货物无价值等
2.信用证欺诈例外（止付信用证项下款项）	（1）止付条件	①必须由有管辖权的法院审理判决终止支付信用证项下款项；②申请人须提供证据材料证明有信用证欺诈情形；③不中止支付将会使申请人合法权益遭到难以弥补的损失；④申请人提供了可行、充分的担保。
	（2）禁止止付情形	若存在如下情形，则不能再通过司法手段干预信用证下的付款；①开证行的指定人、授权人已按照开证行的指令善意地进行了付款或承兑；②保兑行善意地履行了付款义务；③议付行善意地进行了议付。

例 甲死亡时，父亲早已去世，留有母亲和怀孕的妻子，B超检查为官内单胎。甲留有遗产30万元，在分割遗产时，视为胎儿有权利能力，参与继承。若胎儿出生为死体，则其民事权利能力自始不存在，甲的遗产由甲的继承人（甲妻和甲母）继承（每人各得二分之一）。若胎儿出生时为活体随即死亡（先活后死），则甲的遗产先被出生的婴儿、甲妻、甲母继承（该婴儿、甲妻、甲母各得三分之一），该婴儿死亡后其所得遗产再被其继承人（甲的妻子）继承，此时甲的妻子得三分之二（甲母得三分之一）。

[考点练习]
根据《民事诉讼法》和有关司法解释的规定，以下哪种证据，当事人无权申请法院责令对方当事人提交？
A. 书证　　　　　　B. 物证
C. 视听资料　　　　D. 电子数据
答案：B
解析：根据《民事证据规定》，目前三类证据都可以申请文书提出命令：书证、视听资料、电子数据。在德日等大陆法系国家，有关书证的规则也适用于视听资料和电子数据，《民事证据规定》第99条作了同样的规定：关于书证的规定适用于视听资料、电子数据。

🔍 注意 法是统治阶级意志的体现，并不意味着统治阶级的意志就是法。统治阶级的意志只有经过国家机关被上升为国家意志、被客观化正式化为具体规定才能成为法。统治阶级意志也可能表现为政策等。

考 点
掌握主要知识点，让学习目标更明确。

文 字
双色突出重点，助你快速识别知识要点。

解 析
深化解题思路，掌握解题技巧。

step 1

点击 学习 —— 在这里找到2025考季百日通关课程，点击进入。

2025百日通关图书配课
2025.12.31过期　去学习>

step 2

点击 课程 —— 在这里可以看到8大科目并可随意切换，选定相应科目后，点击学习即可听课。

step 3

点击 题库 —— 在这里切换做题模式。

点击 客观题 —— 在这里可以切换"客观题"和"主观题"两种考试形式，选定科目后即可看到相应的章节精练。

数字化题库记录你的做题数据、错题集、收藏夹、练习历史，方便查漏补缺。

目 录

第三编　合同

第四编　人格权

第五编　婚姻家庭

第六编　继承

第七编　侵权责任

第一编　总则

导论 一般规定

扫描右侧二维码"听课+做题",直达最佳学习效果

1. 在线听课:学习本章节核心考点讲解课程。

2. 在线刷题:点击⌂进入题库做章节练习。

一、民法的基本原则

(一)民事权益受法律保护原则

民事权益受法律保护,是指一切民事主体的合法民事权益,包括人身权利、财产权利以及其他合法权益,均受法律保护,任何组织或者个人不得侵犯,若受到损害,民事主体有权以自己名义主张权利或者请求人民法院予以保护。

《民法典》第3条 民事主体的人身权利、财产权利以及其他合法权益受法律保护,任何组织或者个人不得侵犯。

(二)平等原则

平等原则,是指在民事活动中一切当事人法律地位平等,当事人的人格完全平等,任何一方不得将自己的意志强加给对方。

平等原则是民事法律关系的本质特征,也是区别于其他法律关系的主要标志。平等原则表现在:(1)自然人的民事权利能力一律平等;(2)民事主体在民事法律关系中法律地位平等;(3)民事主体在民事活动中受到平等对待,一方不得强迫或干涉另一方的意思自由;(4)权利受到损害时,受到平等保护。

《民法典》第4条 民事主体在民事活动中的法律地位一律平等。

(三)自愿原则

自愿原则也称意思自治原则,是指民事主体在法定范围内享有广泛的行为自由,并根据自己的真实意志设立、变更、消灭民事法律关系的基本准则。

自愿原则是民法最核心的原则,在合同领域赋予民事主体为自己设定权利或义务的自由。平等原则是自愿原则的前提,自愿原则是平等原则的体现。

自愿原则表现在:(1)民事主体在法律规定的范围内有权决定是否参加民事活动以及如何参加民事活动;(2)民事主体可以自由决定合同相对人及合同内容。

《民法典》第5条 民事主体从事民事活动,应当遵循自愿原则,按照自己的意思设立、变更、终止民事法律关系。

（四）公平原则

公平原则，是针对民事权益确定的基本原则，是指对人身利益和财产利益进行分配时，必须以社会公认的公平观念作为基础，维持民事主体之间利益均衡的基本规则。

公平原则是自愿原则的必要补充，公平原则强调在市场经济活动中，对任何一方享受公平合理的对待，既不享有任何特权，也不履行任何不公平的义务，权利与义务相一致。

公平原则表现在：（1）民事主体从事民事活动时，本着公平理念确定双方的权利义务关系；（2）司法机关处理民事纠纷的过程中依据公平原则行使自由裁量权（如情势变更）。

《民法典》第6条　民事主体从事民事活动，应当遵循公平原则，合理确定各方的权利和义务。

（五）诚信原则

诚信原则，是民法针对具有交易性质的民事行为和民事活动确定的最高规则，是将诚实信用的市场伦理道德准则吸收到民法规则当中，约束具有交易性质的民事行为和民事活动的行为人应当诚实守信、恪守承诺的民法最高准则。

诚信原则被称为民法中的"帝王条款"，是道德法律化后的产物。

诚信原则表现在：（1）要求民事主体正当行使权利，禁止权利滥用；（2）正当履行义务，在合同对义务履行未约定时，根据诚信原则履行。

《民法典》第7条　民事主体从事民事活动，应当遵循诚信原则，秉持诚实，恪守承诺。

【例题】（2017–3–1）甲、乙二人同村，宅基地毗邻。甲的宅基地倚山、地势较低，乙的宅基地在上将其环绕。乙因琐事与甲多次争吵而郁闷难解，便沿二人宅基地的边界线靠己方一侧，建起高5米围墙，使甲在自家院内却有身处监牢之感。乙的行为违背民法的下列哪一基本原则？

A. 自愿原则　　　　　　　　　B. 公平原则
C. 平等原则　　　　　　　　　D. 诚信原则

【答案】D

（六）公序良俗原则

公序良俗是由公共秩序和善良风俗两个概念组成的。公共秩序也叫作社会公共利益，是指社会全体成员的共同利益。善良风俗也叫作社会公共道德，是指由社会全体成员所普遍认可、遵循的道德准则。

公序良俗原则表现在：（1）违背公序良俗的合同无效；（2）习惯要成为民事渊源，不得违背公序良俗；（3）子女姓氏的选取需符合公序良俗原则，原则上随父姓或母姓。

《民法典》第8条　民事主体从事民事活动，不得违反法律，不得违背公序良俗。

【例题】（2019真题回忆版）甲男、乙女离婚，育有一女丙，两人离婚时为了更好地履行对女儿的抚养义务，故协议：乙女离婚后再婚不得再生小孩，以便更好养育丙女。

此协议违反了哪个原则？

A. 公序良俗原则   B. 公平原则

C. 自愿原则   D. 平等原则

【答案】A

（七）绿色原则

绿色原则也称为生态原则，是指民法要求民事主体在从事民事活动时，应当有利于节约资源、保护生态环境，实现人与自然的平衡，促进人与环境和谐相处的基本准则。

《民法典》第9条　民事主体从事民事活动，应当有利于节约资源、保护生态环境。

二、民法的法源

《民法典》第10条　处理民事纠纷，应当依照法律；法律没有规定的，可以适用习惯，但是不得违背公序良俗。

（一）法源位阶

1. 法律作为第一位阶法源。这里的"法律"，为广义上的法律。依《最高人民法院关于裁判文书引用法律、法规等规范性法律文件的规定》第4条，"法律"应被理解为对法官裁判有拘束力的规范性文件的统称，包括狭义上的法律、法律解释、行政法规、地方性法规、自治条例和单行条例以及司法解释等；而依其第6条，规章不属于民法渊源，但在审理案件时可参照适用。

2. 习惯作为第二位阶法源。作为法源的习惯和单纯事实上的习惯不完全一样。事实上的习惯仅属一种惯行，缺乏法的确信；作为法源的习惯则须以多年惯行的事实以及普通一般人之确信为其成立基础，是某一地域、行业中被长期遵守的民间习俗、惯常做法等〔《最高人民法院关于适用〈中华人民共和国民法典〉总则编若干问题的解释》（简称《民法典总则编解释》）第2条第1款〕。判断是否构成民法法源的习惯，须满足三个条件：一是是否具有长期性、恒定性、内心确信性；二是是否具有具体行为规则属性，即并非宽泛的道德评价标准，能够具体引导人们的行为；三是是否符合公序良俗和社会主义核心价值观。

在民事诉讼中，当事人主张适用习惯的，一般应就其确实存在和具体内容负担举证责任，但法院也可在必要时依职权予以调查。（《民法典总则编解释》第2条第2款）

【典型案例1】陈某田、王某兰等与南通中智建设工程有限公司一般人格权纠纷案

【江苏省南通市中级人民法院（2015）通中民终字第00832号民事判决】

【裁判要旨】我国立法对"遗体瞻仰、告别、吊唁、知情权"没有明确规定，但根据民事法律适用原则，有法律依照法律规定，没有法律规定依照民事习惯。按照我国民间风俗习惯，亲人去世之后，近亲属有瞻仰、告别、吊唁等权利，以寄托哀思。

【典型案例2】北京奇虎科技有限公司、奇智软件（北京）有限公司诉腾讯科技（深圳）有限公司、深圳市腾讯计算机系统有限公司不正当竞争纠纷案

【最高人民法院（2013）民三终字第5号民事判决】

【裁判要旨】行业性规范通常反映了行业内的公认商业道德和行为标准，可以成为人

民法院发现和认定行业惯常行为标准和公认商业道德的重要渊源。

（二）特别法与一般法的关系

1.总则编与分则各编的关系。

从体系上讲，总则编主要是围绕主体、客体、法律行为、民事责任等法律关系的基本要素展开，而有关具体的民事权利、义务内容则规定在分则各编中。分则各编的具体规定通常可以直接适用于案件审理，但当分则各编没有相应的具体规定时，往往需要适用总则编中的一般规定。例如，在处理某一具体的合同纠纷案件时，先要到《民法典》合同编的典型合同分编中查找是否存在与该合同有关的特别规定。如果有，就要**优先适用**特别规定，只有在没有找到特别规定时，才能适用合同编通则部分的规定；也只有在合同编通则部分没有特别规定时，才能适用总则编关于法律行为与代理的一般规定。当然，并非所有分则各编未具体规定的问题都可以适用总则编的规定，尤其是涉及**身份关系**的情形。因此，《民法典总则编解释》第1条第1款规定：《民法典》第二编至第七编对民事关系有规定的，人民法院直接适用该规定；《民法典》第二编至第七编没有规定的，适用《民法典》第一编的规定，但是根据其性质不能适用的除外。

2.民法典与其他法律的关系。

（1）对于同一民事关系，其他民事法律的规定属于对《民法典》**相应规定的细化的**，应当适用该民事法律的规定。例如，《民法典》第1165条第2款规定"依照法律规定推定行为人有过错，其不能证明自己没有过错的，应当承担侵权责任"，而《个人信息保护法》第69条第1款明确规定了处理个人信息侵害个人信息权益造成损害，适用过错推定责任。对此类纠纷，就应当适用《个人信息保护法》的这一规定。又如，《电子签名法》第28条关于侵害电子签名人利益归责原则的规定就构成了对《民法典》第1165条第2款有关过错推定责任规定的细化，此时应当适用《电子签名法》的规定。

（2）《民法典》规定适用其他法律的规定的，适用该法律的规定。因为在此种情形下，《民法典》已经作出了**适用其他法律的指引或者授权**，此时适用其他法律的规定也不存在与《立法法》规定相冲突的问题。例如，《产品质量法》第45条规定，因产品存在缺陷造成损害要求赔偿的诉讼时效期间为2年，《民法典》第188条明确"法律另有规定的，依照其规定"，此时应当适用《产品质量法》的规定。又如，《消费者权益保护法》关于消费者合同的规定，其适用对象为"经营者"和"消费者"订立的合同，故此等规定相对于《民法典》合同编而言为特别法规范；其中如反悔权、惩罚性赔偿之类的规定，一方面优先于《民法典》而被适用，另一方面又仅适用于消费者合同。

三、权利滥用

《民法典》第132条　民事主体不得滥用民事权利损害国家利益、社会公共利益或者他人合法权益。

《民法典总则编解释》第3条　对于《民法典》第132条所称的滥用民事权利，人民法院可以根据权利行使的对象、目的、时间、方式、造成当事人之间利益失衡的程度等因素作出认定。

行为人以损害国家利益、社会公共利益、他人合法权益为主要目的行使民事权利的，人民法院应当认定构成滥用民事权利。

构成滥用民事权利的，人民法院应当认定该滥用行为**不发生相应的法律效力**。滥用民事权利造成损害的，依照《民法典》第七编等有关规定处理。

例 1 在夜晚通常认为应当休息的时间，权利人不得以行使权利为由制造噪声，影响他人安宁。

例 2 在姚某与潘某相邻损害防免关系纠纷中，姚某安装的可视门铃对潘某进出住宅等活动信息进行自动记录、存储，超出了防盗的必要范围和合理限度，法院认定构成滥用民事权利。

例 3 原告居于被告楼下，被告将其厨房改为厕所，虽然被告对自己所有的房屋进行装修是其行使物权的具体体现，但因此造成厕所位于原告厨房之上，引起原告心理不适。其权利行使方式明显不当，属于以违背公序良俗的方式行使权利，法院判决其恢复原状。

例 4 黄某、顾某因邻里纠纷产生积怨，后黄某故意在顾某母亲坟前挖粪坑并倾倒粪便。该粪坑虽然是修建在黄某自家承包地内，但其以违背公序良俗的方式行使权利，且以损害他人合法权益为主要目的，因而构成了权利滥用，故黄某在自己的承包地上挖粪坑的行为不产生相应的法律效力，因此，法院支持顾某关于恢复原状的主张。

例 5 违约程度显著轻微，不影响守约方合同目的实现时，守约方主张解除合同的构成滥用解除权，是滥用形成权的典型情形。构成滥用解除权的，该滥用行为不发生解除权行使的效力。

第一章　自然人

📚 **本章导读**

　　本章需要考生理解各个考点的概念，重点掌握自然人的民事权利能力的开始和终止，胎儿利益的特殊保护，自然人的民事行为能力的类型及特点，监护的设立和撤销规则，宣告失踪和宣告死亡的效力及撤销的法律后果。

💡 **知识点**

一、自然人的民事权利能力

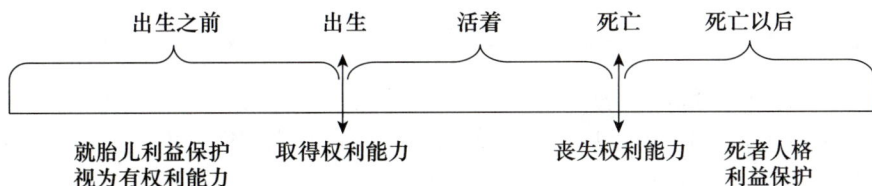

　　1. 权利能力的起止：自然人从出生时起到死亡时止，具有民事权利能力，依法享有民事权利，承担民事义务。自然人的出生时间和死亡时间，以出生证明、死亡证明记载的时间为准；没有出生证明、死亡证明的，以户籍登记或者其他有效身份登记记载的时间为准。有其他证据足以推翻以上记载时间的，以该证据证明的时间为准。（证据＞出生证明＞户籍证明）

　　2. 胎儿权利能力：涉及遗产继承、接受赠与等胎儿利益保护的，胎儿视为具有民事权利能力。但是，胎儿娩出时为死体的，其民事权利能力自始不存在。（《民法典》第16条）

　　例　甲死亡时，父亲早已去世，留有母亲和怀孕的妻子，B超检查为宫内单胎。甲留有遗产30万元，在分割遗产时，视为胎儿有权利能力，参与继承。若胎儿出生为死体，则其民事权利能力自始不存在，甲的遗产由甲的继承人（甲妻和甲母）继承（每人各得二分之一）。若胎儿出生时为活体随即死亡（先活后死），则甲的遗产先被出生的婴儿、甲妻、甲母继承（该婴儿、甲妻、甲母各得三分之一），该婴儿死亡后其所得遗产再被其继承人（甲的妻子）继承，此时甲的妻子得三分之二（甲母得三分之一）。

　　【例题】（2020真题回忆版）甲怀孕期间因身体不适就医，因医生用药错误，致甲险些流产，虽保住了胎儿，但造成了胎儿乙残疾，甲也受到了身体伤害，甲因此向医院主张侵权赔偿。对此，下列哪一说法是正确的？

A.甲、乙均有损害赔偿请求权　　　　B.只有甲有损害赔偿请求权

C.甲、乙均无损害赔偿请求权　　　　D.只有乙有损害赔偿请求权

【答案】A

3.胎儿接受赠与要分为两个层次，第一，胎儿有权利能力，因而有接受赠与的资格；第二，胎儿没有行为能力，因而需要其父母以"未来的"法定代理人的身份代为接受赠与。根据《民法典总则编解释》第4条的规定，涉及遗产继承、接受赠与等胎儿利益保护，父母在胎儿娩出前作为法定代理人主张相应权利的，人民法院依法予以支持。

例　郭某意外死亡，其妻甲怀孕两个月。郭某父亲乙与甲签订协议："如把孩子顺利生下来，就送十根金条给孩子。"当日乙把八根金条交给了甲。孩子顺利出生后，乙与甲签订的附条件的赠与协议条件成就，协议生效。

4.死者没有人格权，但其人格利益受法律保护。

《民法典》第994条　死者的姓名、肖像、名誉、荣誉、隐私、遗体等受到侵害的，其配偶、子女、父母有权依法请求行为人承担民事责任；死者没有配偶、子女且父母已经死亡的，其他近亲属有权依法请求行为人承担民事责任。

《民法典》第185条　侵害英雄烈士等的姓名、肖像、名誉、荣誉，损害社会公共利益的，应当承担民事责任。

二、自然人的民事行为能力

1.行为能力与民事法律行为：

行为能力制度仅仅适用于法律行为和准法律行为，不适用于事实行为（如先占、创作、无因管理）。

（1）无民事行为能力人实施的民事法律行为无效。（《民法典》第144条）

（2）限制民事行为能力人实施的纯获利益的民事法律行为或者与其年龄、智力、精神健康状况相适应的民事法律行为有效；实施的其他民事法律行为经法定代理人同意或者追认后有效。（《民法典》第145条）

根据《民法典总则编解释》第5条的规定，限制民事行为能力人实施的民事法律行为是否与其年龄、智力、精神健康状况相适应，人民法院可以从行为与本人生活相关联的程度，本人的智力、精神健康状况能否理解其行为并预见相应的后果，以及标的、数量、价款或者报酬等方面认定。

（3）完全民事行为能力人可以独立实施民事法律行为——不代表一定有效。（《民法典》第18条）

2.关于纯获利益，以接受赠与而言，须注意以下三个层次：

（1）胎儿、无民事行为能力人、限制民事行为能力人都有权利能力；

（2）如法定代理人代为接受赠与，则一律有效；

（3）无民事行为能力人自行接受赠与无效，限制民事行为能力人自行接受赠与有效（后者父母没有否决的权利，亦即，即使父母拒绝追认，也是有效的）。

【**例题**】（2021真题回忆版）国家专业舞蹈演员张某到基层调研，观看某小学舞蹈演出，现场发现10周岁的杨某在舞蹈方面颇有天赋，于是决定向杨某资助100万元，专门用于舞蹈培训和舞蹈学习方面的支出，杨某现场欣然接受。杨某父母知道后坚决反对，果断拒绝。对此，下列说法正确的是：

A. 该赠与合同有效

B. 该赠与合同因父母拒绝而无效

C. 该赠与合同属于纯获利，杨某父母不应该拒绝

D. 杨某父母有权拒绝接受赠与

【**答案**】A

3. 在电子商务中**推定**当事人具有相应的民事行为能力。但是，有相反证据足以推翻的除外——行为能力的举证责任在买家。

4. **16周岁以上不满18周岁**的自然人，能够以自己的劳动取得收入，并能维持当地群众一般生活水平的，可以认定为以自己的劳动收入为主要生活来源的完全民事行为能力人。

例 小明今年15周岁，就读于某电影学院，片酬为其主要生活来源。但因其未满16周岁不能视为完全民事行为能力人，所以其所实施的法律行为仍以效力待定为原则。而事实行为（如创作、先占、无因管理等）不以行为能力为要件，因此小明民事行为能力的欠缺不影响事实行为的效力。

【**例题**】（2018真题回忆版）甄女和贾男结婚，2009年1月生一子贾小男。在贾男患病时，甄女悉心照料，贾男父亲老贾从未过问。后贾男病故，其父老贾心怀愧疚，遂分别于2015年1月和2017年8月将一幅价值百万元的名画和一块价值10万元的表赠送给贾小男，但随后都被甄女拒绝。则关于两次赠与的效力，下列说法正确的有：

A. 两个赠与合同都有效

B. 送表合同有效，送画合同无效

C. 两个赠与合同都无效

D. 送画合同有效，送表合同无效

【**答案**】B

三、监护

（一）对无民事行为能力人和限制民事行为能力人的监护人的确定

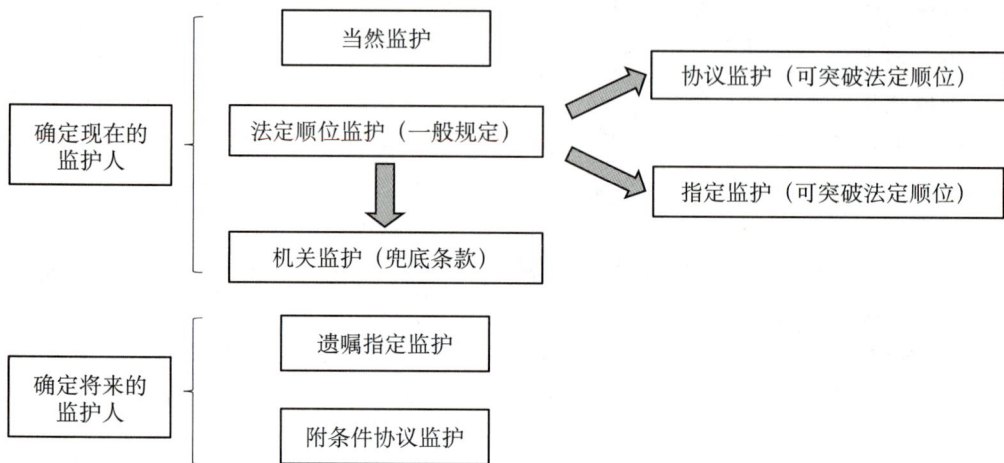

1. 法定监护的一般情形。

（1）当然监护：未成年人的父母是未成年人的监护人。

基于父母与子女的最为亲近的血缘关系和伦理关系，父母在有监护能力的时候，其监护人身份不得通过协商转移，也不因一方立遗嘱指定其他人为监护人而丧失。

未成年人的父母与其他依法具有监护资格的人订立协议，约定免除具有监护能力的父母的监护职责的，该约定无效（即父母仍是当然监护人）。（《民法典总则编解释》第8条第1款）

未成年人由父母担任监护人，父母中的一方通过遗嘱指定监护人，另一方在遗嘱生效时有监护能力，则仍然以父母中的另一方为监护人。（《民法典总则编解释》第7条第2款）

（2）法定顺位监护：未成年人的父母已经死亡或者没有监护能力的，依次担任监护人的有：①祖父母、外祖父母；②兄、姐；③经该未成年人住所地居民委员会、村民委员会或者民政部门同意的愿意担任监护人的个人或者组织。根据《民法典》第28条的规定，对无民事行为能力或者限制民事行为能力的成年人，其法定监护人的范围和顺序是：①配偶；②父母、成年子女；③其他近亲属；④经该成年人所在地居民委员会、村民委员会或者民政部门同意的愿意担任监护人的个人或者组织。

人民法院认定自然人的监护能力，应当根据其年龄、身心健康状况、经济条件等因素确定；认定有关组织的监护能力，应当根据其资质、信用、财产状况等因素确定。

（3）机关监护：《民法典》第32条规定，没有依法具有监护人资格的人的，监护人由民政部门担任，也可以由具备履行监护职责条件的被监护人住所地的居民委员会、村民委员会担任。

2. 协议监护和指定监护。

（1）协议监护。《民法典》第30条规定：依法具有监护资格的人之间可以协议确定

监护人。协议确定监护人应当尊重被监护人的真实意愿。

未成年人的父母与其他依法具有监护资格的人订立协议，约定免除具有监护能力的父母的监护职责的，人民法院不予支持。依法具有监护资格的人之间依据《民法典》第30条的规定，约定由《民法典》第27条第2款、第28条规定的不同顺序的人共同担任监护人，或者由顺序在后的人担任监护人的，人民法院依法予以支持。

被依法指定的监护人与其他具有监护资格的人之间协议变更监护人的，人民法院应当尊重被监护人的真实意愿，按照最有利于被监护人的原则作出裁判。

应试点睛

监护人因患病、外出务工等原因在一定期限内不能完全履行监护职责，将全部或者部分监护职责委托给他人的，受托人不是监护人；监护人责任仍然由委托人承担，受托人如有过错，承担与其过错相应的责任。

（2）指定监护。指定监护是指有法定监护资格的人之间对监护人的确定有争议时，由特定单位（组织）指定监护人。

民法典规定的有权指定监护人的单位，是被监护人住所地的居民委员会、村民委员会或者民政部门。有关当事人对指定不服的，可以在30日内向人民法院申请指定监护人；有关当事人也可以直接向人民法院申请指定监护人。有关当事人在接到指定通知之日起30日后提出申请的，人民法院应当按照变更监护关系处理。

应试点睛

一步到位或者两步到位均可。

指定监护的原则有二：其一，最有利于被监护人；其二，尊重被监护人的真实意愿。

人民法院依据《民法典》第31条第2款、第36条第1款的规定指定监护人时，应当尊重被监护人的真实意愿，按照最有利于被监护人的原则指定，具体参考以下因素：①与被监护人生活、情感联系的密切程度；②依法具有监护资格的人的监护顺序；③是否有不利于履行监护职责的违法犯罪等情形；④依法具有监护资格的人的监护能力、意愿、品行等。

人民法院依法指定的监护人一般应当是一人，由数人共同担任监护人更有利于保护被监护人利益的，也可以是数人。

例 甲、乙为夫妻，生子小甲（未成年）。

（1）如甲、乙离婚，则小甲的监护人仍然为甲、乙；如甲死亡乙健在，则小甲的监护人为乙；如甲、乙双亡，则小甲的监护人适用法定的顺位监护规则来确定（祖父母、外祖父母——兄、姐——其他愿意担任监护人的个人或者组织）。

（2）如甲死亡乙健在，但甲立有遗嘱指定小甲的监护人为丙，则小甲的监护人仍然为乙；如果甲、乙分别立有遗嘱为小甲指定监护人，然后甲、乙先后死亡，则小甲的监护人是乙的遗嘱中所指定的监护人。

（3）如果甲、乙都健在，但是甲、乙与小甲的爷爷老贾协商将监护人资格转交于老贾，该协商原则上无效，但是如果甲、乙与老贾的约定是甲、乙丧失监护能力时由老贾担任监护人的，该约定有效。

（4）如甲、乙双方死亡，小甲的有监护资格的人就谁担任小甲的监护人发生争议，则：

①有监护资格的人之间可以协议确定监护人，该监护人可以是不同顺序的数人，也可以是顺序在后的人。

②如果协议确定监护人不成，则可以申请小甲住所地的居民委员会、村民委员会或者民政部门进行指定。有关当事人对指定不服的，可以在接到指定通知之日起30日内向人民法院申请指定监护人；有关当事人也可以直接向人民法院申请指定监护人。

（5）如果甲、乙都健在且在有监护能力时与老贾签订协议，约定在甲、乙丧失监护能力之时由老贾担任监护人，则在甲、乙丧失监护能力之前，老贾可以解除该协议；在甲、乙丧失监护能力之后，老贾不得解除该协议（此时如果老贾有怠于履行监护职责的行为，则其他有监护资格的人可以向人民法院申请撤销其监护人资格）。

3. 遗嘱指定监护。

遗嘱指定监护仅适用于父母担任监护人的情形，故遗嘱指定监护于遗嘱人死亡时生效。

担任监护人的被监护人父母通过遗嘱指定监护人，遗嘱生效时被指定的人不同意担任监护人的，人民法院应当适用《民法典》第27条、第28条的规定确定监护人。

未成年人由父母担任监护人，父母中的一方通过遗嘱指定监护人，另一方在遗嘱生效时有监护能力，有关当事人对监护人的确定有争议的，人民法院应当适用《民法典》第27条第1款的规定确定监护人。

4. 附条件协议监护。

未成年人的父母与其他依法具有监护资格的人订立协议，约定在未成年人的父母丧失监护能力时由该具有监护资格的人担任监护人的，人民法院依法予以支持。

（二）为完全民事行为能力人设立"将来的监护人"

意定监护是依条件成立委托合同的监护。《民法典》第33条规定：具有完全民事行为能力的成年人，可以与其近亲属、其他愿意担任监护人的个人或者组织事先协商，以书面形式确定自己的监护人，在自己丧失或者部分丧失民事行为能力时，由该监护人履行监护职责。该合同属于附生效条件之合同，须以书面形式订立。**该委托合同成立后并不立即生效，要在委托人丧失或者部分丧失民事行为能力时才生效。协议的任何一方在该成年人丧失或者部分丧失民事行为能力前都有权请求解除协议；但在该成年人丧失或者部分丧失民事行为能力后，协议确定的监护人无正当理由不得请求解除协议。该成年人丧失或者部分丧失民事行为能力后，协议确定的监护人有撤销监护人资格的法定事由，有关个人、组织申请撤销其监护人资格的，人民法院依法予以支持。**

例 苏某（60周岁）丧偶，其子女均已成家，苏某独自生活。苏某与比他小20周岁的蔡某相识，双方签订书面协议约定，待苏某丧失生活自理能力后由蔡某作为监护人履行监护职责，蔡某履行义务后，苏某死后名下的一半遗产由蔡某继承。则：虽然**苏某**

有子女作为监护人，但监护协议依然有效，如果蔡某履行完毕义务，则蔡某有权继承苏某的一半遗产（这其实是一份遗赠扶养协议）。

（三）监护人的职责

根据《民法典》第34条的规定，监护人的职责主要有：

（1）代理被监护人实施民事法律行为。

（2）保护被监护人的人身权利、财产权利以及其他合法权益等。

监护人不履行监护职责或者侵害被监护人合法权益的，应当承担法律责任。

因发生突发事件等紧急情况，监护人暂时无法履行监护职责，被监护人的生活处于无人照料状态的，被监护人住所地的居民委员会、村民委员会或者民政部门应当为被监护人安排必要的临时生活照料措施。

根据《民法典》第35条的规定，监护人应当按照最有利于被监护人的原则履行监护职责。监护人除为维护被监护人利益外，不得处分被监护人的财产。未成年人的监护人履行监护职责，在作出与被监护人利益有关的决定时，应当根据被监护人的年龄和智力状况，尊重被监护人的真实意愿。成年人的监护人履行监护职责，应当最大程度地尊重被监护人的真实意愿，保障并协助被监护人实施与其智力、精神健康状况相适应的民事法律行为。对被监护人有能力独立处理的事务，监护人不得干涉。

例 监护人将被监护人的财产的一部分赠与其长辈（比如给爷爷、奶奶节日礼物）构成侵权，监护人将被监护人的财产用于炒股发生亏损也认定为侵权；但是，监护人使用被监护人的财产为被监护人购买房产一般不能认定为侵权（因为投资房产在过去二十多年始终是低风险高收益的行为，符合社会观念的一般认知）。

（四）监护关系的终止与变更

监护关系终止主要有以下五种原因：

（1）被监护人取得或者恢复完全民事行为能力。

（2）监护人丧失监护能力。

（3）被监护人或者监护人死亡。

（4）人民法院认定监护关系终止的其他情形。

（5）监护人被撤销监护人资格。

监护人、其他依法具有监护资格的人之间就监护人是否有《民法典》第39条第1款第2项、第4项规定的应当终止监护关系的情形发生争议，申请变更监护人的，人民法院应当依法受理。经审理认为理由成立的，人民法院依法予以支持。

（五）监护人资格的撤销

1. 申请主体：其他依法具有监护资格的人，居民委员会、村民委员会、学校、医疗机构、妇女联合会、残疾人联合会、未成年人保护组织、依法设立的老年人组织、民政部门等。

2. 撤销主体：人民法院。

3. 撤销事由：严重损害被监护人身心健康、怠于履责以及无法履责且拒绝将监护职责委托给他人。

4. 撤销后果：

（1）父母、子女、配偶的法定义务（抚养、扶养、赡养）仍然存在。

（2）父母、子女的监护人资格在撤销后可以恢复，但对被监护人实施故意犯罪的除外。

例 甲为乙的父亲（同时为监护人），对乙有严重的虐待行为（构成犯罪），并将乙的一只手镯用于归还赌债。

（1）人民法院可依有关个人或者组织的申请，撤销甲的监护人资格。

（2）甲对乙的抚养义务不变（且不受诉讼时效限制）。

（3）甲的监护人资格不能恢复。

（4）对于甲侵害乙的财产权和人身权的行为，甲应当承担赔偿责任（时效从监护人资格被撤销时起算）。

（5）若甲的监护人资格被撤销，在乙的监护人确定前，人民法院可以指定乙住所地的居民委员会担任乙的临时监护人。

四、宣告失踪和宣告死亡

（一）一般规定

	宣告失踪	宣告死亡
失踪期与公告期	2年＋3个月 （失去音讯之日起算） （战争结束之日起算） （有关机关确定的下落不明之日起算）	①4年＋1年 ②意外事故下落不明：2年＋1年 ③意外事故下落不明经有关机关证明该自然人不可能生存：无须失踪期，公告期3个月
申请主体	利害关系人：配偶、父母、子女、兄弟姐妹、祖父母、外祖父母、孙子女、外孙子女、其他有民事权利义务关系的人（无先后顺序）	
宣告效力	1. 构成离婚的法定事由（不代表婚姻关系当然解除） 2. 产生财产代管人（由发生争议的法院指定），代管人对失踪人的财产没有处分权 3. 代管人失去代管能力、渎职、侵权的，利害关系人可以申请法院变更代管人 4. 代管人有正当理由也可申请变更代管人 5. 代管人承担过错责任，且轻过失免责	1. 死亡时间：人民法院宣告死亡的判决作出之日视为其死亡的日期； 因意外事件下落不明宣告死亡的，意外事件发生之日视为其死亡的日期 2. 死亡后果：发生和自然死亡相同的效果（遗产继承、配偶可以再婚） 3. 自然人并未死亡但被宣告死亡的，不影响该自然人在被宣告死亡期间实施的民事法律行为的效力（不意味着一定有效）
二者关系	宣告失踪不是宣告死亡的必经程序，利害关系人可以不经申请宣告失踪而直接申请宣告死亡 注意：如果失踪人不满足宣告死亡的条件（如下落不明仅3年），则利害关系人只能主张宣告失踪	

	1. 申请撤销死亡宣告的主体：本人或者利害关系人
"死去活来"	2. 申请撤销死亡宣告的条件：本人重新出现
	3. 被宣告死亡的人的婚姻关系，自死亡宣告之日起消除。死亡宣告被撤销的，婚姻关系自撤销死亡宣告之日起自行恢复。但是，其配偶再婚或者向婚姻登记机关书面声明不愿意恢复的除外
	4. 被撤销死亡宣告的人有权请求依照民法典继承编取得其财产的民事主体返还财产；无法返还的，应当给予适当补偿（第三人非通过继承而是合法取得的财产则无须返还） 利害关系人隐瞒真实情况，致使他人被宣告死亡而取得其财产的，除应当返还财产外，还应当对由此造成的损失承担赔偿责任

例 2012 年 1 月 20 日，甲外出旅游遇山洪暴发再无音讯。2014 年 6 月 5 日，甲父去世。之后甲被法院宣告死亡。甲和甲父留下诸多遗产，且甲父和甲的子女众多，对分财析产产生纠纷。就甲和甲父之间的继承关系，根据《民法典》第 48 条的规定，因意外事件下落不明宣告死亡的，意外事件发生之日为死亡之日。故甲的死亡日（2012.1.20）早于甲父的死亡日（2014.6.5），则：

（1）可以推定甲父继承甲的遗产；

（2）甲的儿子可以代位继承甲父遗产的相应份额。

【例题】（2021 真题回忆版）黄某有两个孩子黄伟和黄美，黄某一直和儿子黄伟住在一起。黄美与前夫有一子赵小星，后二人离婚，离婚后黄美与卢某再婚后共同抚养其与前妻的孩子卢小东直至成年。2021 年 2 月 1 日黄美因车祸去世，一个月后黄某也去世，并留下 3 套房屋，则谁有权继承黄某的遗产？

A. 黄伟　　　　　　　　　　B. 赵小星

C. 卢某　　　　　　　　　　D. 卢小东

【答案】AB

（二）关于利害关系人的认定

	宣告失踪	宣告死亡
第一顺位继承人（配偶、父母、子女和尽到赡养义务的丧偶儿媳、丧偶女婿）	√	√
第二顺位继承人（兄弟姐妹、祖父母、外祖父母）	√	1. 被申请人的配偶、父母、子女均已死亡或者下落不明的 2. 不申请宣告死亡不能保护其相应合法权益的
第一顺位的代位继承人（孙子女、外孙子女）	√	1. 被申请人的配偶、父母、子女均已死亡或者下落不明的 2. 不申请宣告死亡不能保护其相应合法权益的
第二顺位代位继承人（被继承人的子女的直系晚辈血亲、被继承人的兄弟姐妹的子女）	√	1. 被申请人的配偶、父母、子女均已死亡或者下落不明的 2. 不申请宣告死亡不能保护其相应合法权益的
债权人、债务人、合伙人	影响权利义务的才可以	不申请宣告死亡不能保护其相应合法权益的

《民法典总则编解释》第 14 条　人民法院审理宣告失踪案件时，下列人员应当认定为《民法典》第 40 条规定的利害关系人：

（一）被申请人的近亲属；

（二）依据《民法典》第 1128 条、第 1129 条规定对被申请人有继承权的亲属；

（三）债权人、债务人、合伙人等与被申请人有民事权利义务关系的民事主体，但是不申请宣告失踪不影响其权利行使、义务履行的除外。

《民法典总则编解释》第 16 条　人民法院审理宣告死亡案件时，被申请人的配偶、父母、子女，以及依据《民法典》第 1129 条规定对被申请人有继承权的亲属应当认定为《民法典》第 46 条规定的利害关系人。

符合下列情形之一的，被申请人的其他近亲属，以及依据《民法典》第 1128 条规定对被申请人有继承权的亲属应当认定为《民法典》第 46 条规定的利害关系人：

（一）被申请人的配偶、父母、子女均已死亡或者下落不明的；

（二）不申请宣告死亡不能保护其相应合法权益的。

被申请人的债权人、债务人、合伙人等民事主体不能认定为《民法典》第 46 条规定的利害关系人，但是不申请宣告死亡不能保护其相应合法权益的除外。

第二章　法人

📚 本章导读

本章要求考生熟练掌握法人民事权利能力、民事行为能力和责任能力，法人的合并与分立规则以及法人的分类，了解法人概念和特征、法人设立方式和设立的要件以及非法人组织相关法律概念。

💡 知识点

一、法人的权利能力和行为能力

1. 自然人有完整的人身权和财产权。法人有完整的财产权、有限的人格权（名称权、名誉权和荣誉权），法人没有物质性人格权（生命权、健康权、身体权），没有身份权，没有一般人格权，且不能主张精神损害赔偿（性质限制）。

2. 公益法人**不得投资**普通合伙企业，不得为保证人（法律限制）。

3. 法人的民事权利能力范围，以其目的事业为限，原则上由法人章程或设立目的决定。基金会的权利能力则由捐赠人的意思决定。法人超越目的事业范围，违反专营、专卖或法律禁止性规定的，属于违禁行为，该行为无效（目的事业限制）。

4. 若法人行为超越其核准登记或章程规定的范围或程序，但该行为并非法律禁止的，则属于越权行为，不当然无效。

《民法典》第 505 条　当事人超越经营范围订立的合同的效力，应当依照本法第一编第六章第三节和本编的有关规定确定，不得仅以超越经营范围确认合同无效。

二、法人的一生

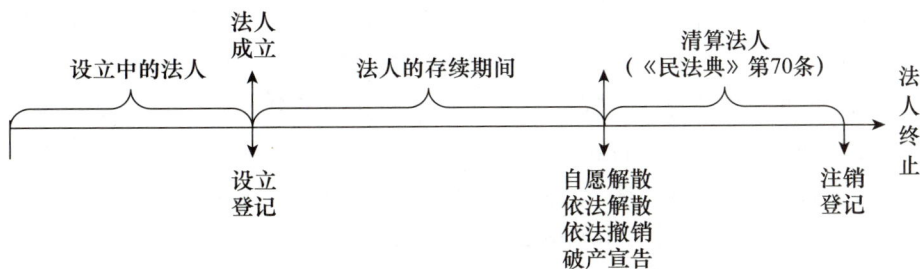

1. 设立中的法人没有民事权利能力，设立人之间成立合伙关系，如果法人设立失败，由设立人承担**连带责任**。

2. 须登记的法人，其权利能力始于设立登记，终于注销登记（营利法人和捐助法人必须登记，机关法人的设立无须登记）。

3. 清算法人有**清算事务范围之内**的权利能力。

4. 设立人为设立法人从事的民事活动，其法律后果由法人承受；法人未成立的，其法律后果由设立人承受，设立人为二人以上的，享有连带债权，承担连带债务。

设立人为设立法人以自己的名义从事民事活动产生的民事责任，第三人有权**选择**请求法人或者设立人承担。

三、法人的分类

营利法人	有限责任公司、股份有限公司、其他企业法人	营利目的 登记设立	必设：权力机构＋执行机构 可设：监督机构	1. 利润分配于出资人 2. 剩余财产在清算后分配于出资人
非营利法人	事业单位法人（公立的学校、医院、电视台）	提供公益服务 部分须登记，部分不需要登记	可设：理事会（决策机构）	1. 不向出资人分配利润 2. 不向出资人分配剩余财产 3. 剩余财产用于公益目的或者转给其他目的相似的公益法人
	社会团体法人（工会、研究会）	公益或者其他非营利目的 部分须登记，部分不需要登记	应设：权力机构＋执行机构（理事会）	
	捐助法人（基金会、宗教场所）	公益目的或者宗教目的 登记设立	应设：决策机构（理事会）＋执行机构＋监督机构	
特别法人	机关法人——成立之日起取得法人资格 农村集体经济组织、城镇农村的合作经济组织、基层群众性自治组织（村民委员会、居民委员会）都是特别法人 《民法典》第98条：机关法人被撤销的，法人终止，其民事权利和义务由继任的机关法人享有和承担；没有继任的机关法人的，由作出撤销决定的机关法人享有和承担			

1. 法人的分类：法人分为营利法人、非营利法人和特别法人。（1）营利法人和非营利法人中的捐助法人必须登记，**自登记之日起**取得法人资格；（2）机关法人无须登记，成立之日取得法人资格；（3）非营利法人中的事业单位法人和社会团体法人一部分需要登记（登记日取得法人资格），一部分无须登记（成立日取得法人资格）。

2. 非营利法人：为公益目的成立的非营利法人终止时，**不得**向出资人、设立人或者会员分配剩余财产。剩余财产应当按照法人章程的规定或者权力机构的决议用于公益目的；无法按照法人章程的规定或者权力机构的决议处理的，由主管机关主持转给宗旨相同或者相近的法人，并向社会公告。

3. 法人的机关：营利法人的必设机构包括权力机构和执行机构，社会团体法人的必设机构包括权力机构与执行机构（理事会），捐助法人的必设机构包括决策机构（理事会）、执行机构和监督机构。

4. 理事会：事业单位法人和捐助法人以理事会为决策机构，社会团体法人以理事会为执行机构。

例 甲出资100万元，设立捐助法人——宏志基金会，用来研究、治疗蛔虫疾病。该基金会，决策机构（理事会）、执行机构、监督机构必须一应俱全，设立该基金会还必须制定章程并且需要经过批准与登记。该基金会可以从事赚取利润的活动，但不得向出资人甲分配利润。

5. 非法人组织包括：个人独资企业、合伙企业、不具有法人资格的专业服务机构。

四、法人的分支机构

	缔约能力	诉讼能力	责任能力
分支机构	有	有	无
子公司	有	有	有
组织机构	无	无	无

五、法定代表人的责任

1. 表见代表。

法律、行政法规为限制法人的法定代表人或者非法人组织的负责人的代表权，规定合同所涉事项应当由法人、非法人组织的权力机构或者决策机构决议，或者应当由法人、非法人组织的执行机构决定，法定代表人、负责人未取得授权而以法人、非法人组织的名义订立合同，未尽到合理审查义务的相对人主张该合同对法人、非法人组织发生效力并由其承担违约责任的，人民法院不予支持，但是法人、非法人组织有过错的，可以参照《民法典》第157条的规定判决其承担相应的赔偿责任。相对人已尽到合理审查义务，构成表见代表的，人民法院应当依据《民法典》第504条的规定处理。

合同所涉事项未超越法律、行政法规规定的法定代表人或者负责人的代表权限，但是超越法人、非法人组织的章程或者权力机构等对代表权的限制，相对人主张该合同对法人、非法人组织发生效力并由其承担违约责任的，人民法院依法予以支持。但是，法人、非法人组织举证证明相对人知道或者应当知道该限制的除外。

法人、非法人组织承担民事责任后，向有过错的法定代表人、负责人追偿因越权代表行为造成的损失的，人民法院依法予以支持。法律、司法解释对法定代表人、负责人的民事责任另有规定的，依照其规定。

2. 印章与合同效力。

法定代表人、负责人或者工作人员以法人、非法人组织的名义订立合同且未超越权限，法人、非法人组织仅以合同加盖的印章不是备案印章或者系伪造的印章为由主张该合同对其不发生效力的，人民法院不予支持。

合同系以法人、非法人组织的名义订立，但是仅有法定代表人、负责人或者工作人员签名或者按指印而未加盖法人、非法人组织的印章，相对人能够证明法定代表人、负责人或者工作人员在订立合同时未超越权限的，人民法院应当认定合同对法人、非法人组织发生效力。但是，当事人约定以加盖印章作为合同成立条件的除外。

合同仅加盖法人、非法人组织的印章而无人员签名或者按指印，相对人能够证明合同系法定代表人、负责人或者工作人员在其权限范围内订立的，人民法院应当认定该合同对法人、非法人组织发生效力。

在上述三种情形下，法定代表人、负责人或者工作人员在订立合同时虽然超越代表或者代理权限，但是依据《民法典》第504条的规定构成表见代表，或者依据《民法典》第172条的规定构成表见代理的，人民法院应当认定合同对法人、非法人组织发生效力。

▲总结：

真人、假章、有权——合同有效

有人、无章、有权——合同有效

有章、无人（没有签名）、有权——合同有效

假人、假章、无权——无权代理

3.恶意串通。

法定代表人、负责人或者代理人与相对人恶意串通，以法人、非法人组织的名义订立合同，损害法人、非法人组织的合法权益，法人、非法人组织主张不承担民事责任的，人民法院应予支持。法人、非法人组织请求法定代表人、负责人或者代理人与相对人对因此受到的损失承担连带赔偿责任的，人民法院应予支持。

根据法人、非法人组织的举证，综合考虑当事人之间的交易习惯、合同在订立时是否显失公平、相关人员是否获取了不正当利益、合同的履行情况等因素，人民法院能够认定法定代表人、负责人或者代理人与相对人存在恶意串通的高度可能性的，可以要求前述人员就合同订立、履行的过程等相关事实作出陈述或者提供相应的证据。其无正当理由拒绝作出陈述，或者所作陈述不具合理性又不能提供相应证据的，人民法院可以认定恶意串通的事实成立。

第三章　民事法律行为

📖 **本章导读**

　　本章需要考生熟练掌握民事法律行为成立的共同要件、特别要件，民事法律行为成立的效力、民事法律行为的有效和生效的要件、意思表示的类型和生效、附条件与附期限的民事法律行为、可撤销民事行为、效力未定民事法律行为、无效民事法律行为的类型、效果。

💡 **知识点**

第一节　一般规定

一、民事法律行为的类型

类型	概念	举例
单方行为	一个意思表示创设权利义务（注意：赠与不是单方行为）	单方允诺（发出生效）、形成权的行使（到达生效）、代理权的授予（到达生效）、遗嘱（完成生效）、抛弃（完成生效）、财团法人的捐助（完成生效）
双方行为	两个或多个对立统一的意思表示创设权利义务	合同行为
多方行为	两个或多个完全一致的意思表示创设权利义务	合伙协议、发起人协议、公司章程
决议行为	组织内部以多数决达成一致的不具有外部约束力的民事法律行为	股东会决议、董事会决议、业主大会决议

二、民事法律行为的形式

　　民事法律行为可以采用书面形式、口头形式或者其他形式；法律、行政法规规定或者当事人约定采用特定形式的，应当采用特定形式。（《民法典》第 135 条）

　　行为人可以明示或者默示作出意思表示。沉默只有在有**法律规定**、**当事人约定**或者符合**当事人之间的交易习惯**时，才可以视为意思表示。（《民法典》第 140 条）

当事人未采用书面形式或者口头形式，但是实施的行为本身表明已经作出相应意思表示，并符合民事法律行为成立条件的，人民法院可以认定为《民法典》第135条规定的采用其他形式实施的民事法律行为。

第二节　意思表示

一、意思表示的生效

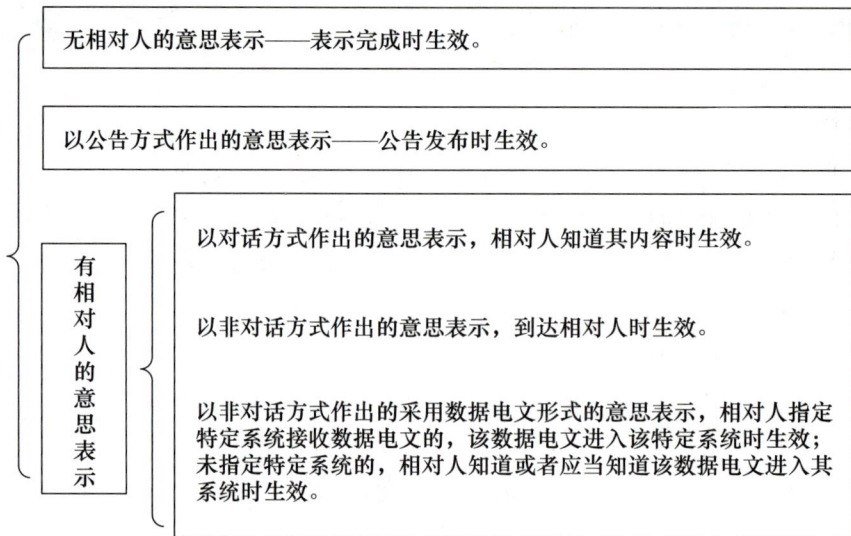

> 无相对人的意思表示——表示完成时生效。

> 以公告方式作出的意思表示——公告发布时生效。

有相对人的意思表示

> 以对话方式作出的意思表示，相对人知道其内容时生效。

> 以非对话方式作出的意思表示，到达相对人时生效。

> 以非对话方式作出的采用数据电文形式的意思表示，相对人指定特定系统接收数据电文的，该数据电文进入该特定系统时生效；未指定特定系统的，相对人知道或者应当知道该数据电文进入其系统时生效。

二、意思表示的解释

有相对人的意思表示的解释，应当按照所使用的词句，结合相关条款、行为的性质和目的、习惯以及诚信原则，确定意思表示的含义。

无相对人的意思表示的解释，不能完全拘泥于所使用的词句，而应当结合相关条款、行为的性质和目的、习惯以及诚信原则，确定行为人的真实意思。（《民法典》第142条）

第三节　民事法律行为的效力

一、生效要件

1. 生效要件（《民法典》第143条）：

（1）行为人具有**相应的**民事行为能力；

（2）意思表示**真实**；

（3）不违反法律、行政法规的**强制性规定**，**不违背公序良俗**。

2. 法律对某些行为有特别要求的，必须满足该要求时，民事法律行为方能生效。例如，法律规定不动产买卖与抵押、法人合并与分立等均需经过登记程序，未经登记时即使其他条件都符合要求，也不能生效。

3. 小提示：

（1）无权处分不影响买卖合同的效力，影响的是物权变动的效力（效力待定）。

（2）一物数卖不影响买卖合同的效力，普通动产一物数卖的物权归属规则是：受领交付者优先于付款者，付款者优先于合同成立在先者。

（3）先租后卖不影响买卖合同的效力，但对承租人有买卖不破租赁的保护。如果承租人没有得到通知，则追究出租人的违约责任。

二、效力瑕疵概览

行为能力瑕疵	无民事行为能力人：无效（《民法典》第 144 条）	
	限制民事行为能力人：待定（《民法典》第 145 条）	
意思表示瑕疵	意思与表示不一致	虚假意思表示（《民法典》第 146 条，无效）
		重大误解（《民法典》第 147 条，可撤销）
	意思表示不自由	欺诈及第三人欺诈（《民法典》第 148、149 条，可撤销）
		胁迫及第三人胁迫（《民法典》第 150 条，可撤销）
		显失公平（《民法典》第 151 条，可撤销）
标的违法	违背公序良俗或者违反效力性强制性规定	
	恶意串通	

（一）虚假意思表示

《民法典》第 146 条　行为人与相对人以虚假的意思表示实施的民事法律行为无效。以虚假的意思表示隐藏的民事法律行为的效力，依照有关法律规定处理。

1. 基本结构。

通谋虚伪行为在结构上包括内外两层行为：外部的表面行为系双方当事人共同作出与真实意思不一的行为，亦称伪装行为；内部的隐藏行为则是被掩盖于表面行为之下、代表双方当事人真意的行为，亦称非伪装行为。例如，甲乙双方以买卖之名行赠与之实，买卖契约为表面行为，赠与契约则为隐藏行为。通谋虚伪行为的特点在于：表面行为不应生效系双方当事人合意的结果。

2. 效力规则。

通谋虚伪行为既然包括两层行为，效力即须分别观察。《民法典》第 146 条正是这一逻辑的体现："行为人与相对人以虚假的意思表示实施的民事法律行为无效。以虚假的意思表示隐藏的民事法律行为的效力，依照有关法律规定处理。"

首先，表面行为无效。原因在于：该"意思表示"所指向的法律效果非当事人所欲求的，且双方已就此达成合意，若为有效，显属效果强加，与私法自治相悖；表面行为由双方通谋有意作出，非一方意志自由受到侵害需要矫正或意思表示存在单方错误的问题，不存在撤销的问题；该伪装行为与第三人无关，故效力不必待定。

其次，隐藏行为未必无效。隐藏行为虽不为外人所知，却是当事人真正的意思表示，其效力依一般规则确定。

【例题】（2018 真题回忆版）艺术家甲设计了一款三层镂空艺术品，接受电视节目采访时，甲向主持人说没有人能设计出四层的，主持人问，那有人设计出来怎么办？甲说那我就把我所有的艺术品都赠与他，并与主持人击掌为证，全场观众当场见证。一年后，乙设计出四层的艺术品。则下列说法正确的有：

A. 甲的行为构成悬赏广告

B. 甲的行为属于和主持人戏谑的言语，甲无须将艺术品赠与乙

C. 赠与承诺可随时撤销

D. 乙有权向甲要艺术品

【答案】B

例 1　甲早年丧妻，和寡居之人乙交好。甲拟将房屋赠与乙，恐子女有不同意见，遂与乙通谋订立房屋买卖合同，将房屋登记在乙的名下，实际上乙并未给付价金。后来乙将房子卖给不知情的丙换钱给甲治病。下列说法正确的是：

A. 甲、乙之间买卖合同有效

B. 甲、乙之间赠与合同有效

C. 丙对房子善意取得所有权

D. 乙、丙之间的合同效力待定

【答案】B

例 2　甲出卖房屋给乙，但尚未完成登记。其后见房价高涨，甲意图避免乙之强制执行，与丙约定假装买卖该房屋，办理了所有权移转登记，并将房屋交于丙。下列说法正确的是：

A. 乙得向甲主张违约责任

B. 乙得向甲主张返还原物请求权

C. 乙得向丙主张返还原物请求权

D. 如丙擅将该屋出售于不知情的丁，并办完所有权移转登记，丁可以善意取得该屋

【答案】AD

（二）违反强制性规定和违背公序良俗

1. 违反强制性规定。

（1）概述。

《民法典》第 153 条第 1 款规定，违反法律、行政法规的强制性规定的民事法律行为无效。但是，该强制性规定不导致该民事法律行为无效的除外。

《民法典》第 153 条第 1 款有两个"强制性规定"，其中前一句的强制性规定，违反的后果是导致合同无效，例如，以公益为目的的非营利法人、非法人组织订立的保证合同，因违反《民法典》合同编中的第 683 条第 2 款有关"以公益为目的的非营利法人、非法人组织不得为保证人"的规定，可以根据《民法典》第 153 条第 1 款的规定认定该保证合同无效。《民法典》第 153 条第 1 款后一句的强制性规定，是对前一句的例外性规定，不能认定合同无效。例如，在街道两侧摆摊售货，虽然违反了《城市市容和环境卫生管理条例》第 14 条以及《城市道路管理条例》第 32 条的规定，但不宜因此将摊贩与

顾客之间订立的买卖合同认定为无效。又如，最高人民法院"（2015）民申字第2700号"民事裁定认为《公司法》第186条（现为第236条）第3款关于清算期间公司不得开展与清算无关的经营活动的规定属于强制性规定，但是违反该规定不导致合同无效；最高人民法院"（2013）民申字第869号"民事裁定认为《野生动物保护法》第27条（现为第28条）关于禁止出售、购买、利用国家重点保护野生动物的规定属于强制性规定，但是不得以之作为认定合同效力的依据；最高人民法院在"（2013）民申字第2119号"民事裁定中认为国务院1991年颁行的《国有资产评估管理办法》（2020年修订）第3条关于国有资产转让须经评估的规定属于强制性规定，但是违反该规定不导致以物抵债协议无效。

合同违反法律、行政法规的强制性规定，有下列情形之一，由行为人承担行政责任或者刑事责任能够实现强制性规定的立法目的的，人民法院可以依据《民法典》第153条第1款关于"该强制性规定不导致该民事法律行为无效的除外"的规定认定该合同不因违反强制性规定无效：①强制性规定虽然旨在维护社会公共秩序，但是合同的实际履行对社会公共秩序造成的影响显著轻微，认定合同无效将导致案件处理结果有失公平公正；②强制性规定旨在维护政府的税收、土地出让金等国家利益或者其他民事主体的合法利益而非合同当事人的民事权益，认定合同有效不会影响该规范目的的实现；③强制性规定旨在要求当事人一方加强风险控制、内部管理等，对方无能力或者无义务审查合同是否违反强制性规定，认定合同无效将使其承担不利后果；④当事人一方虽然在订立合同时违反强制性规定，但是在合同订立后其已经具备补正违反强制性规定的条件却违背诚信原则不予补正；⑤法律、司法解释规定的其他情形。

法律、行政法规的强制性规定旨在规制合同订立后的履行行为，当事人以合同违反强制性规定为由请求认定合同无效的，人民法院不予支持。但是，合同履行必然导致违反强制性规定或者法律、司法解释另有规定的除外。

依据上述两段的规定认定合同有效，但是当事人的违法行为未经处理的，人民法院应当向有关行政管理部门提出司法建议。当事人的行为涉嫌犯罪的，应当将案件线索移送刑事侦查机关；属于刑事自诉案件的，应当告知当事人可以向有管辖权的人民法院另行提起诉讼。

（2）不属于《民法典》第153条第1款（效力性强制性规定）的几种强制性规定。

《民法典》第153条第1款的强制性规定不包括法律、行政法规有关要求办理批准等手续的规定。尽管法律、行政法规有关要求办理批准等手续的规定属于强制性规定，但是根据《民法典》第502条第2款的规定，违反此类规定的后果是合同未生效，不涉及合同是否有效的问题，因而此类规定不是效力性强制性规定。例如，《商标法》第42条第1款、《企业国有资产法》第53条、《城市房地产管理法》第40条第1款及第45条第1款第4项。法律之所以规定某些类型的合同必须经过行政机关的批准，是因为此类合同可能影响社会公共利益或国家利益，立法者授权行政机关代表国家予以审查，如果合同符合社会公共利益或国家利益，则予以批准，合同生效，否则，决定不予批准，合同确定不生效力。某一份合同订立后尚未获得批准，其是否符合社会公共利益或国家利益尚不确定，所以暂不能确定合同究竟有效还是无效。此时发生纠纷的，如果法官依据

《民法典》第 153 条第 1 款径行判定合同无效,那么显然不符合合同审批制度的立法目的,相当于司法机关代替行政机关对合同是否符合社会公共利益或国家利益作出判断,这是一种越权行为,欠缺正当性。恰当的处理应该是判定合同目前尚未生效,将来可否生效,取决于最终是否取得行政机关的批准。当然,未办理批准的,合同中关于履行报批义务之约定均为有效,不履行该义务的,根据《民法典》第 502 条第 2 款的规定,相对人有权请求义务人承担责任。例如,A 公司是一家矿业公司。某日,A 公司与 B 公司订立《合作协议》,约定 A 公司以某铜矿的采矿权作为出资,B 公司现金出资 1 亿元,共同设立 C 公司,从事铜矿开采。该《合作协议》尚未获得矿产资源主管机关批准,在得到主管机关批准之前,合同并非无效,而是成立未生效。

《民法典》第 153 条第 1 款的强制性规定不包括权限性规定。例如,《公司法》第 15 条第 1、2 款规定,公司向其他企业投资或者为他人提供担保,按照公司章程的规定,由董事会或者股东会决议;公司章程对投资或者担保的总额及单项投资或者担保的数额有限额规定的,不得超过规定的限额。公司为公司股东或者实际控制人提供担保的,应当经股东会决议。这是关于法定代表人的"有关代表权"的限制的规定。也就是说,法定代表人尽管一般来说可以代表公司对外从事行为,但基于《公司法》第 15 条第 1 款的规定,只有在经公司董事会或者股东会决议后才能代表公司对外提供担保,否则,就构成越权代表。一旦构成越权代表,就要根据《民法典》第 504 条的有关规定来认定合同效力,而不能以《民法典》第 153 条第 1 款的规定来认定合同无效。

《民法典》第 153 条第 1 款的强制性规定也不包括赋权性规定。所谓赋权性规定,是指用于判断当事人在私法上是否有权实施某一行为的规定。例如,法律关于无权处分、无权代理或者无权代表的规定等。行为人违反该规定将构成无权处分、无权代理、越权代表等,或者导致合同相对人、第三人因此获得撤销权、解除权等民事权利,人民法院应当依据法律、行政法规关于违反该规定的民事法律后果认定合同效力。当事人仅以合同违反法律、行政法规的强制性规定为由主张无效的,人民法院不予支持。例如,《城市房地产管理法》第 38 条第 4 项规定,共有房地产,未经其他共有人书面同意的,不得转让。这即属于赋权性规定,如果某共有人未经其他共有人书面同意,将共有房地产转让给他人,不能依据此项规定认定合同无效,只能根据《民法典》第 597 条第 1 款的规定,认定合同有效。在此前提下,因出卖人未取得处分权致使标的物所有权不能转移的,买受人可以解除合同并请求出卖人承担违约责任。又如,《民法典》第 399 条第 4、5 项规定,所有权、使用权不明或者有争议的财产以及依法被查封、扣押、监管的财产不得抵押。这也属于赋权性规定。抵押人以所有权、使用权不明或者有争议的财产进行抵押,既可能构成有权处分,也可能构成无权处分,而无论是有权处分还是无权处分,都不应影响抵押合同的效力;但在抵押人无权处分时,债权人须依据善意取得制度取得抵押权。而在抵押人以依法被查封、扣押、监管的财产进行抵押的场合,仅抵押人对标的物的处分权受到限制,因此更不应认定抵押合同无效,在查封、扣押、监管措施解除后,抵押权人即可主张行使权利。此即《最高人民法院关于适用〈中华人民共和国民法典〉有关担保制度的解释》(简称《民法典担保制度解释》)第 37 条第 1、2 款的基本思路。

(3)违反强制性规定导致合同无效的情形例举。

有下列情形之一的，人民法院应当认定合同因违反效力性强制性规定无效：

合同主体违反法律、行政法规关于国家限制经营、特许经营以及禁止经营等强制性规定（如采矿许可，港口经营许可，水陆运输经营许可，网络文化经营许可，烟草专卖、盐业专卖许可等）；

合同约定的标的物属于法律、行政法规禁止转让的财产（如买卖珍贵文物、珍稀动物、毒品、枪支弹药等行为）；

合同约定的内容本身违反禁止实施犯罪行为、不得实施侵权行为、不得限制个人基本权利等强制性规定（如拐卖妇女、儿童，卖淫嫖娼，器官买卖，雇用童工以及销售假币、淫秽书刊、伪劣产品等行为）；

交易方式违反法律、行政法规关于应当采用公开竞价方式缔约等强制性规定（如必须进行招投标的建设工程合同未采取招投标方式）；

交易场所违反法律、行政法规关于应当集中交易等强制性规定（如在批准的交易场所之外进行期货交易）；

合同违反涉及公序良俗（如金融安全、市场秩序、国家宏观政策等公序良俗）的强制性规定的其他情形的。

例1 建设单位未依《建筑法》第7条第1款取得施工许可证，即与施工企业订立建设工程施工合同，该合同一旦履行（施工），就违反《建筑法》第7条第1款的强制性规定，所以该合同无效。

例2 甲公司享有某一区域的探矿权，与乙公司订立合作勘查探矿合同，事后发现该探矿区域处于野生动物自然保护区范围内，按照《自然保护区条例》第26条的规定，除法律、行政法规另有规定外，禁止在自然保护区内进行砍伐、狩猎、捕捞、开垦、开矿等活动。因此，合作勘查探矿合同一旦履行，即违反该禁止性规定，应认定合同无效。

例3 依据我国《商业银行法》第11条第2款的规定，未经批准，任何单位和个人不得从事吸收公众存款等商业银行业务。据此，某公司未经批准从事放贷营业，与客户订立的借款合同应认定为无效。

例4 按照《建筑法》第26条的规定，承包建筑工程的单位应当持有依法取得的资质证书，并在其资质等级许可的业务范围内承揽工程。禁止建筑施工企业超越本企业资质等级许可的业务范围或者以任何形式用其他建筑施工企业的名义承揽工程。因此，承包人未取得建筑施工企业资质或者超越资质等级订立的建设工程施工合同无效。

例5 甲公司委托乙公司协助办理采矿权许可证事宜，约定委托服务费1 000万元，其中包括公关费、招待费、礼品费。甲公司与乙公司的委托合同应认定为全部无效。尽管从表面上看只有公关费、招待费、礼品费条款因违反禁止性法律规定（《刑法》第389～393条关于行贿罪的规定）而无效，但既然约定了公关费、招待费、礼品费，就意味着受托人乙公司有义务办理的委托事项是以行贿的方式取得采矿许可证，其中的行贿活动与填写表格、准备材料、提交材料、领取证书等活动不可分割，至少按照当事人的意图，两种活动互相配合才能办好委托事项，所以受托人的主给付义务条款整体违法。因此，不能仅认定公关费、招待费、礼品费条款以及此类费用所涉及的给付（代为行贿）的约定无效，而应认定委托合同整体无效。

例6 A 公司从 B 银行以及众多自然人处获得大量资金，随后将资金以年利率15%出借给其他公司与个体户。A 公司并非金融企业，因此，其将从 B 银行和众多自然人处获得的资金转贷给其他公司与个体户，从中牟利，违反了《商业银行法》第11条第2款的禁止性规定，借贷合同无效。

2.违背公序良俗。

在违背公序良俗的情形下，判断民事法律行为无效的依据，不是具体的法律规范，而是存在于法律本身的价值体系，即公共秩序，或者是法律外的伦理秩序，即善良风俗。规定违背公序良俗的民事法律行为无效，其目的不在于使道德性的义务成为法律义务，而在于不使民事法律行为沦为违反伦理性的工具。一言以概之，即法律不能允许违反法律本身价值体系（公共秩序）或违反伦理（善良风俗）的行为获得法律上的强制力（正常有效的民事法律行为具有强制力）。

合同虽然不违反法律、行政法规的强制性规定，但是有下列情形之一，人民法院应当依据《民法典》第153条第2款的规定认定合同无效：①合同影响政治安全、经济安全、军事安全等国家安全的；②合同影响社会稳定、公平竞争秩序或者损害社会公共利益等违背社会公共秩序的；③合同背离社会公德、家庭伦理或者有损人格尊严等违背善良风俗的。

人民法院在认定合同是否违背公序良俗时，应当以社会主义核心价值观为导向，综合考虑当事人的主观动机和交易目的、政府部门的监管强度、一定期限内当事人从事类似交易的频次、行为的社会后果等因素，并在裁判文书中充分说理。当事人确因生活需要进行交易，未给社会公共秩序造成重大影响，且不影响国家安全，也不违背善良风俗的，人民法院不应当认定合同无效。

公共秩序指的是社会之存在和发展所必要的一般秩序，如国家机关的工作秩序、商业秩序、交通秩序等。善良风俗的判断标准则包括：

（1）违背人伦，即违背亲子、夫妻间人情道义，与婚姻家庭的本质和一般观念相冲突的法律行为，应认定为违背善良风俗而无效。典型的违背人伦的情形如代孕合同，一方面颠覆关于亲子关系的伦理观，另一方面将孕母的生殖功能商业化，有损人的基本尊严，故其因违背善良风俗而无效。又如，约定母子断绝关系或者不同居之契约，因违背善良风俗而无效。再如，子女们在父母还健在的时候，就约定父亲去世之后的遗产分配的协议，有违孝道，且剥夺母亲的继承权，因违背善良风俗而无效。还如，有妇之夫与他人签订包养协议，约定包养的时间及费用，该协议因违背善良风俗而无效。还又如，丈夫临终前将全部财产遗赠给情人，导致妻子和子女得不到任何遗产，此项遗嘱不符合基本的家庭伦理，违背公序良俗，自认定为无效。代表性案例是号称"中国公序良俗第一案"的"泸州遗赠案"。

（2）违背正义观念的行为应认定为违背善良风俗而无效，如买凶杀人、代销赃物、买卖人口、招投标中串通投标（围标）的约定、公务员行使职务而约定收取他人报酬等（这些情形往往还会产生刑事责任）。

《招标投标法实施条例》第39条 禁止投标人相互串通投标。

有下列情形之一的，属于投标人相互串通投标：

（一）投标人之间协商投标报价等投标文件的实质性内容；

（二）投标人之间约定中标人；

（三）投标人之间约定部分投标人放弃投标或者中标；

（四）属于同一集团、协会、商会等组织成员的投标人按照该组织要求协同投标；

（五）投标人之间为谋取中标或者排斥特定投标人而采取的其他联合行动。

另外，2014年10月9日，最高人民法院举行新闻发布会通报有关《最高人民法院关于审理利用信息网络侵害人身权益民事纠纷案件适用法律若干问题的规定》（现已修订）的情况。在新闻发布会的答记者问环节中，针对非法删帖的网络服务，民一庭负责人指出，如果发布侵权信息的网络用户（即侵权人）与被侵权人达成删帖协议，由侵权人提供删除服务，被侵权人支付报酬，那么按照现行法的规定，侵权人采取删除等必要措施是其法定义务。侵权人利用技术上的优势、利用互联网本身的特点与被侵权人达成协议，显然违背公序良俗，应认定为无效。

《民法典》第1194条　网络用户、网络服务提供者利用网络侵害他人民事权益的，应当承担侵权责任。法律另有规定的，依照其规定。

《民法典》第1195条第1、2款　网络用户利用网络服务实施侵权行为的，权利人有权通知网络服务提供者采取删除、屏蔽、断开链接等必要措施。通知应当包括构成侵权的初步证据及权利人的真实身份信息。

网络服务提供者接到通知后，应当及时将该通知转送相关网络用户，并根据构成侵权的初步证据和服务类型采取必要措施；未及时采取必要措施的，对损害的扩大部分与该网络用户承担连带责任。

《民法典》第1197条　网络服务提供者知道或者应当知道网络用户利用其网络服务侵害他人民事权益，未采取必要措施的，与该网络用户承担连带责任。

（3）限制自由之约定因违背善良风俗而无效。例如，甲、乙离婚，并约定任何一方不得在离婚后1年内结婚，否则即支付对方10万元。该种约定限制了对方的婚姻自由，因违背善良风俗而无效。对情人承诺自己在约定期间会与原配离婚的约定同样因损害婚姻自由而无效。企业要求女员工在一定期限不能怀孕等协议损害员工的人身自由，因违背善良风俗而无效。此外，限制当事人经济自由的合同会因违背善良风俗而无效。例如，《劳动合同法》上的竞业禁止条款只能针对用人单位的高级管理人员、高级技术人员和其他负有保密义务的人员（第24条第1款），如针对一般员工，则因一般员工劳动技能单一，此种竞业禁止之约定将有害于其生存，故认定为违背善良风俗而无效。又如，如果出版社在与作家的合同中约定，该作家必须将其所有的作品首先交付该出版社，并且这个义务没有时间限制，但出版社并不承诺一定会出版这些作品，那么，该合同对该作家的人身和经济自由有极大的限制，因违背公序良俗而无效。

（4）赌博、赛马、彩票等以他人之损失而受有偶然利益的行为因违背善良风俗而无效，但法律特许者除外。

（5）违背性道德。涉及性关系的法律行为如果与强行法或者性道德相违背，则对其效力须予以否定评价。其中很多法律行为可以因违反强行法而依据《民法典》第153条第1款的规定认定无效，如卖淫合同、卖淫中介合同、卖淫雇佣合同、淫秽表演合同等。

某些涉及性关系的法律行为未违反强行法，或者是否违反强行法尚有疑问，但违背性道德，也应当以违背公序良俗为由认定无效。例如，仅以维持性伴侣关系为目的给予情人一笔财产。

（6）违背职业道德。各行各业通常都有职业道德，此类道德规范或者信念也是公序良俗的一部分，法律行为与之相背离的，无效。例如，有偿为某律师介绍客户的合同违背律师职业道德；有偿为某医师介绍患者的合同违背医生职业道德。又如，律师就刑事诉讼案件、行政诉讼案件、国家赔偿案件以及群体性诉讼案件订立的风险代理合同也违背律师职业道德。

（7）违背行政规章、地方性法规中蕴含的公序良俗。《全国法院民商事审判工作会议纪要》第31点规定，违反规章一般情况下不影响合同效力，但该规章的内容涉及金融安全、市场秩序、国家宏观政策等公序良俗的，应当认定合同无效。人民法院在认定规章是否涉及公序良俗时，要在考察规范对象基础上，兼顾监管强度、交易安全保护以及社会影响等方面进行慎重考量，并在裁判文书中进行充分说理。

（8）违背政策中蕴含的公序良俗。某些政策也体现公序良俗，如房地产领域的限购令。因此，当事人为规避限购令而订立旨在购房的借名协议应认定为违背公序良俗。例如，（2020）最高法民再328号民事判决认为，借名人与出名人为规避国家限购政策签订的《房产代持协议》因违背公序良俗而无效。具体说理为：徐某在当时已有两套住房的情况下仍借曾某之名另行买房，目的在于规避国务院和北京市的限购政策，通过投机性购房获取额外不当利益。司法对于此种行为如不加限制而任其泛滥，则无异于纵容不合理住房需求和投机性购房快速增长，鼓励不诚信的当事人通过规避国家政策红线获取不当利益，不但与司法维护社会诚信和公平正义的职责不符，而且势必导致国家房地产宏观调控政策落空，阻碍国家宏观经济政策落实，影响经济社会协调发展，损害社会公共利益和社会秩序。故徐某与曾某为规避国家限购政策签订的《房产代持协议》因违背公序良俗而应认定无效。

（三）可撤销（先生效，然后被撤销，以诉讼或者仲裁的方式撤销）

事由	主体	除斥期间	
欺诈	受欺诈方	自知道或者应当知道撤销事由之日起1年	自民事法律行为发生之日起5年内没有行使撤销权的，撤销权消灭
第三人欺诈	须相对人**恶意时**受欺诈方才有撤销权。如第三人欺诈买方，买卖双方签合同，只有卖方知情或应该知情的，才能撤销	自知道或者应当知道撤销事由之日起1年	
胁迫、第三人胁迫	受胁迫方（不考虑相对人善恶意）	胁迫行为终止之日起1年	
重大误解	行为人可以主张撤销	知情日起90日	
显失公平	受损害方（**须利用危困或缺乏判断能力**）	自知道或者应当知道撤销事由之日起1年	

注：第三人实施欺诈、胁迫行为，使当事人在违背真实意思的情况下订立合同，受有损失的当事人有权请求第三人承担赔偿责任，赔偿范围为订立合同或者准备履行合同所支出的合理费用。

例 甲捡到一个破碗，高价卖给了乙，则有以下可能：

（1）乙因过失误将该破碗判断为古代文物，则构成重大误解，可撤销但除斥期间仅为 90 天；

（2）甲以曝光乙的隐私迫使乙买下该破碗，此时乙有撤销权，除斥期间自胁迫行为终止之日起算 1 年；

（3）专家丙故意出具虚假鉴定报告诱骗乙买下该破碗，则在甲知情时乙才有撤销权，除斥期间从乙知道受欺诈之日起算 1 年。

【例题】（2017-3-3）齐某扮成建筑工人模样，在工地旁摆放一尊廉价购得的旧蟾蜍石雕，冒充新挖出文物等待买主。甲曾以 5 000 元从齐某处买过一尊同款石雕，发现被骗后正在和齐某交涉时，乙过来询问。甲有意让乙也上当，以便要回被骗款项，未等齐某开口便对乙说："我之前从他这买了一个貔貅，转手就赚了，这个你不要我就要了。"乙信以为真，以 5 000 元买下石雕。关于所涉民事法律行为的效力，下列哪一说法是正确的？

A. 乙可向甲主张撤销其购买行为

B. 乙可向齐某主张撤销其购买行为

C. 甲不得向齐某主张撤销其购买行为

D. 乙的撤销权自购买行为发生之日起 2 年内不行使则消灭

【答案】B

【例题】（2019 真题回忆版）钱某有一幅祖传古画，市值 100 万元，高某为了低价收购该古画，伙同某艺术品鉴定家孟某欺骗钱某说该画是赝品，价值不超过 10 万元，钱某信以为真。后钱某以 15 万元将古画卖给了不知情的陈某。关于本案，下列哪一选项是正确的？

A. 因陈某乘人之危，钱某可以撤销与陈某的买卖合同

B. 因遭受高某欺诈，钱某可以撤销与陈某的买卖合同

C. 属于重大误解，钱某可以撤销与陈某的买卖合同

D. 属于显失公平，钱某可以撤销与陈某的买卖合同

【答案】C

（四）撤销的后果

《民法典》第 155 条 无效的或者被撤销的民事法律行为自始没有法律约束力。

《民法典》第 156 条 民事法律行为部分无效，不影响其他部分效力的，其他部分仍然有效。

《民法典》第 157 条 民事法律行为无效、被撤销或者确定不发生效力后，行为人因该行为取得的财产，应当予以返还；不能返还或者没有必要返还的，应当折价补偿。有过错的一方应当赔偿对方由此所受到的损失；各方都有过错的，应当各自承担相应的责任。法律另有规定的，依照其规定。

三、概念辨析

1. 欺诈的定义。

欺诈的构成要件有四：第一，主观上有欺诈他人的故意，如果是过失使得他人陷入错误认识则可能适用重大误解的相关内容；第二，客观上有欺诈的行为，包括积极欺诈（虚构事实）和消极欺诈（隐瞒真相），构成消极欺诈须有告知的义务而未告知；第三，基于欺诈作出了错误的意思表示（上当的结果）；第四，相对人的错误意思表示是由被欺诈引起，即行为和结果之间存在因果关系。

2. 欺诈与胁迫、重大误解、显失公平（乘人之危）的区别。

（1）欺诈与胁迫的区别：**因错误而自愿 VS 因恐惧而无奈**。

行为人对行为的性质、对方当事人或者标的物的品种、质量、规格、价格、数量等产生错误认识，按照通常理解如果不发生该错误认识行为人就不会作出相应意思表示的，人民法院可以认定为《民法典》第147条规定的重大误解。

故意告知虚假情况，或者负有告知义务的人故意隐瞒真实情况，致使当事人基于错误认识作出意思表示的，人民法院可以认定为《民法典》第148条、第149条规定的欺诈。

以给自然人及其近亲属等的人身权利、财产权利以及其他合法权益造成损害或者以给法人、非法人组织的名誉、荣誉、财产权益等造成损害为要挟，迫使其基于恐惧心理作出意思表示的，人民法院可以认定为《民法典》第150条规定的胁迫。

例 甲说，如不将藏獒卖给甲，则举报乙犯罪。乙照办，后查实乙不构成犯罪。此时，甲虽然虚构事实但仍然构成胁迫而非欺诈。

【例题】（2020真题回忆版）甲（男）与乙（女）同居一段时间后，乙提出分手，甲不想分手，谎称有乙的隐私照片，暗示如果不结婚就会公布。乙心生恐惧，遂与甲结婚。关于该结婚行为的法律后果，下列哪个说法是正确的？

A. 因胁迫可撤销

B. 因欺诈可撤销

C. 因非真实意思而无效

D. 甲侵犯了乙的隐私权

【答案】 A

（2）欺诈和重大误解都是基于错误，**欺诈引发的错误来自欺诈方，重大误解的错误来自表意人自身**。

（3）胁迫和乘人之危都是基于危难，胁迫中的危难来自胁迫方，乘人之危的危难来自表意人自身。前者如威胁举报对方犯罪，后者如因疾病被迫低价卖房。只要有胁迫即可主张撤销，但乘人之危必须同时显失公平才能撤销，如果乘人之危但价格合理，则不能撤销。

例 甲因妻子重病急需医疗费，知情人乙表示愿以市价购买甲的家传名画，虽然甲之前一直坚持不卖，但此次经考虑再三，甲终忍痛以市价售出。事后，甲不得以乘人之危为由主张撤销。

3. 重大误解是指行为人基于对行为的性质、相对人以及标的物的品种、质量、规格和数量等的错误认识实施的民事法律行为。基于重大误解实施的民事法律行为，行为人有权请求人民法院或者仲裁机构予以撤销，但动机错误不构成重大误解。

《民法典总则编解释》第19条　行为人对行为的性质、对方当事人或者标的物的品种、质量、规格、价格、数量等产生错误认识，按照通常理解如果不发生该错误认识行为人就不会作出相应意思表示的，人民法院可以认定为《民法典》第147条规定的重大误解。

行为人能够证明自己实施民事法律行为时存在重大误解，并请求撤销该民事法律行为的，人民法院依法予以支持；但是，根据交易习惯等认定行为人无权请求撤销的除外。

《民法典总则编解释》第20条　行为人以其意思表示存在第三人转达错误为由请求撤销民事法律行为的，适用本解释第19条的规定。

【总结】

（1）甲对乙有金钱债务，年底到期，因无力偿还而发愁。乙与好友丙聊天时谈及此事。

①如果乙仅仅是聊天中提到有免除甲的债务的想法，但并没有委托丙去传话，丙自作主张去传话，但乙得知后不置可否，丙的行为属于未受委托的传达，甲、乙的债务不能免除。

②如果乙委托丙去传话，可以展期，但是丙错误地传达可以豁免债务，根据《民法典总则编解释》的规定，此种**传达错误**构成重大误解，乙可以撤销。

③如果乙委托丙去传话，可以展期一年，丙如实传达，甲欣然接受，则甲、乙债务到期日顺延一年。

（2）在非古玩交易市场的甲、乙私人交易，把真品当作赝品低价卖出或者把赝品当作真品高价买入都构成**重大误解**，前者卖家可以撤销，后者买家可以撤销。

（3）动机错误或者行为能力的认知错误（误把无民事行为能力人当作完全民事行为能力人）或者在存在**交易习惯**的情况（如赌石、捡漏）不构成重大误解。

（4）商家的本意是以26元/4 500克的价格出售橙子，但因为商家操作失误，将价格误标为26元/4 500斤，并与淘宝用户签订了买卖合同，属于民法上的"重大误解"。

【例题】（2022真题回忆版）某日，古玩爱好者王某在本地经常光顾的古玩街花费数万元购买了一对青铜烛台，疑为明代真品。后经鉴定，该烛台为现代仿品，仅值数百元。对此，下列哪一说法是正确的？

A. 王某可主张存在重大误解，请求撤销合同

B. 王某意思表示真实有效，无权请求撤销合同

C. 王某可主张存在显失公平，请求撤销合同

D. 王某可主张其被出卖人欺诈，请求撤销合同

【答案】B

例　张某出国前将一幅齐白石的画交给李某保管，李某去世后，李小某以为是父亲的画，继承了该画，某日邀请朋友刘某来家里玩，刘某看上了该画，知道该画为齐白石真迹，但是李小某以为是他父亲临摹的，于是刘某就以3 000元购买了该画，后张某回国，找李某要画，李小某才知是真迹，则下列说法正确的是：

A. 刘某可以善意取得该画的所有权

B. 张某可以主张返还原物请求权

C. 李小某可以基于无权处分请求买卖合同无效

D. 李小某可因重大误解撤销买卖合同

【答案】BD

第四节　民事法律行为的附条件和附期限

一、法条概说

1. 附条件的民事法律行为。

民事法律行为可以附条件，但是根据其性质不得附条件的除外。附生效条件的民事法律行为，自条件成就时生效。附解除条件的民事法律行为，自条件成就时失效。（《民法典》第158条）附条件的民事法律行为，当事人为自己的利益不正当地阻止条件成就的，视为条件已经成就；不正当地促成条件成就的，视为条件不成就。（《民法典》第159条）

2. 附期限的民事法律行为。

民事法律行为可以附期限，但是根据其性质不得附期限的除外。附生效期限的民事法律行为，自期限届至时生效。附终止期限的民事法律行为，自期限届满时失效。（《民法典》第160条）

二、相关考点

（一）条件的类型

1. 延缓条件与解除条件。这是根据条件的效力为标准而区分的，同时也是最基本的分类。

（1）延缓条件，是限制民事法律行为效力发生，使法律行为只有当约定的事实出现时，才发生效力的条件。

延缓条件的作用在于使民事法律行为暂时不生效，因此，也称停止条件。民事法律行为附延缓条件后，法律行为的效力就获延缓或暂时停止，待所附条件出现时再发生效力。易言之，如果所附条件最终未出现，该民事法律行为即确定地不生效。

（2）解除条件，是限制民事法律行为效力的存续，使已发生效力的民事法律行为在条件实现时终止的条件。解除条件的作用，在于使条件所附的已生效的民事法律行为的效力归于消灭。例如，甲、乙订立房屋租赁合同，约定出租人甲的儿子一旦留学归国并需要住房，就终止合同。"留学归国并需要住房"就是房屋租赁合同所附的解除条件。

2. 积极条件与消极条件：

（1）积极条件是以所设事实发生为内容的条件。易言之，在积极条件，以设定事实的发生为条件成就。停止条件与解除条件，均可设定积极条件。

民事法律行为所附条件不可能发生，当事人约定为生效条件的，人民法院应当认定民事法律行为不发生效力；当事人约定为解除条件的，应当认定未附条件，民事法律行为是否失效，依照民法典和相关法律、行政法规的规定认定。

（2）消极条件是以所设事实不发生为内容的条件。易言之，在消极条件，所设定事实是消极的。条件的积极与消极，其区别仅在设定的角度不同。前述"留学归国并需要住房，就终止合同"，属积极条件，而反过来约定"如留学后定居不归国，就续租合同"，则属消极条件。两者条件内容并无不同，但条件的性质，却有积极与消极之分。

（二）始期和终期

这是以期限效力为标准而对期限作的区分。

1. 始期。这是使民事法律行为效力发生的期限，在始期届至之前，民事法律行为的效力是停止的，在期限到来时，民事法律行为的效力方始发生，故也称停止期限。如签订合同注明"自明年1月1日生效"，该日期就是该合同的始期。

2. 终期。这是使民事法律行为效力终止的期限，在终期届至时，既有的效力便告解除，故也称解除期限。如合同条款中约定"本合同于明年年底终止"，明年年底就是该合同所附的终期。

（三）如何区分期限与条件

在实务中，同一件事实，究竟应认定为期限，还是应认定为条件，须基于必成事实抑或偶成事实。在长期的司法实务和学说理论中，积淀了不少区分方法。

1. 条件是不确定的偶然性事实，期限是确定的必然性事实。

（1）时期确定，到来不确定，为条件。例如，"俟60大寿送电视一台"，60岁虽确定，但人之寿命不可测，是否能活到60岁不可知，具有偶发性。

（2）时期不确定，到来也不确定，为条件。如"司法考试通过之日"，能否考得过，已属不确定，至于哪一年考得过，则更加不确定，故显然属于条件。

2. 条件之事实成就与否是不确定的，期限是肯定会到来的。

（1）时期确定，事实的发生也确定，如"今年9月9日"，是期限。

（2）时期不确定，到来确定，为期限。例如，"临终时将某物送给你"，何时死虽难预料，但人必有一死，死期终会到来。

第四章　代理

扫描右侧二维码"听课＋做题",直达最佳学习效果
1. 在线听课:学习本章节核心考点讲解课程。
2. 在线刷题:点击█进入题库做章节练习。

本章导读

本章需要考生掌握代理权的发生、授予,代理权的滥用,狭义无权代理的类型、效果,表见代理的要件、效果;了解代理的概念、特征和法律效果,代理的类型,代理权的概念。

知识点

一、代理的一般规定

1. 代理法律关系图示

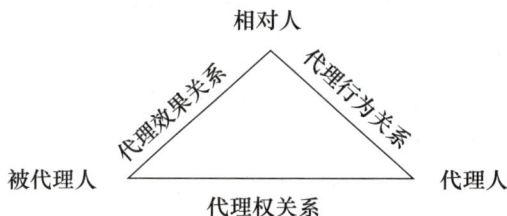

2. 委托与代理的关系

(1)委托事项可以是法律行为也可以是事实行为,但只有前者才成立代理。

(2)委托合同是双方行为,代理权授予是单方行为,委托合同是代理权授予的原因行为,代理权授予的效力**不受**委托合同效力的影响。

(3)委托合同解决**内部关系**亦即委托人与代理人的关系问题;代理权授予解决**外部关系**即第三人相信受托人有代理权的问题。

例　甲公司与15周岁的网络奇才陈某签订委托合同,授权陈某为甲公司购买价值不超过50万元的软件。陈某的父母知道后,明确表示反对。则:(1)委托合同因陈某的父母不追认而无效。(2)代理权授予是单方法律行为,无须追认即有效。(3)软件买卖合同有效。(4)软件的所有权归属于甲公司。

3. 代理行为"**三不可**"

(1)事实行为不可代理,代理的标的仅仅限于民事法律行为。

(2)身份行为等专属性行为不可代理,如结婚登记、董事会投票等。

(3)违法行为不可代理,如张三委托李四打人,则张三、李四须承担共同侵权责任。

结论：

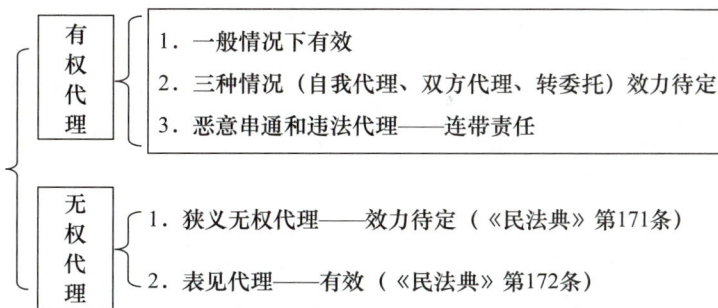

代理制度效力图

二、有权代理

1. 有权代理的效力

有权代理原则上有效，被代理人要承受法律后果，但有三种情况效力待定：自我代理、双方代理和转委托。此三种情况须被代理人的**同意或者追认**方可有效。

《民法典》第168条 代理人不得以被代理人的名义与自己实施民事法律行为，但是被代理人同意或者追认的除外。代理人不得以被代理人的名义与自己同时代理的其他人实施民事法律行为，但是被代理的双方同意或者追认的除外。

例1 甲委托乙以50万元到60万元的价格代为出售甲的房屋，乙觉得价格合适于是自己买下，此交易中乙身兼两个身份，既是卖方的代理人又是买方本人，故构成自我代理，须甲同意或者追认，该代理行为方可有效。

例2 甲委托乙以50万元到60万元的价格代为出售甲的房屋，丙委托乙以同样价格购买一套房屋。乙遂代理双方把甲的房子卖给了丙，此交易中乙身兼两个身份，既是卖方的代理人又是买方的代理人，故构成双方代理，须甲和丙同时同意或者追认，该代理行为方可有效。

2. 转委托的法律后果

（1）转委托代理经被代理人同意或者追认的有效，否则无效。

在紧急情况下代理人为了维护被代理人的利益需要转委托第三人代理，即使没有被代理人同意或者追认的也有效。

这里的紧急情况是指由于**急病、通讯联络中断、疫情防控等**特殊原因，委托代理人自己不能办理代理事项，又不能与被代理人及时取得联系，如不及时转委托第三人代理，会给被代理人的利益造成损失或者扩大损失。

（2）有效的转委托（法律关系：A—C—D）中，复代理人（C）取得代理权，以被代理人（A）名义作出的代理行为的效果直接归属于被代理人（A），代理的三方当事人是被代理人（A）、复代理人（C）和相对人（D）；最终的后果由被代理人（A）和相对人（D）承受。转委托如果有效，委托代理人只须承担选任和指示责任。

（3）无效的转委托（法律关系：B—C—D）中，被代理人（A）与本代理人（B）之间成立代理关系（但是并没有发生能够约束A的法律事实），本代理人（B）与第三人（C）之间成立另一个代理关系。在后一法律关系中，本代理人（B）作为被代理人，第三人（C）作为其代理人。第三人（C）所作所为的效果直接归属于本代理人（B），代理的三方当事人是本代理人（B）、第三人（C）和相对人（D）；最终的后果由本代理人（B）和相对人（D）承受。

例 甲委托乙出国留学期间代为购买极为稀缺需要排队抢购的钟表，乙因学业繁忙转委托给丙代为办理属于效力待定的转委托，需要甲的同意或者追认方可生效。如果乙在排队期间突发疾病或者因疫情被隔离或者通讯中断，此时转委托给一同排队的同学丙代为办理属于有效的转委托。

3. 有权代理中的两个连带责任：恶意串通与违法代理

（1）代理人和相对人**恶意串通**，损害被代理人合法权益的，代理人和相对人应当承担连带责任。

例 甲公司员工唐某受公司委托从乙公司订购一批空气净化机，甲公司对净化机单价未作明确限定。唐某与乙公司私下商定将净化机单价比正常售价提高200元；乙公司给唐某每台100元的回扣。商定后，唐某以甲公司名义与乙公司签订了买卖合同。此时唐某与乙公司恶意串通损害了甲公司的利益，须对甲公司承担连带责任。

（2）代理人**知道或者应当知道**代理事项违法仍然实施代理行为，或者被代理人**知道或者应当知道**代理人的代理行为违法未作反对表示的，被代理人和代理人应当承担连带责任。

例 甲委托乙向丙销售一批货物，甲明知乙以走私方式运输该批货物而不表示反对，后货物被海关查扣，甲与乙须向丙就违约责任承担连带责任。再如，甲委托乙代理销售假药，丙购买了该假药，后丙与丁服用该假药致害。甲与乙须对丙和丁就侵权责任承担连带责任。

三、无权代理

（一）狭义无权代理

无权代理的规则：

（1）被代理人的追认权：行为人没有代理权、超越代理权或者代理权终止后，仍然实施代理行为，未经被代理人追认的，对被代理人不发生效力。

（2）相对人的催告权和撤销权：相对人可以催告被代理人自收到通知之日起30日内予以追认。被代理人未作表示的，视为拒绝追认。行为人实施的行为被追认前，**善意相对人**有撤销的权利。撤销应当以通知的方式作出。

（3）不被追认的后果：行为人实施的行为未被追认的，**善意相对人**有权请求行为人履行债务或者就其受到的损害请求行为人赔偿。但是，赔偿的范围不得超过被代理人追认时相对人所能获得的利益。相对人**知道或者应当知道**行为人无权代理的，相对人和行为人按照各自的过错承担责任（信赖利益）。

无权代理行为未被追认，相对人请求行为人履行债务或者赔偿损失的，由行为人就相对人知道或者应当知道行为人无权代理承担举证责任。行为人不能证明的，人民法院依法支持相对人的相应诉讼请求；行为人能够证明的，人民法院应当按照各自的过错认定行为人与相对人的责任。

例 甲委托乙前往丙厂采购男装，乙觉得丙厂生产的女装市场看好，便自作主张以甲的名义向丙厂订购。丙厂未问乙的代理权限，便与之订立了买卖合同。——此时丙厂有过失。

（1）若甲拒绝追认，且丙厂善意，则丙厂可向乙主张服装价款（丙厂的合同利益可以实现）。

（2）若甲拒绝追认，且丙厂恶意，则乙与丙厂分担合同无效的损失（丙厂的合同利益落空）。

（3）丙厂是否善意的举证责任在乙，如果乙不能证明丙厂的恶意，则丙厂被推定为善意。

【例题】（2019真题回忆版）丙系甲香烟制造公司的市场专员，因舞弊被开除后，寻思着捞一票并报复甲公司。后伪造甲公司公章后，以甲公司的名义与不知情的乙公司于4月20日订立合同，约定："甲公司向乙公司出售熊猫牌香烟50箱，价款500万元。"5月1日，因丙请求乙公司将价款打入其指定的账户，乙公司经询问才得知丙已被开除。同时，甲公司对乙公司表示，是否接受该合同须考虑几天再做决定。5月10日，甲公司通知乙公司，不接受该合同。对此，下列哪一表述是错误的？

A.5月1日后至5月10日前，乙公司有权通知甲公司撤销合同

B.5月10日后，乙公司有权请求甲公司履行合同义务

C.5月10日后，乙公司有权选择请求丙履行交付义务

D.5月10日后，乙公司有权选择请求丙赔偿转卖香烟可能获得的利润损失

【答案】B

（二）表见代理

1. 要件：无权代理 + 权利外观（有足以让相对人相信的假象）+ 相对人善意且无过失。

2. 后果：与有权代理同样的法律后果，即法律后果由被代理人和相对人承受。

3. 举证责任：相对人证明存在代理权外观；被代理人证明相对人的恶意。——如果不能证明相对人的恶意，则推定相对人为善意。

《民法典总则编解释》第28条　同时符合下列条件的，人民法院可以认定为《民法典》第172条规定的相对人有理由相信行为人有代理权：

（一）存在代理权的外观；

（二）相对人不知道行为人行为时没有代理权，且无过失。

因是否构成表见代理发生争议的，相对人应当就无权代理符合前款第1项规定的条件承担举证责任；被代理人应当就相对人不符合前款第2项规定的条件承担举证责任。

《民法典总则编解释》第29条　法定代理人、被代理人依据《民法典》第145条、第171条的规定向相对人作出追认的意思表示的，人民法院应当依据《民法典》第137条的规定确认其追认意思表示的生效时间。

例　吴某是甲公司员工，持有甲公司授权委托书。吴某与温某签订了借款合同，该合同由温某签字、吴某用甲公司合同专用章盖章。后温某要求甲公司还款。

第一种情况，甲公司的确委托吴某去借钱，此时认定为有权代理，有效，甲公司还款。

第二种情况，甲公司没有委托吴某去借钱，也没给过授权（吴某所持授权委托书是吴某自己伪造的），此时是无权代理，效力待定。

第三种情况，甲公司给过吴某授权，但是委托合同到期了，授权书却没收回，此时的温某系善意，并且有足够理由相信授权，因此构成表见代理。

第四种情况，若吴某出示的甲公司授权委托书载明甲公司仅授权吴某参加投标活动或者

吴某出示的甲公司空白授权委托书已届期，则温某存在过失，该代理行为不构成表见代理。

（三）职务代理

1. 法人的管理人员（有职务）的责任。

法人、非法人组织的工作人员就超越其职权范围的事项以法人、非法人组织的名义订立合同，相对人主张该合同对法人、非法人组织发生效力并由其承担违约责任的，人民法院不予支持。但是，法人、非法人组织有过错的，人民法院可以参照《民法典》第157 条的规定判决其承担相应的赔偿责任。前述情形，构成表见代理的，人民法院应当依据《民法典》第172 条的规定处理。

合同所涉事项有下列情形之一的，人民法院应当认定法人、非法人组织的工作人员在订立合同时超越其职权范围：（1）依法应当由法人、非法人组织的权力机构或者决策机构决议的事项；（2）依法应当由法人、非法人组织的执行机构决定的事项；（3）依法应当由法定代表人、负责人代表法人、非法人组织实施的事项；（4）不属于通常情形下依其职权可以处理的事项。

合同所涉事项未超越依据上述规定确定的职权范围，但是超越法人、非法人组织对工作人员职权范围的限制，相对人主张该合同对法人、非法人组织发生效力并由其承担违约责任的，人民法院应予支持。但是，法人、非法人组织举证证明相对人知道或者应当知道该限制的除外。

法人、非法人组织承担民事责任后，向故意或者有重大过失的工作人员追偿的，人民法院依法予以支持。

据此，其可以分为以下三种情况：

（1）职权范围内正常履行职务，为有权代理，由被代理人（即法人）承担代理行为后果。

（2）超越职权但相对人恶意，为无权代理，由行为人和恶意相对人分担信赖利益的赔偿责任。

（3）超越职权且相对人善意，为表见代理，由被代理人承担代理行为后果。

2. 没有职权的普通员工未经授权以法人名义订立合同的，为无权代理。

例 甲公司开发的系列楼盘由乙公司负责安装电梯设备。乙公司完工并验收合格投入使用后，甲公司一直未支付工程款，乙公司也未催要。诉讼时效期间届满后，乙公司组织工人到甲公司讨要，但甲公司董事会和股东会都已经作出拒绝付款的决议。

（1）如果甲公司董事长良心发现，擅自以甲公司名义签署了同意履行付款义务的承诺函，则构成表见代表，甲公司有付款义务。

（2）如果甲公司销售经理良心发现，擅自以甲公司名义签署了同意履行付款义务的承诺函，则构成无权代理，甲公司在追认之前没有付款义务。

（3）如果甲公司法务经理良心发现，擅自以甲公司名义签署了同意履行付款义务的承诺函，则构成表见代理（法务经理在公司的法律问题方面有权利外观），甲公司有付款义务。

（4）因高级管理人员均不在，甲公司新录用的法务小王，擅自以甲公司名义签署了同意履行付款义务的承诺函，工人们才散去。小王的行为属于无权代理，甲公司在追认之前没有付款义务。

第五章　诉讼时效

扫描右侧二维码"听课＋做题"，直达最佳学习效果
1. 在线听课：学习本章节核心考点讲解课程。
2. 在线刷题：点击 ⌂ 进入题库做章节练习。

📚 本章导读

本章需要考生熟练掌握诉讼时效的法律要件、适用范围和法律效果，不适用诉讼时效的请求权，诉讼时效期间的起算以及中止、中断、延长，期间计算方法，确定始期与终期的基本规则；了解诉讼时效的概念和特征，诉讼时效与除斥期间的区别。

💡 知识点

一、法律性质

1. 时效抗辩权——债务人主张时效抗辩权可以获得胜诉判决；债务人未主张抗辩而履行义务的，该履行有效，债权人不构成不当得利。

2. **强制性**规定。

诉讼时效的期间、计算方法以及中止、中断的事由由法律规定，当事人约定无效。

当事人对诉讼时效利益的预先放弃无效。

3. 司法中立，不主动适用。

当事人未提出诉讼时效抗辩的，《民法典》第 193 条规定，人民法院不得主动适用诉讼时效的规定。即人民法院不应主动释明或提示适用诉讼时效，甚至主动适用诉讼时效的规定进行裁判。

当事人在一审期间未提出诉讼时效抗辩，在二审期间提出的，人民法院不予支持，但其基于新的证据能够证明对方当事人的请求权已过诉讼时效期间的情形除外。

【考查模型】对时效理论的实例化问答：

张三欠李四 3 000 元，2017 年 1 月到期，2020 年 3 月，李四想起此事，遂向张三主张债权，张三拒绝归还，李四诉至法院。

（1）债权还存在否？——存在。

（2）张三可否不还？——可以。

（3）如张三归还欠款后遇他人指点，方知诉讼时效一事，能否要求李四返还？——不能。

（4）法院受理否？——受理。

（5）受理后，如张三主张时效抗辩，法院如何裁判？——判决驳回诉讼请求。

（6）法院可否主动对诉讼时效予以释明？——不能。

（7）法院可否主动适用诉讼时效予以判决？——不能。

（8）如债务已过诉讼时效，但债权人与债务人仍然达成了还款协议，可否？——可以。

（9）如张三与李四协议将诉讼时效延长3年，可否？——不能（事先不得延长、缩短和排除）。

二、适用范围

1. 下列债权请求权不适用诉讼时效：

（1）支付存款本金及利息请求权；

（2）兑付国债、金融债券以及向不特定对象发行的企业债券本息请求权；

（3）基于投资关系产生的缴付出资请求权；

（4）业主大会请求业主缴付公共维修基金。

2. 下列物权请求权不适用诉讼时效：

（1）停止侵害、排除妨碍和消除危险请求权；

（2）不动产物权和登记的特殊动产物权（船舶、航空器、机动车）的权利人请求返还财产不适用诉讼时效——亦即，普通动产和未登记的特殊动产的返还原物请求权要适用诉讼时效。（有登记，无时效；无登记，有时效）

3. 共有物分割请求权名为请求权实为形成权，不适用诉讼时效的规定。

4. 占有保护请求权不适用诉讼时效。《民法典》第462条第2款规定：占有人返还原物的请求权，自侵占发生之日起1年内未行使的，该请求权消灭。

5. 基于人身权被侵害产生的停止侵害、恢复名誉、赔礼道歉、消除影响等请求权不具有财产利益内容，而且关系到作为民事主体的人的人格存续、生存利益以及伦理道德问题，故不应适用诉讼时效的规定。

6. 基于身份权被侵害产生的给付赡养费、抚养费和扶养费请求权关涉人的生存，义务人如不支付上述费用将使得权利人的生存面临困境，基于保护权利人的生存权和公序良俗的考量，上述请求权不适用诉讼时效的规定。

例 下列哪些情形，乙不得以诉讼时效期间届满为由提出抗辩？

A. 甲欠乙1 000元拖欠不还，乙抢走甲的电动自行车。1年后，甲以占有被侵害为依据，请求乙返还电动自行车

B. 甲在乙银行办理3年期定期存款，到第6年，甲持存单到乙银行取款

C. 甲持有乙公司公开发行的企业债券，于债券到期3年后，前往乙公司请求兑付本息

D. 甲公司股东乙承诺在甲公司成立后半年内，缴清出资款项。现在甲公司已经成立5年，乙依然未履行出资义务。现甲公司请求乙缴纳出资

【答案】ABCD

三、期间长度

1. 3 年，自权利人知道或者应当知道权利受到损害以及义务人之日起计算。

2. 自权利受到损害之日起超过 20 年的，人民法院不予保护，有特殊情况的，人民法院可以根据权利人的申请决定延长。

四、时效起算

1. 当事人约定同一债务分期履行的，诉讼时效期间自最后一期履行期限届满之日起计算。

2. 无民事行为能力人或者限制民事行为能力人对其法定代理人的请求权的诉讼时效期间，自**该法定代理终止**之日起计算。

3. 未成年人遭受性侵害的损害赔偿请求权的诉讼时效期间，自**受害人年满 18 周岁**之日起计算。

《民法典总则编解释》第 36 条　无民事行为能力人或者限制民事行为能力人的权利受到损害的，诉讼时效期间自其法定代理人知道或者应当知道权利受到损害以及义务人之日起计算，但是法律另有规定的除外。

《民法典总则编解释》第 37 条　无民事行为能力人、限制民事行为能力人的权利受到原法定代理人损害，且在取得、恢复完全民事行为能力或者在原法定代理终止并确定新的法定代理人后，相应民事主体才知道或者应当知道权利受到损害的，有关请求权诉讼时效期间的计算适用《民法典》第 188 条第 2 款、本解释第 36 条的规定。

例　甲被父亲乙挪用了零花钱，但是一直没有人知道。这个侵权的诉讼时效，首先要等到甲和父亲的监护关系终止，然后还要等到新的监护人确定或者是成年的甲知情之日起算。

无人、限人（含成年人）	仅仅针对法定代理人	任何侵害	从法定代理终止且相应民事主体知情之日起算时效
未成年人（不含成年人）	任何侵权方	性侵害	从年满 18 周岁之日起算时效

4. 未约定履行期限的合同，依照《民法典》第 510、511 条的规定，可以确定履行期限的，诉讼时效期间从履行期限届满之日起计算；不能确定履行期限的，诉讼时效期间从债权人要求债务人履行义务的宽限期届满之日起计算，但债务人在债权人第一次向其主张权利之时明确表示不履行义务的，诉讼时效期间从债务人明确表示不履行义务之日起计算。

5. 合同被撤销，返还财产、赔偿损失请求权的诉讼时效期间从合同被撤销之日起计算。

例　下列关于诉讼时效的计算，表述正确的是：

A. 未成年人小明遭到成年人张某无端殴打，小明对张某的损害赔偿请求权自小明年满 18 周岁之日起算

B. 天才少年 15 周岁的孙某因创作歌曲而取得不菲报酬。其监护人将其报酬用来炒

股，损失惨重。孙某对其监护人的损害赔偿请求权自监护终止之日起算

C. 张某分期购买一部苹果手机，但因为经济原因后五期价款全部没有偿还。手机店对张某的债权诉讼时效自最后一期到期之日起算

D. 2013 年 10 月 1 日，甲借 20 万元给朋友乙，借期 1 年。2017 年 6 月 1 日，甲死亡，7 月 1 日，才确定丙为其唯一继承人。甲对乙的债权诉讼时效于 2017 年 11 月 1 日届满

【答案】BC

【例题】（2019 真题回忆版）徐某和张某离婚后，他们的孩子小徐 9 周岁，由徐某抚养。后徐某经常殴打小徐，且将祖父母赠送给小徐的一只玉佩用于赌博并将其输掉。关于本案，下列哪些说法是正确的？

A. 张某有权向法院提起诉讼撤销徐某的监护人资格

B. 徐某应对小徐进行赔偿

C. 小徐向徐某主张损害赔偿的诉讼时效期间自年满 18 周岁之日起计算

D. 小徐的抚养费，不适用诉讼时效规定

【答案】ABD

五、时效中止

在诉讼时效期间的最后 6 个月内，因下列障碍，不能行使请求权的，诉讼时效中止：

（1）不可抗力；

（2）无民事行为能力人或者限制民事行为能力人没有法定代理人，或者法定代理人死亡、丧失民事行为能力、丧失代理权；

（3）继承开始后未确定继承人或者遗产管理人；

（4）权利人被义务人或者其他人控制；

（5）其他导致权利人不能行使请求权的障碍。

自中止时效的原因消除之日起满 6 个月，诉讼时效期间届满。

应试点睛

自中止时效的原因消除之日起满 6 个月，诉讼时效期间届满。即中止原因消除后，无论时效期间剩余多少，一概再给 6 个月。

六、时效中断

1. 有下列情形之一的，诉讼时效中断，从中断、有关程序终结时起，诉讼时效期间重新计算：

（1）权利人向义务人提出履行请求；

（2）义务人同意履行义务；

（3）权利人提起诉讼或者申请仲裁；

（4）与提起诉讼或者申请仲裁具有同等效力的其他情形。

《民法典总则编解释》第38条　诉讼时效依据《民法典》第195条的规定中断后，在新的诉讼时效期间内，再次出现第195条规定的中断事由，可以认定为诉讼时效再次中断。

权利人向义务人的代理人、财产代管人或者遗产管理人等提出履行请求的，可以认定为《民法典》第195条规定的诉讼时效中断。

	发生期间	发生事由	法律后果	时间
时效中止	最后6个月	不可抗力或者其他障碍（客观性）	暂时停止	再给6个月
时效中断	诉讼时效期间内	权利人主张权利或义务人同意（主观性）	重新起算	再给3年

2.时效中断的效力的延伸：

（1）部分债权中断的效力及于剩余债权；

（2）连带债权（债务）一人中断及于他人；

（3）代位权诉讼，债权人起诉次债务人同时中断债权人对债务人的债权；

（4）债权转让与债务承担中的时效中断。

第二编　物权

第一分编　通则

第一章　物、物权与所有权

📚 本章导读

本章要求考生熟练掌握物权的效力，物权变动的原则，物权变动的原因，物权的公示方式，物权的保护方法；了解物权的概念与特征，物权法定的原则，物权的分类标准及意义，物权变动的概念以及变动模式。

💡 知识点

一、物权的客体

1. 与人体结合、**不可分离**的有体物为人格权的客体，伤害其构成人格侵权。

《民法典》第 1179 条　侵害他人造成人身损害的，应当赔偿医疗费、护理费、交通费、营养费、住院伙食补助费等为治疗和康复支出的合理费用，以及因误工减少的收入。造成残疾的，还应当赔偿辅助器具费和残疾赔偿金；造成死亡的，还应当赔偿丧葬费和死亡赔偿金。

2. 与人体分离的器官、血液等可以成为物权的客体，但活体捐赠器官只能由完全民事行为能力人自愿无偿捐赠，不得有偿买卖。尸体是**特殊的物**，仅仅用于特定用途。

3. 自然人生前未表示不同意捐献的，该自然人死亡后，其配偶、成年子女、父母可以共同决定捐献，决定捐献应当采用书面形式。

4. 非法利用、损害死者遗体遗骨者，死者的配偶、父母和子女可以主张精神损害赔偿。

5. 网络虚拟财产是指虚拟的网络本身以及存在于网络上的具有财产性的电磁记录，是一种能够用现有的度量标准度量其价值的数字化的新型财产。网络虚拟财产作为一种新兴的财产，具有不同于现有财产类型的特点。《民法典》第 127 条规定：法律对数据、网络虚拟财产的保护有规定的，依照其规定。例如日常使用的 Q 币、游戏装备、游戏账号等级等，都属于网络虚拟财产。当民事主体所有的数据、网络虚拟财产遭受到非法侵犯时，法律提供平等的保护。在最高人民法院发布的互联网十大典型案例之一（俞彬华诉广州华多网络科技有限公司网络服务合同纠纷案）中，法院也指出：用户和网络服务提供者均应对他人的网络虚拟财产负有安全保护义务。北京市第三中级人民法院也曾在类似判决中指出：网络游戏消费者对虚拟财产的权利应予保护，运营商侵害其虚拟财产的，应予赔偿（《人民法院报》2020 年 7 月 9 日第 7 版）。上述司法裁判的观点说明，网络虚拟财产具有物权属性，受物权法律制度保护。

二、物的分类

（一）不动产与动产

不动产，是指土地及其定着物。动产，是指不动产以外的物，其中，船舶、航空器、机动车等为特殊动产。区分不动产与动产的意义在于：第一，物权变动的公示方法不同，不动产物权变动公示以登记为原则，动产物权变动公示以交付为原则。第二，能够设立的物权类型不同，动产和不动产上都可存在所有权。但是，在他物权中，用益物权的客体原则上仅限于不动产，动产原则上只能成为担保物权的客体（抵押权除外）。

（二）主物与从物

非主物的成分，常助主物之效用而同属于一人的物，为从物。为从物所辅助的物，为主物。如锁与钥匙、电视机和遥控器、台灯与灯罩。区分主物与从物的意义在于：

"从"随"主"走——主物转让的，从物随主物转让，但是当事人另有约定的除外。

注意特例：房屋与窗户、上衣和裤子、汽车与轮胎不是主从物关系，但汽车与备胎是主从物关系。

> **应试点睛**
>
> 从物的认定总结为 12 个字：存在独立、功能附属、归属一人。

（三）原物与孳息

原物是产生孳息的物，孳息是指由原物产生的新物，包括天然孳息（如果树的果实、生下的小牛）、法定孳息（如利息、租金）、射幸孳息（如彩票奖金）。股息和投资收益不属于孳息（孳息是"不劳而获"的收入）。区分原物与孳息的意义在于：确定孳息归何人所有。

1. 天然孳息，由所有权人取得；既有所有权人又有用益物权人的，由用益物权人取得。当事人另有约定的，按照约定。法定孳息，当事人有约定的，按照约定取得；没有约定或者约定不明确的，按照交易习惯取得。

2. 在买卖合同中，标的物在交付之前产生的孳息，归出卖人所有；交付之后产生的孳息，归买受人所有。但是，当事人另有约定的除外。

3. 夫妻一方个人财产在婚后产生的收益，除孳息和自然增值外，应认定为夫妻共同财产。即：劳动增值和投资收益为共同财产，孳息和自然增值为个人财产。

三、物权法定原则

物权法定原则是指物权的**类型**和**内容**以及**物权的变动方式**由法律规定，而不允许当事人自行创设的原则。其法律依据是《民法典》第 116 条的规定："物权的种类和内容，由法律规定。"

物权法定原则的内容：（1）物权的**种类**不得创设，即当事人不得创设法律所不认可的新类型的物权，此谓"类型强制"；（2）物权的内容不得创设，即当事人不得创设与物权的法定内容相悖的物权内容，此谓"类型固定"或者"内容强制"。

如果一项约定违反物权法定原则，如约定不动产质押权、邻居之间的优先购买权等，则：

（1）不发生物权效力（即该约定不对抗第三人）。

（2）具有债法效力（即该约定有效，可以约束相对人）。

（3）违反该约定产生违约责任。

例 甲将其父去世时留下的毕业纪念册赠与胜利中学，赠与合同中约定该纪念册只能用于收藏和陈列，不得转让。则：

（1）此约定限制了胜利中学对纪念册的处分权，因而违反物权法定原则；

（2）如果胜利中学再行转让该纪念册为有权处分，受让人可以取得所有权；

（3）甲只能追究胜利中学的违约责任。

四、返还原物请求权

《民法典》第 235 条 无权占有不动产或者动产的，权利人可以请求返还原物。

1. 前提：

（1）物必须仍然存在，否则将构成事实上的履行不能，将转化为损害赔偿请求权（法律不强人所难）。

（2）凡是返还原物权利之主张（包括《民法典》第 235 条和第 462 条）的共同前提是只能向占有标的物的现时占有人主张（包括实际占有人和间接占有人），如该占有人已经丧失占有，则为法律上的履行不能，同样无此条之适用（2014 年卷三第 9 题 C 项）。

2. 要件：

（1）《民法典》第 235 条的请求权主体为享有占有权能的物权人（不包括抵押权人）。

例 甲以自有房屋向乙银行抵押借款，办理了抵押登记。丙因甲欠钱不还，强行进入该房屋居住。借款到期后，甲无力偿还债务。该房屋由于丙的非法居住，难以拍卖，纵然甲怠于行使对丙的返还请求权，乙银行也不能依据抵押权直接对丙行使返还请求权。

（2）本条的法定事由为无权占有（有权占有常见的三个本权：所有权、他物权、合同债权）。

特别注意：遗失物的拾得人对遗失物的占有为无权占有[1]而非有权占有。

（3）本条的义务人为**无权占有**的现时占有人，包括无权占有的直接占有人和间接占有人。

特别注意：

①义务人不包括占有辅助人，如乙捡到甲的锤子，交给自己的雇员丙使用，此时丙对甲不承担返还义务——占有辅助人不具有独立的支配占有物的意思。

②如为有权占有人，自然不承担《民法典》第235条所规定的返还义务。

③如果占有人已经丧失占有，则不能对其主张返还原物请求权（只能主张损害赔偿）。

3.结论：享有占有权能的物权人向**无权占有**的现时占有人主张返还。

例　2007年4月2日，王某与丁某约定：王某将一栋房屋出售给丁某，房价为20万元。丁某支付房屋价款后，王某交付了房屋，但没有办理产权移转登记。丁某接收房屋作了装修，于2007年5月20日出租给叶某，租期为2年。2007年5月29日，王某因病去世，全部遗产由其子小王继承。小王于2007年6月将该房屋卖给杜某，并办理了所有权移转登记。

过户前：所有权人——王某（小王）

（1）能否要求丁某（间接占有）返还房屋？答：不能——基于买卖合同的有权占有。

（2）能否要求叶某（直接占有）返还房屋？答：不能——有权占有在占有连续中的传递。

过户后：所有权人——杜某

（3）能否要求丁某（间接占有）返还房屋？答：可以——基于债权的有权占有的相对性。

（4）能否要求叶某（直接占有）返还房屋？答：不能——买卖不破租赁（仅仅限于先租后卖）。

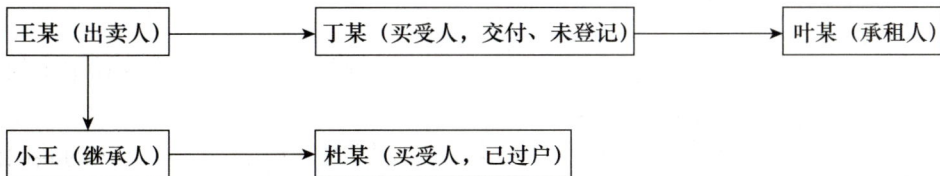

```
王某（出卖人）──→ 丁某（买受人，交付、未登记）──→ 叶某（承租人）
    │
    ↓
小王（继承人）──→ 杜某（买受人，已过户）
```

4.时效：不动产物权和**登记**的动产物权（船舶、航空器、机动车）的权利人请求返还财产不适用诉讼时效——亦即，普通动产和未登记的特殊动产的返还原物请求权要适用诉讼时效（3年）。

---

[1]　《民法典》第312条　所有权人或者其他权利人有权追回遗失物。

第二章　物权变动

📖 本章导读

本章需要考生熟练掌握物权中公示原则、公信原则，物权取得、消灭的原因，交付及其法律效果，登记及其法律效果。

💡 知识点

导论：物权变动概述

（一）物权变动的概念

物权的变动，是指物权的设立、变更、转让和消灭。就物权主体而言，是指其取得物权和丧失物权；就物权内容而言，是指物权的内容发生变化。

（二）物权变动的三条通道

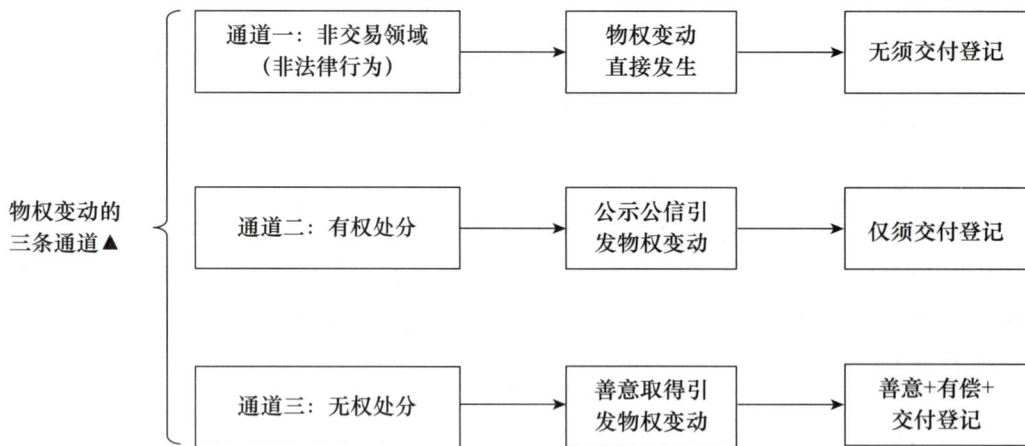

考查模式：三条通道融入一个案例，考查物权归属。

例　吴某和李某共有一套房屋，所有权登记在吴某名下。2010年2月1日，法院判决吴某和李某离婚，并且判决房屋归李某所有，但是并未办理房屋所有权变更登记。3月1日，李某将该房屋出卖给张某，张某基于对判决书的信赖支付了50万元价款，并入住了该房屋。4月1日，吴某又就该房屋和王某签订了买卖合同，王某在查阅了房屋登记簿确认房屋仍归吴某所有后，支付了50万元价款，并于5月10日办理了所有权变更登记手续。问：本题中所有权的流转轨迹如何认定？

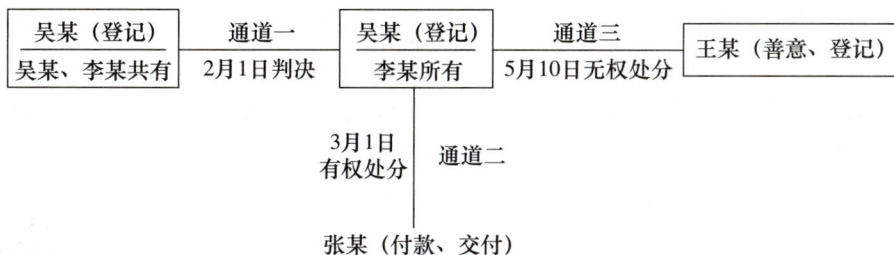

吴某（登记） 吴某、李某共有	通道一 2月1日判决	吴某（登记） 李某所有	通道三 5月10日无权处分	王某（善意、登记）

3月1日
有权处分   通道二

张某（付款、交付）

一、通道一：非基于法律行为而发生的物权变动▲

1. 不需要进行公示即可发生物权变动：**人民法院、仲裁机构的法律文书**，人民政府的**征收决定，继承，合法建造**、拆除房屋。

【相关法条】

《民法典》第229条　因人民法院、仲裁机构的法律文书或者人民政府的征收决定等，导致物权设立、变更、转让或者消灭的，自法律文书或者征收决定等生效时发生效力。

《民法典》第230条　因继承取得物权的，自继承开始时发生效力。

《民法典》第231条　因合法建造、拆除房屋等事实行为设立或者消灭物权的，自事实行为成就时发生效力。

2. **再行处分**该物权时，法律规定需要进行登记的，应当首先进行宣示登记，然后再进行变更（过户）登记。

例　张大去世后，其子张三欲将登记在张大名下房屋卖于李四，如何登记：张大去世——张三取得所有权——宣示登记——变更登记——李四取得所有权。

【相关法条】

《民法典》第232条　处分依照本节规定享有的不动产物权，依照法律规定需要办理登记的，未经登记，不发生物权效力。

（1）物权变动在先，宣示登记在后，宣示登记是物权变动的确认。

▲注意：此时的登记既非生效要件，也非对抗要件。

（2）变更登记在先，物权变动在后，变更登记是物权变动的前提。

3. 形成裁判。

【相关法条】

《民法典》第229条　因人民法院、仲裁机构的法律文书或者人民政府的征收决定等，导致物权设立、变更、转让或者消灭的，自法律文书或者征收决定等生效时发生效力。

《最高人民法院关于适用〈中华人民共和国民法典〉物权编的解释（一）》（简称《民法典物权编解释（一）》）第7条　人民法院、仲裁机构在分割共有不动产或者动产等案件中作出并依法生效的改变原有物权关系的判决书、裁决书、调解书，以及人民法院在执行程序中作出的拍卖成交裁定书、变卖成交裁定书、以物抵债裁定书，应当认定为《民法典》第229条所称导致物权设立、变更、转让或者消灭的人民法院、仲裁机构的法律文书。

《最高人民法院关于适用〈中华人民共和国民事诉讼法〉的解释》（简称《民诉解释》）

第491条　拍卖成交或者依法定程序裁定以物抵债的，标的物所有权自拍卖成交裁定或者抵债裁定送达买受人或者接受抵债物的债权人时转移。

（1）形成裁判包括：共有物分割之诉的裁判（判决书、裁决书、调解书）、债权人撤销权之诉的裁判以及执行程序中的拍卖成交裁定书、变卖成交裁定书、以物抵债裁定书。

（2）区别。

①确认判决——判决前后都是A的——不变动法律关系——登记错误的对应更正登记。

例1　房A登记在甲名下，乙认为自己是所有权人，遂提起确权之诉，现乙胜诉。此时，生效确权判决的内容是"房A是乙的"，而不是"将甲的房A判归乙"。故此时物权并未变动。当然，乙要出卖房A给丙，需要先行宣示登记到自己名下，再过户登记给丙。

例2　某房屋登记簿上所有权人为甲，但乙认为该房屋应当归自己所有，遂申请仲裁。仲裁裁决争议房屋归乙所有，但裁决书生效后甲、乙未办理变更登记手续。——此仲裁裁决为确认裁判房屋应归乙所有。

②给付判决——过户前是A的，过户后是B的——基于当事人的行为——对应变更登记。

例　甲、乙和丙于2012年3月签订了散伙协议，约定登记在丙名下的合伙房屋归甲、乙共有。后丙未履行协议。同年8月，法院判决丙办理该房屋过户手续，丙仍未办理。——此为给付判决，法院判决的内容是丙去办理过户手续而非把房屋直接判归甲、乙。

③形成判决——判决前是A的，判决后是B的——基于国家司法权——对应宣示登记。

例1　吴某和李某共有一套房屋，所有权登记在吴某名下。2010年2月1日，法院判决吴某和李某离婚，并且判决房屋归李某所有。——此为形成裁判，即法院把诉争房屋直接判归李某。

例2　房屋A登记在甲的名下，乙对此登记有异议，遂诉诸法院。经审理，法院判决确认房屋A为乙所有。以下说法何者正确？

A.判决生效时，该房屋即归乙所有

B.判决生效时，乙将该房屋过户到自己名下时，该房即归乙所有

C.无论乙是否将该房屋过户登记在自己名下，均可将该房为银行设立抵押权

D.乙将该房屋抵押给银行，银行抵押权的取得，必须以办理抵押登记为条件

【答案】D

二、通道二：基于有权处分而发生的物权变动▲

（一）区分原则、有因性与公示公信原则

1.区分原则。

《民法典》第215条规定：当事人之间订立有关设立、变更、转让和消灭不动产物权的合同，除法律另有规定或者当事人另有约定外，自合同成立时生效；未办理物权登记的，不影响合同效力。——这意味着：（1）合同效力不受登记的影响；（2）合同生效原则

上也不能直接引发物权变动（区分原则）。

2.有因性与公示公信原则。

物权变动一般情况下适用强制公示规则——须有效合同（有因性）+交付登记（公示公信）。

3.物权变动的公式：

有效的**债权合同**+**交付**=动产物权变动；有效的**债权合同**+**登记**=不动产物权变动。

例1 张三将房屋抵押给李四，签订了抵押合同但没有办理抵押登记。此时，抵押权虽未设立，但不影响抵押合同的效力。

例2 甲出售A房于乙，登记机关错误地把B房登记于乙，问：乙是否取得B房的所有权？——不能。因为B房虽有登记，但不是双方真实意思表示，欠缺交易基础。

例3 甲出售某房屋于乙并完成交付，其后甲再将该屋出售于丙并完成登记，问：房屋所有权归谁？——归丙。

例4 甲出卖手表于乙并完成交付，随后甲又以欺诈为由起诉撤销该买卖合同，则：

如乙进入破产程序，甲可以主张何种权利？——破产取回权。

如乙将手表卖于第三人丙，则丙在何种情况下才能取得所有权？——善意取得。

（二）以下情况为例外

（1）土地承包经营权的设立，仅仅以合同生效为必要，而且无须登记即可对抗第三人。土地承包经营权合同生效，不仅能引起物权变动（承包权设立），而且能够使承包权具有对抗第三人的效力。县级以上地方政府发放土地承包经营权证、登记造册，为纯粹的行政管理手段，不具备民法上的意义，其既不能引起承包权的设立，也不能赋予承包权以对抗效力。

合同生效=物权设立+对抗善意第三人。

（2）"动土地"（动产抵押的设立、土地承包经营权的互换转让、五年以上土地经营权的流转、地役权的设立），合同生效即可变动物权，非经登记不得对抗善意第三人，此为任意公示规则。

合同生效=物权设立；登记=对抗善意第三人。

例 甲公司为担保自己的贷款，将一台机器设备向乙银行抵押，与乙银行订立了机器设备抵押合同，该合同成立时即生效，但在抵押登记之前，所享有的抵押权不具有对抗效力。

应试点睛

土地承包经营权的物权变动，包括两类：一是土地承包权的设立。土地承包权的设立，发生在集体与承包权人之间，为承包权的初次取得。二是土地承包权的互换、转让。土地承包权的互换、转让，发生在土地承包权人之间，为初次取得之后，土地承包权的流转。二者的物权变动模式不同，前者自承包合同生效时设立，不存在是否登记对抗的问题；而后者自合同生效时发生变动，但非经登记不得对抗善意第三人。

（3）船舶、航空器和机动车的转让，**以交付为生效要件，以登记为对抗要件。**

《民法典》第 224 条 动产物权的设立和转让，自交付时发生效力，但是法律另有规定的除外。

《民法典》第 225 条 船舶、航空器和机动车等的物权的设立、变更、转让和消灭，未经登记，不得对抗善意第三人。

《民法典物权编解释（一）》第 6 条 转让人转让船舶、航空器和机动车等所有权，受让人已经支付合理价款并取得占有，虽未经登记，但转让人的债权人主张其为《民法典》第 225 条所称的"善意第三人"的，不予支持，法律另有规定的除外。

1）公式。

买受人受领交付 = 取得所有权（《民法典》第 224 条）；

买受人受领交付 + 支付合理价款 = 对抗转让人的债权人的强制执行（《民法典物权编解释（一）》第 6 条）；

买受人受领交付 + 登记 = 对抗善意第三物权人（抵押权人）（《民法典》第 225 条）。

2）考查模型。

甲将其名下的 A 车转让给乙并完成交付，乙已经付款，但在双方办理车辆过户登记之前，甲的一般债权人丙通过法院判决执行查封了 A 车，导致车辆无法办理过户。此时，甲把车过户给乙之前，又把车抵押给丁并且完成抵押登记。问：乙、丙、丁的权利冲突如何解决？答：①该车的所有权属于受领交付的乙。②乙的所有权未经登记不得对抗抵押权人丁。③乙在付款之前不得对抗申请强制执行的丙。④丙作为普通债权人不得对抗抵押权人丁。因此，三者的权利排序为：丁—丙—乙。即：丁先实现抵押权，丙再实现债权。乙如果要保住所有权，首先需要付款给出卖人甲，然后再向抵押权人丁代为清偿（代为清偿后可以向甲追偿）。

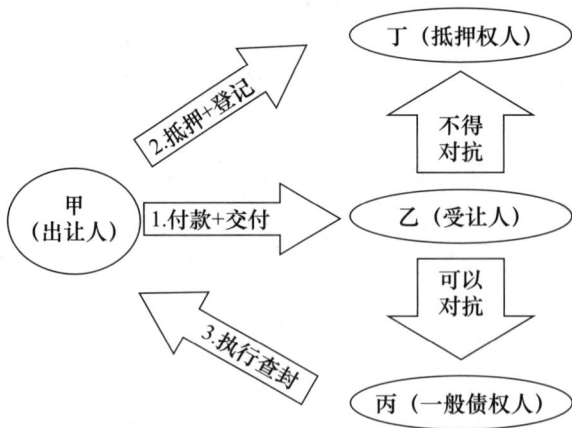

例 1 甲的车卖给乙并交付，乙付款，但未登记；后来甲又把车卖给不知情的丙并完成登记，问：丙能否主张自己为善意第三人从而对抗未登记的乙？——物权优先于债权。

例 2 甲的车卖给乙，交付但未登记，乙付款。然后甲又把车抵押给不知情的丙并完成抵押登记，问：丙能否主张自己为善意第三人从而对抗未登记的乙？——非经登记不得对抗善意物权人。

例3　甲的车卖给乙，交付但未登记，乙付款。后来车被丙毁损。乙向丙提出损害赔偿，问：丙能否主张自己为善意第三人从而对抗未登记的乙？——物权优先于债权。

例4　甲的车卖给乙，交付但未登记，乙付款。问：如果乙向甲请求过户登记，甲能否主张自己为善意第三人从而对抗未登记的乙？——甲为当事人而非第三人。

例5　甲的车卖给乙，交付但未登记，乙付款。甲去世，小甲为唯一继承人，问：小甲能否主张自己为善意第三人从而对抗未登记的乙？——小甲与甲的法律地位一致，小甲也为当事人而非第三人。

［答案］

【例1】不能。基于物权优先于债权的法理，结合本题，丙仅仅是合同当事人而非物权人，乙的物权优先于丙的债权。

【例2】可以。机动车物权的转让，未经登记，不得对抗善意第三人。结合本题，甲转让车于乙但未登记，因此，丙作为善意第三人，依法取得抵押权。

【例3】不能。丙为损害车辆的侵权行为人，并不是第三人。同时，丙对车的损害产生侵权之债的关系，并不发生物权关系。

【例4】不能。甲是车辆转让中的当事人，不是第三人。

【例5】不能。小甲是甲的唯一继承人，在甲死亡后，就车辆的转让，小甲与甲的法律地位一致，小甲属于当事人而非第三人。

（三）动产交付

1.现实交付：权物（所有权＋物的占有）同步——何为交付？

例1　甲出卖某车于乙，由甲的司机将汽车交付于乙的司机。

例2　甲出卖某画于乙，乙转售于丙，乙请甲将画直接交付于丙，甲同意并照做。

【例题】（2021真题回忆版）张某将一块家传宝玉卖给李某，二人签订协议X，其中附有条款：（1）张某未来两年有权随时以原价的120%买回这块玉，李某不能拒绝；（2）如果这期间李某把玉卖给别人，此协议失效。一年后，李某与王某签订协议Y，将该宝玉卖给王某，并完成交付。在缔约过程中，李某曾向王某告知协议X的上述约定。对此，下列说法正确的是：

A.协议Y严重损害张某的利益，因此协议Y无效

B.王某与李某之间的协议Y有效

C.王某取得该宝玉的所有权

D.张某有权请求李某承担违约责任

【答案】BCD

2.观念交付：简易交付、占有改定、指示交付。

【相关法条】

《民法典》第226条　动产物权设立和转让前，权利人已经占有该动产的，物权自民事法律行为生效时发生效力。

《民法典》第228条　动产物权转让时，当事人又约定由出让人继续占有该动产的，物权自该约定生效时发生效力。

《民法典》第 227 条 动产物权设立和转让前，第三人占有该动产的，负有交付义务的人可以通过转让请求第三人返还原物的权利代替交付。

《民法典物权编解释（一）》第 17 条 《民法典》第 311 条第 1 款第 1 项所称的"受让人受让该不动产或者动产时"，是指依法完成不动产物权转移登记或者动产交付之时。

当事人以《民法典》第 226 条规定的方式交付动产的，转让动产民事法律行为生效时为动产交付之时；当事人以《民法典》第 227 条规定的方式交付动产的，转让人与受让人之间有关转让返还原物请求权的协议生效时为动产交付之时。

法律对不动产、动产物权的设立另有规定的，应当按照法律规定的时间认定权利人是否为善意。

▲小结：三种观念交付之对比，以买卖合同为例。

	简易交付	占有改定	指示交付
顺序	占有在先，物权在后	物权在先，占有在后	物权在先，占有在后
要件	买受人占有 + 买卖合同	买卖合同 + 占有改定协议（出卖人占有）	第三人占有 + 买卖合同
物权变动	买卖合同生效时完成物权移转	占有改定协议生效时完成物权移转	双方达成的返还请求权的"让与合意"生效时完成物权移转，通知第三人是对第三人生效的要件（类似于债权让与）

【例题】（2017-3-5）庞某有 1 辆名牌自行车，在借给黄某使用期间，达成转让协议，黄某以 8 000 元的价格购买该自行车。次日，黄某又将该自行车以 9 000 元的价格转卖给了洪某，但约定由黄某继续使用 1 个月。关于该自行车的归属，下列哪一选项是正确的？

A. 庞某未完成交付，该自行车仍归庞某所有

B. 黄某构成无权处分，洪某不能取得自行车所有权

C. 洪某在黄某继续使用 1 个月后，取得该自行车所有权

D. 庞某既不能向黄某，也不能向洪某主张原物返还请求权

【答案】D

例 甲继承其父遗留的小提琴，随即出卖于乙，约定于 4 月 3 日交琴。甲于 4 月 3 日向乙表示愿意让与该琴所有权，但欲借用 3 日，乙同意，并即开具支票支付。甲又于 4 月 4 日将该琴出售于善意之丙，并即交付与丙。甲又于 4 月 5 日将该琴出卖于丁，对丁虚称该琴系借丙使用，愿将其对丙的返还请求权让与丁，以代交付，移转该琴所有权。享有该琴所有权的是谁？

A. 甲

B. 乙

C. 丙

D. 丁

【答案】C

（四）不动产登记

1. 登记簿与权属证书。

《民法典》第 216 条 不动产登记簿是物权归属和内容的根据。不动产登记簿由登记

机构管理。

《民法典》第 217 条 不动产权属证书是权利人享有该不动产物权的证明。不动产权属证书记载的事项，应当与不动产登记簿一致；记载不一致的，除有证据证明不动产登记簿确有错误外，以不动产登记簿为准。

《民法典物权编解释（一）》第 2 条 当事人有证据证明不动产登记簿的记载与真实权利状态不符、其为该不动产物权的真实权利人，请求确认其享有物权的，应予支持。

《民法典物权编解释（一）》第 2 条的适用情形主要包括：

（1）共有财产登记于一方名下：如甲、乙夫妻婚后购买的房子，两人商量仅登记在甲名下，后来就房屋归属发生纠纷。此时如乙有证据证明该房屋为双方共有，则可以推翻前述登记。

（2）遗产登记于部分继承人名下：如张大去世，留有房屋，两个儿子，但仅登记于长子名下，后来就房屋归属发生纠纷。此时如次子有证据证明该房屋为双方共同继承进而形成共同共有，则可以推翻前述登记。

（3）借名登记：如甲在乙寺院出家修行，立下遗嘱，将乙寺院出资购买并登记在甲名下的房产分配给女儿丙，此时如乙寺院有证据证明该房屋为乙寺院所有，则可以推翻前述登记。

（4）共有物分割未变更登记：如张三与李四离婚，法院判登记在张三名下房子归李四所有，此时如李四能够举出法院判决的证据，则可以推翻前述登记。

结论 1：不动产登记与不动产物权的真实状态不一致时，推定前者为准，后者可以以证据推翻前者（事实大于登记簿，登记簿大于权属证书）。

结论 2：区分内外关系，内部证据可以推翻登记的推定效力，外部保护交易安全，第三人取得物权。

2. 更正登记与异议登记。

（1）更正登记：

权利人：确有证据证明登记错误可以主张更正登记。

利害关系人：经登记权利人书面同意可以主张更正登记。

（2）异议登记：

《民法典》第 220 条 权利人、利害关系人认为不动产登记簿记载的事项错误的，可以申请更正登记。不动产登记簿记载的权利人书面同意更正或者有证据证明登记确有错误的，登记机构应当予以更正。

不动产登记簿记载的权利人不同意更正的，利害关系人可以申请异议登记。登记机构予以异议登记，申请人自异议登记之日起 15 日内不提起诉讼的，异议登记失效。异议登记不当，造成权利人损害的，权利人可以向申请人请求损害赔偿。

《民法典物权编解释（一）》第 3 条 异议登记因《民法典》第 220 条第 2 款规定的事由失效后，当事人提起民事诉讼，请求确认物权归属的，应当依法受理。异议登记失效不影响人民法院对案件的实体审理。

《民法典物权编解释（一）》第 15 条 具有下列情形之一的，应当认定不动产受让人知道转让人无处分权：

（一）登记簿上存在有效的异议登记……

a. 申请人——权利人不同意更正登记时由利害关系人单方提出。

b. 性质。

b1：程序性登记：登记机关"三不"——不审查、不确认、不赔偿。

b2：临时性登记：15 日内不起诉的，异议登记失效（起诉会持续有效）。

b3：异议登记作为程序性登记，不影响过户，但登记机关须提示风险。[①]

异议登记失效后，申请人就同一事项以同一理由再次申请异议登记的，不动产登记机构不予受理。

c. 异议登记的效力。

c1：有效的异议登记仅仅限于：①异议登记之日起 15 日内；②前述 15 日内如果申请人起诉的，该异议登记持续有效。有效的异议登记的价值在于**阻挡第三人的善意取得**。

c2：15 日内未起诉的，异议登记将失效，此时异议登记无法阻挡善意取得，但不影响异议申请人可以继续提起民事诉讼请求确认物权归属。

结论：15 日内可诉可挡；15 日后可诉不可挡。

甲：登记人；乙：异议登记申请人。

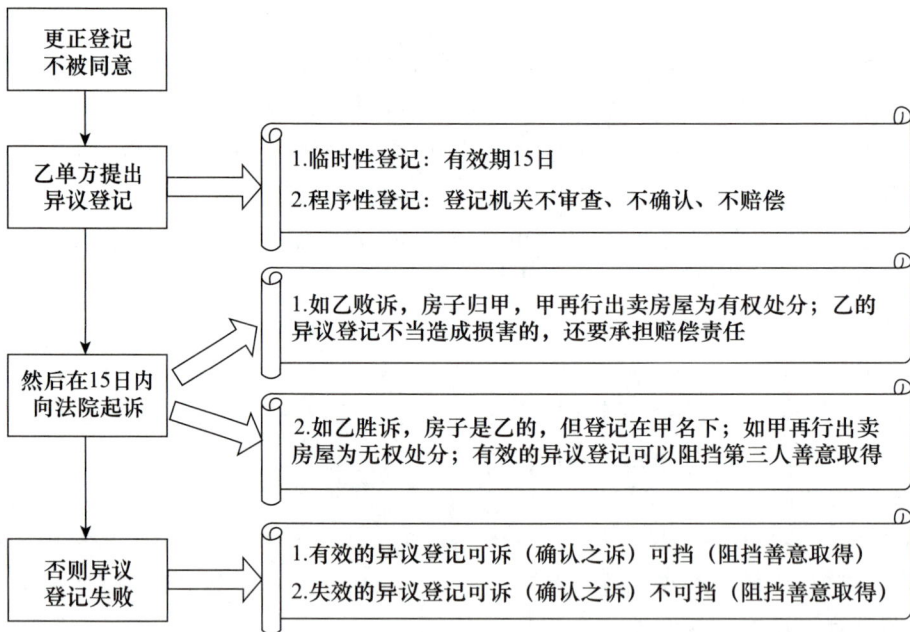

```
┌──────────┐
│ 更正登记   │
│ 不被同意   │
└────┬─────┘
     ▼
┌──────────┐      ┌──────────────────────────────────────┐
│ 乙单方提出 │─────▶│ 1.临时性登记：有效期15日               │
│ 异议登记   │      │ 2.程序性登记：登记机关不审查、不确认、不赔偿 │
└────┬─────┘      └──────────────────────────────────────┘
     ▼
┌──────────┐      ┌──────────────────────────────────────────┐
│          │─────▶│ 1.如乙败诉，房子归甲，甲再行出卖房屋为有权处分；乙的 │
│          │      │ 异议登记不当造成损害的，还要承担赔偿责任            │
│ 然后在15日内│      └──────────────────────────────────────────┘
│ 向法院起诉 │      ┌──────────────────────────────────────────┐
│          │─────▶│ 2.如乙胜诉，房子是乙的，但登记在甲名下；如甲再行出卖 │
│          │      │ 房屋为无权处分；有效的异议登记可以阻挡第三人善意取得 │
└────┬─────┘      └──────────────────────────────────────────┘
     ▼
┌──────────┐      ┌──────────────────────────────────────────┐
│ 否则异议   │─────▶│ 1.有效的异议登记可诉（确认之诉）可挡（阻挡善意取得） │
│ 登记失败   │      │ 2.失效的异议登记可诉（确认之诉）不可挡（阻挡善意取得）│
└──────────┘      └──────────────────────────────────────────┘
```

例　甲的房子，乙认为自己是共有人，提异议登记，然后甲卖房子给丙。假如异议登记后乙诉至法院，而且甲（登记名义人）和丙（买受人）完成过户，又将如何？

答：首先明确一点，异议登记生效后丙即为恶意第三人，然后分三种情况：

第一种情况：乙胜诉，甲为无权处分，丙作为恶意第三人，无法取得物权。

第二种情况：乙败诉，甲为有权处分，丙的善恶意不影响物权变动，丙可以取得

---

① 　相关法条——《不动产登记暂行条例实施细则》第 84 条　异议登记期间，不动产登记簿上记载的权利人以及第三人因处分权利申请登记的，不动产登记机构应当书面告知申请人该权利已经存在异议登记的有关事项。申请人申请继续办理的，应当予以办理，但申请人应当提供知悉异议登记存在并自担风险的书面承诺。

物权。

第三种情况：如果乙在异议登记失效后才起诉，丙将成为善意第三人，即使甲无权处分，丙的善意取得也不受影响。（亦即，失效的异议登记无法阻挡第三人的善意取得）

3. 预告登记。

《民法典》第221条　当事人签订买卖房屋的协议或者签订其他不动产物权的协议，为保障将来实现物权，按照约定可以向登记机构申请预告登记。预告登记后，未经预告登记的权利人同意，处分该不动产的，不发生物权效力。

预告登记后，债权消灭或者自能够进行不动产登记之日起90日内未申请登记的，预告登记失效。

▲小结：

（1）预告登记的申请人是谁？——合同双方当事人共同申请。

（2）预告登记所登记的客体是什么？——合同债权。

（3）预告登记后，再次处分该不动产产生的效力如下。

《民法典物权编解释（一）》第4条　未经预告登记的权利人同意，转让不动产所有权等物权，或者设立建设用地使用权、居住权、地役权、抵押权等其他物权的，应当依照《民法典》第221条第1款的规定，认定其不发生物权效力。

①不影响债权合同效力——预告登记后再出卖、抵押、出租的合同有效。

②阻挡其后的物权变动。

③转而寻求违约责任的救济——履行不能，损害赔偿。

▲考查模型：

例　张三、李四签订不动产的买卖合同并作预告登记后：

①张三、王五签订买卖或者抵押合同并以不正当手段完成登记——买卖、抵押合同有效，物权变动无效，王五向张三追究违约责任。

②张三、赵六签订租赁合同并交付租赁物于赵六——租赁合同有效，赵六取得租赁权。

③在②中，如果将来张三、李四完成过户登记，赵六能否主张买卖不破租赁？

答：不能。买卖不破租赁适用于先租赁后买卖，上例情况则在租赁前已经有了买卖的预告登记。

《民法典》第725条　租赁物在承租人按照租赁合同占有期限内发生所有权变动的，不影响租赁合同的效力。

（4）预告登记的时间限度是多久？——90日。

（5）预告登记的失效。

《民法典》第221条　当事人签订买卖房屋的协议或者签订其他不动产物权的协议，为保障将来实现物权，按照约定可以向登记机构申请预告登记。预告登记后，未经预告登记的权利人同意，处分该不动产的，不发生物权效力。

预告登记后，债权消灭或者自能够进行不动产登记之日起90日内未申请登记的，预告登记失效。

《民法典物权编解释（一）》第4条　未经预告登记的权利人同意，转让不动产所有权等物权，或者设立建设用地使用权、居住权、地役权、抵押权等其他物权的，应当依照《民法典》第221条第1款的规定，认定其不发生物权效力。

《民法典物权编解释（一）》第5条 预告登记的买卖不动产物权的协议被认定无效、被撤销，或者预告登记的权利人放弃债权的，应当认定为《民法典》第221条第2款所称的"债权消灭"。

思考：预告登记失效后会如何？

例 甲公司开发写字楼一幢，于2008年5月5日将其中一层卖给乙公司，约定半年后交房，并于2008年5月6日申请办理了预告登记。2008年6月2日甲公司因资金周转困难，在乙公司不知情的情况下，以该层楼向银行抵押借款。下列说法正确的有：

A. 抵押合同有效，但抵押权不能设立

B. 抵押合同有效，在银行不知情的情况下，抵押权能被银行通过抵押登记而善意取得

C. 无论抵押合同是否有效，只要乙公司同意，银行即可经登记取得抵押权

D. 如果甲公司、乙公司之间协议解除合同，那么预告登记失效

【答案】AD

特别注意：预告登记具有实体法上的效力，因而预告登记后，登记机关不得再进行物权变动的登记。（《不动产登记暂行条例实施细则》第85条）

【民诉链接】

《最高人民法院关于人民法院办理执行异议和复议案件若干问题的规定》第30条 金钱债权执行中，对被查封的办理了受让物权预告登记的不动产，受让人提出停止处分异议的，人民法院应予支持；符合物权登记条件，受让人提出排除执行异议的，应予支持。

4. 四个责任。

（1）异议登记不当，造成权利人损害的，权利人可以向申请人请求损害赔偿。

（2）当事人提供虚假材料申请登记，造成他人损害的，应当承担赔偿责任。

（3）因登记错误，造成他人损害的，登记机构应当承担赔偿责任。

（4）登记机构赔偿后，可以向造成登记错误的人追偿。

▲小结：上述（2）（3）（4）的两种考查模式：

第一种：登记机关自己错误，与他人无关，须承担无过错责任。

第二种：第三人提供虚假材料（如伪造的权利人的同意进行更正登记）导致登记机关登记错误，此时登记机关与第三人承担不真正连带责任，亦即：

——受害人首先可以选择第三人或者登记机关请求赔偿；

——如受害人直接选择第三人追究责任，则由第三人承担；

——如受害人选择登记机关追究责任，则登记机关可以向第三人追偿。

第三章　所有权取得的特别方式

扫描右侧二维码"听课 + 做题"，直达最佳学习效果
1. 在线听课：学习本章节核心考点讲解课程。
2. 在线刷题：点击🏠进入题库做章节练习。

📖 本章导读

本章需要考生熟练掌握无权处分相关法律规定，善意取得的法律要件及其产生的法律效果，以及遗失物、无主物、添附相关的法律规定。

💡 知识点

一、无权处分与善意取得

（一）善意取得与合同效力

具有下列情形之一，受让人主张依据《民法典》第 311 条规定取得所有权的，不予支持：

（1）转让合同被认定无效；

（2）转让合同被撤销。

例　丙以将乙出轨的事情告知其丈夫甲为由，威胁乙将登记在其名下的一套房屋以市价出卖给丙，事实上该房屋为甲、乙夫妻共有。乙无奈将房屋过户给了丙。乙未经甲同意出卖该房屋为无权处分，乙因受胁迫享有撤销权。

（1）在法院判决撤销该房屋买卖合同后，丙不能取得该房屋的所有权。

（2）如该撤销权消灭，则丙善意取得该房屋所有权不受影响。

🔍 **注意**　丙对无权处分一事不知情，亦即丙始终是善意的，丙是善意恶意不取决于丙是否有胁迫而取决于丙是否知情。

（二）善意取得的一般条件

《民法典》第 311 条　无处分权人将不动产或者动产转让给受让人的，所有权人有权追回；除法律另有规定外，符合下列情形的，受让人取得该不动产或者动产的所有权：

（一）受让人受让该不动产或者动产时是善意；

（二）以合理的价格转让；

（三）转让的不动产或者动产依照法律规定应当登记的已经登记，不需要登记的已经交付给受让人。

受让人依据前款规定取得不动产或者动产的所有权的，原所有权人有权向无处分权人请求损害赔偿。

当事人善意取得其他物权的，参照适用前两款规定。

《民法典物权编解释（一）》第14条 受让人受让不动产或者动产时，不知道转让人无处分权，且无重大过失的，应当认定受让人为善意。

真实权利人主张受让人不构成善意的，应当承担举证证明责任。

《民法典物权编解释（一）》第15条 具有下列情形之一的，应当认定不动产受让人知道转让人无处分权：

（一）登记簿上存在有效的异议登记；

（二）预告登记有效期内，未经预告登记的权利人同意；

（三）登记簿上已经记载司法机关或者行政机关依法裁定、决定查封或者以其他形式限制不动产权利的有关事项；

（四）受让人知道登记簿上记载的权利主体错误；

（五）受让人知道他人已经依法享有不动产物权。

真实权利人有证据证明不动产受让人应当知道转让人无处分权的，应当认定受让人具有重大过失。

《民法典物权编解释（一）》第16条 受让人受让动产时，交易的对象、场所或者时机等不符合交易习惯的，应当认定受让人具有重大过失。

《民法典物权编解释（一）》第17条 《民法典》第311条第1款第1项所称的"受让人受让该不动产或者动产时"，是指依法完成不动产物权转移登记或者动产交付之时。

《民法典物权编解释（一）》第18条 《民法典》第311条第1款第2项所称"合理的价格"，应当根据转让标的物的性质、数量以及付款方式等具体情况，参考转让时交易地市场价格以及交易习惯等因素综合认定。

《民法典物权编解释（一）》第19条 转让人将《民法典》第225条规定的船舶、航空器和机动车等交付给受让人的，应当认定符合《民法典》第311条第1款第3项规定的善意取得的条件。

无权处分的合同有效	符合《民法典》第143条 没有无效事由和可撤销事由

➕

权利外观	动产须所有人与占有人分离，不动产须所有人与登记名义人分离（后者为无处分权人）

➕

善意	a."善意取得"中的善意为不知转让方无处分权且无重大过失 b.判断善意的时间点为无权处分的那一刹那，即交付登记之时 c.善意第三人不承担"善意"的举证责任 d.有效的预告登记和异议登记直接认定第三人恶意，动产则须结合交易场景判断善恶意

➕

有偿	合理的对价

➕

公示	动产须交付（不可占有改定），不动产须登记

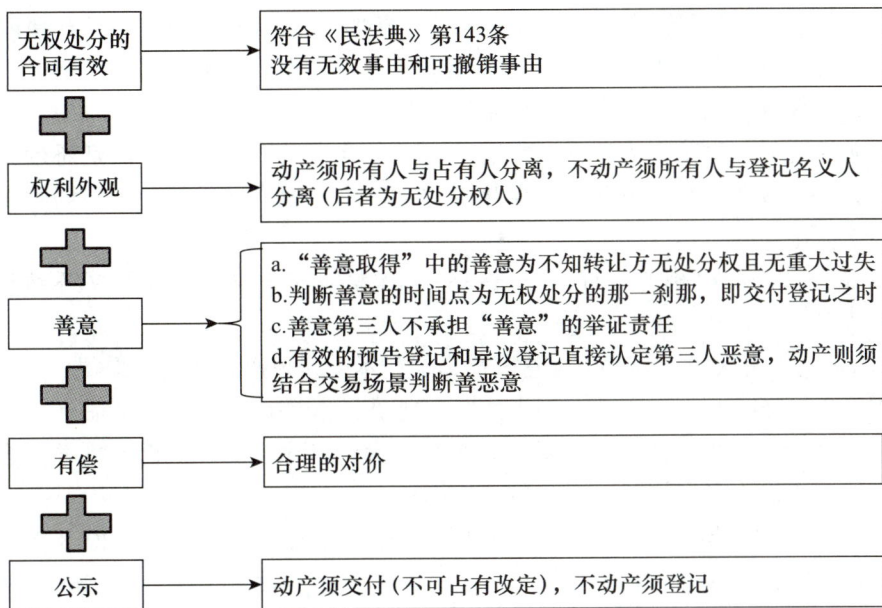

设：甲为权利人；乙为无权处分人；丙为第三人。

1.乙为无权处分人，却具有有权处分的外观。

（1）无权处分是善意取得的基本前提。

（2）乙**具有所有权人的外观**。这意味着：

①如果乙向丙无权处分的标的物为不动产，乙必须是不动产的登记人，即，登记名义人和实际权利人的分离——常见的如：

a.夫妻共同财产或继承未分割的财产登记于一方名下，例如：甲、乙婚后购买房屋一套，房屋登记于甲名下，甲未经乙同意，擅自将房屋卖给丙，完成过户登记。

b.法院作出形成判决但尚未过户登记，例如：法院在分割甲、乙离婚财产时，将共同共有的登记于甲名下的房屋，判决归乙个人所有，判决生效后房屋更名之前，甲将房屋擅自出卖于丙，完成过户登记。

c.合同无效或者被撤销后产生的二者分离，例如，甲因受欺诈，将房屋出卖给乙，完成过户登记。后甲、乙的买卖合同被法院撤销。在判决生效后，乙擅自出卖房屋于丙，完成过户登记。

d.虚假意思表示产生的二者分离。例如：甲以出卖房屋的形式作为民间借贷合同的担保，向乙贷款50万元，房屋过户于乙名下，乙擅自出卖房屋于丙，完成过户登记。

以上四种情况都属于登记名义人和实际权利人分离而引起的无权处分。

②如果乙向丙无权处分的标的物为动产，乙必须是动产的占有人。

③如果乙向丙无权处分的标的物为特殊动产，乙必须同时是动产的占有人和登记人（乙占有才能完成交付，登记在乙名下丙才能被认定为善意）。

2.乙与丙之间为等价有偿的合法交易。

3.丙为**善意**。

（1）丙不知乙为无权处分且无重大过失，即丙基于对乙的占有、登记的信赖，相信乙就是所有权人，为有权处分。

（2）判断善意的时间点为无权处分的那"一刹那"，即**动产交付、不动产登记**之时。

（3）善意第三人**不承担**"善意"的举证责任——原则上消极事实无须举证，当事人主张受让人不构成善意的，应当承担举证证明责任。

（4）无权处分下对第三人善意与恶意的判断，要把动产和不动产区别对待，不动产主要从登记簿（预告登记、异议登记）出发，动产则主要从交易的对象、场所或者时机等交易习惯而论。

4. 完成公示，即丙获得占有、登记——此时发生善意取得，所有权归属于善意第三人。

特别注意：占有改定不能发生善意取得，但指示交付可以发生善意取得。

例 1 甲的相机借给乙使用，乙将其以合理价格出卖给丙，丙无法证明自己对于乙无权处分不知情，甲也无法证明丙对乙无权处分知情，此时应推定丙为善意，于是丙可以善意取得该相机的所有权。

例 2 甲的相机借给乙使用，乙以合理价格出卖给不知情的丙并于 2018 年 1 月 1 日完成交付，1 月 2 日丙从朋友处得知相机是甲所有，感到后背发凉，但此时的丙已经善意取得相机的所有权。

例 3 甲的相机借给乙使用，乙将其以合理价格出卖给丙，但约定由乙代为保管，此时丙不能善意取得该相机的所有权。

例 4 甲的相机借给乙使用，乙谎称是自己的，先出租于丙，再出卖于丁，乙、丁之间可以达成返还请求权的让与协议，此时丁通过指示交付善意取得该相机的所有权。

（三）无权处分的法律后果

《民法典》第 597 条　因出卖人未取得处分权致使标的物所有权不能转移的，买受人可以解除合同并请求出卖人承担违约责任。

法律、行政法规禁止或者限制转让的标的物，依照其规定。

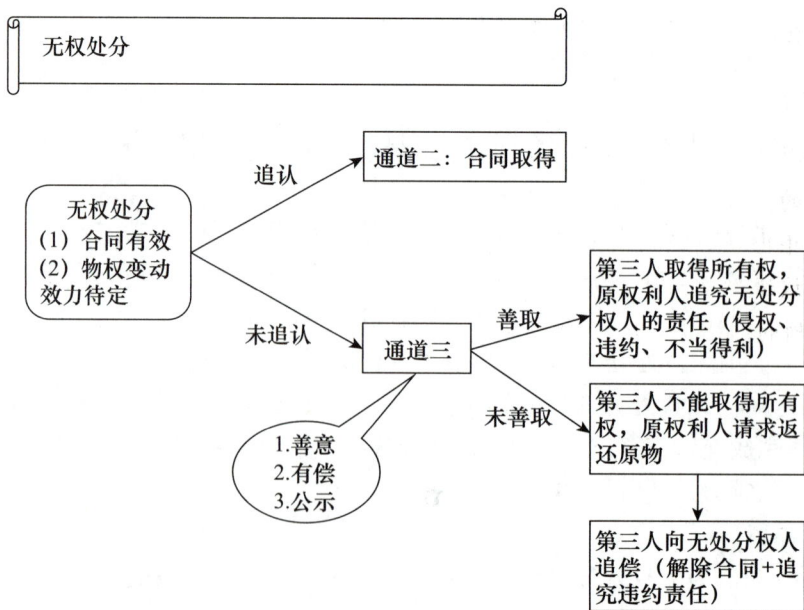

第一种结果，无权处分被追认——适用通道二：有因性＋公示公信原则。

第二种结果，无权处分不被追认且不发生善意取得，第三人不能取得所有权，原权利人有权请求第三人返还原物；第三人向无处分权人追偿，请求解除合同并请求其承担违约责任。

第三种结果，无权处分不被追认且发生善意取得，第三人取得所有权，原权利人追究无处分权人的责任（侵权、违约、不当得利）。

【例题】（2019 真题回忆版）陈某与肖某系夫妻。婚后两人共同购买了一套房屋，登记在陈某名下。2019 年 2 月 3 日，陈某找来老相好蔡某，以夫妻名义做了一张假结婚证，并和蔡某一起将房屋出售并过户给不知情的秦某。妻子肖某发现后，要求撤销合同。关于本案，下列说法正确的有：

A. 虽然房屋登记在陈某名下，但依然系陈某和肖某共同共有

B. 肖某有权请求撤销房屋买卖合同

C. 秦某有权主张善意取得房屋所有权

D. 肖某有权请求蔡某赔偿损失

【答案】ACD

（四）机动车的善意取得

《民法典物权编解释（一）》第 19 条　转让人将《民法典》第 225 条规定的船舶、航空器和机动车等交付给受让人的，应当认定符合《民法典》第 311 条第 1 款第 3 项规定的善意取得的条件。

例　甲的车交给乙保管，乙将其出卖于丙，如该机动车未登记，则丙在完成交付之时可以善意取得。

甲的车登记在甲名下，交乙保管，乙卖给丙完成交付，则丙不能善意取得

甲的车没有登记，交乙保管，乙卖给丙完成交付，则丙可以善意取得

甲的车登记在乙名下，交乙保管，乙卖给丙完成交付，则丙可以善意取得

二、遗失物的拾得

《民法典》第 312 条　所有权人或者其他权利人有权追回遗失物。该遗失物通过转让被他人占有的，权利人有权向无处分权人请求损害赔偿，或者自知道或者应当知道受让人之日起 2 年内向受让人请求返还原物；但是，受让人通过拍卖或者向具有经营资格的经营者购得该遗失物的，权利人请求返还原物时应当支付受让人所付的费用。权利人向受让人支付所付费用后，有权向无处分权人追偿。

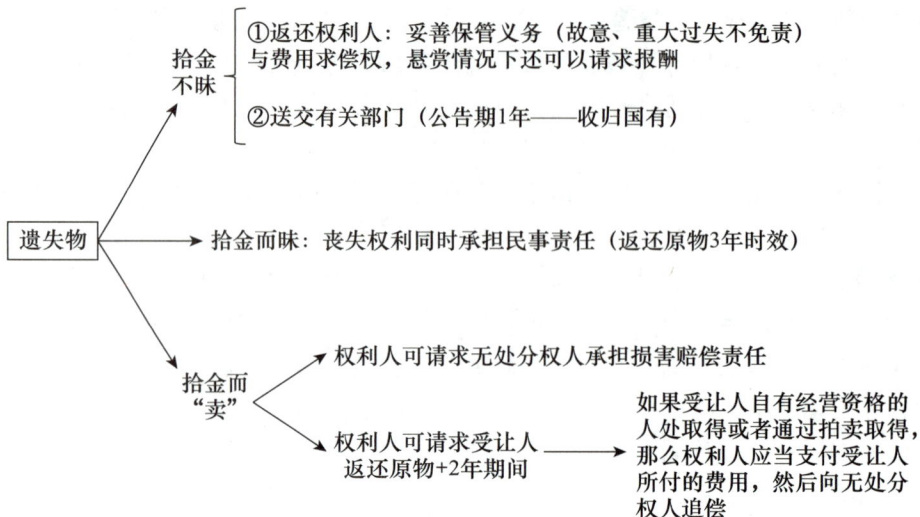

思维导图部分:

遗失物
- 拾金不昧
  - ①返还权利人:妥善保管义务(故意、重大过失不免责)与费用求偿权,悬赏情况下还可以请求报酬
  - ②送交有关部门(公告期1年——收归国有)
- 拾金而昧:丧失权利同时承担民事责任(返还原物3年时效)
- 拾金而"卖"
  - 权利人可请求无处分权人承担损害赔偿责任
  - 权利人可请求受让人返还原物+2年期间 → 如果受让人自有经营资格的人处取得或者通过拍卖取得,那么权利人应当支付受让人所付的费用,然后向无处分权人追偿

(一)拾金不昧

1. 返还权利人:妥善保管义务(**故意、重大过失**不免责)与费用求偿权,悬赏情况下还可以请求报酬(但不得主张留置权)。

2. 送交有关部门(公告期 1 年——收归国有)。

(二)拾金而昧——据为己有:丧失权利同时承担民事责任

(三)拾金而"卖"

设:甲为失主、乙为拾得人、丙为受让人,则:

1. 甲、乙:损害赔偿请求权(债权请求权,3 年时效)。

2. 甲、丙:返还原物请求权。

另须注意《民法典》第 312 条规定的**公开市场原则限制**:如果丙自有经营资格的人处取得或者通过拍卖取得,那么甲应当支付受让人丙所付的费用,然后向乙追偿。

例 1　甲的手机遗失,被乙拾得后,出卖给知情的丙手机商店。丙商店将该手机转卖给不知情的丁。自甲知道或应当知道丁之日起 2 年内,甲有权请求丁返还原物,但需支付丁购买手机的价款。

例 2　甲的精密仪器丢失,发布悬赏广告称捡到并送回给予一定报酬,后乙捡到,交给公安机关,公安机关发布一遗失物领取公告,甲因看到该公告取回遗失物。本案中,行政机关不收取费用,乙可以向甲主张悬赏报酬。

例 3　黄某将皮夹克扔掉但不知贵重手表在衣服里,被拾荒者乙捡到,并将手表卖给不知情的丙。案情中,抛弃属于法律行为,由于黄某没有抛弃手表的意思表示,所以黄某对手表不构成抛弃。故本案应该适用《民法典》第 312 条的遗失物规则。

例 4　甲出国留学前将自己的一幅名人字画委托好友乙保管。在此期间乙一直将该字画挂在自己家中欣赏,来他家的人也以为这幅字画是乙的。后乙因生意需要在家中宴请政府官员丙。丙对该字画赞不绝口,于是乙顺势将该字画赠送给了丙。丙在回家的途中因酒醉糊涂,将字画遗留在出租车上。出租车司机丁略通收藏,发现该字画后便将其私藏，后通过拍卖所进行拍卖。收藏家戊在拍卖会上以 3 万元的价格买得此字画。一年后，甲回国，查得该字画已被戊收藏，便上门向戊索要。下列有关本案的表述中不正确的是：

    A. 该字画仍应归甲所有，但应支付 3 万元给戊

    B. 因乙是将该字画赠送给丙的，所以丙不可能拥有该字画的所有权

    C. 丁负有赔偿损失的责任

    D. 戊作为善意第三人，从拍卖会上竞买下该字画，应当获得该字画的所有权

【答案】D

【例题】（2020 真题回忆版）张三在路边捡到一块玉，准备交到失物招领处，途中遇见李四，向其炫耀一番，并说该玉为自己所有，由于李四想把玩几天，遂暂借给李四。次日，玉被王二盗走，王二准备在二手市场交易，被失主赵五恰巧碰到。对此，下列说法正确的是：

    A. 张三是无权占有   B. 李四可请求王二返还原物

    C. 李四是恶意占有   D. 赵五可请求王二返还原物

【答案】ABD

三、先占无主物

（一）抛弃

1. 抛弃属于单方法律行为，因此，抛弃人应具有相应的**行为能力**。

2. 抛弃人应具有抛弃物之意思。

3. 抛弃人应与抛弃物脱离占有。

（二）先占的构成

1. 先占物应为无主物。

2. 占有是一种事实，因此先占不对先占人有行为能力的要求。

3. 先占人应对物有占有意思与利用意思。

4. 先占人对物形成管领力。

例 1　甲带领 5 岁的儿子丙在乙经营的农庄吃饭时，丙十分喜爱农庄上空飞来飞去的鸽子（非家养），乙为丙抓了一只，乙把鸽子交给丙后，丙爱心泛滥要还鸽子以自由，手一松鸽子飞走了，问鸽子归谁？——乙。

例 2　下列行为构成先占的是：

    A. 甲房屋太多，于是将老家的破旧房屋丢弃不管，乙可以径自占有

    B. 甲失恋，把情书丢进可燃烧的垃圾桶内，燃烧之前乙拿起保存

    C. 12 周岁的甲把自家的黄金切着玩，把黄金块丢到马路上，路人乙拾起

    D. 甲一夜暴富，将自己价值昂贵但使用多年的手表丢弃，乙以为别人遗失，据为己有

【答案】D

【例题】（2020 真题回忆版）中学生甲（13 周岁）每天下午都去篮球场打篮球，顺带买一瓶可乐饮用。乙是拾荒者，以捡垃圾为生，经常在篮球场捡瓶子。一日甲打完篮球后就喝可乐，之后将装有半瓶可乐的瓶子放在球场上，拿着书包就和同学丙一起离开了

球场。乙随后捡走了可乐瓶。关于本案，下列哪一说法是正确的？

A. 甲的行为是赠与

B. 甲的行为是抛弃

C. 甲的行为不需要意思表示

D. 可乐瓶属于遗失物

【答案】B

四、添附

添附一般是附合、混合的通称，广义的添附还包括加工在内。这三者都是动产所有权的取得方法，在法律效果上有共同点；但与前述的先占、即时取得（善意取得）、拾得遗失物、发现埋藏物不同，它是指数个不同所有人的物结合成一物（合成物、混合物），或由所有人以外的人加工而成新物（加工物）。

基于添附的事实而产生的所有权归属问题，《民法典》第 322 条规定，因加工、附合、混合而产生的物的归属，有约定的，按照约定；没有约定或者约定不明确的，依照法律规定；法律没有规定的，按照充分发挥物的效用以及保护无过错当事人的原则确定。因一方当事人的过错或者确定物的归属造成另一方当事人损害的，应当给予赔偿或者补偿。

例 1　贾某是小偷惯犯，某日路过王某家，见王某家中一件价值 1 万元的貂皮，于是心生贼念，夜晚趁王某一家人不在家之际，将貂皮弄到手转手卖给不知情的李某，李某交付雇佣工裁缝郑某将该貂皮加工成一件价值 2.5 万元的貂皮小袄，郑某将小袄卖给王某。根据民法知识下列说法正确的是：

A. 李某善意取得貂皮的所有权

B. 李某原始取得小袄的所有权

C. 郑某原始取得小袄的所有权

D. 王某继受取得小袄的所有权

【答案】BD

例 2　甲将自己的一块未雕琢的鸡血玉石质押给乙，并且交给了乙，乙为妥善保存放入地下室纸箱中，时隔多日乙顺手将纸箱丢到垃圾站，恰好被路过的丁取走，丁知此物为鸡血石，于是回家雕刻成玉佛，使之价格翻 2 倍。根据民法知识下列说法错误的是：

A. 甲和乙之间的质押合同自甲将玉石交付给乙时才生效

B. 乙把玉石放入地下室属于直接占有和恶意占有

C. 玉石所有权最终由丁取得

D. 乙的质押权没有消灭

【答案】AB

【例题】（2019 真题回忆版）刘某是一个小有名气的雕刻家，孟某喜欢收藏各种奇石。刘某借孟某收藏的一块太湖石（价值 3 万元）和一块汉白玉（价值 1 万元）把玩欣赏。后刘某在装修房屋时将太湖石镶嵌在自己家中的电视背景墙中，并将汉白玉雕刻成了柏拉图雕像（价值 3 万元）。对此，下列哪些说法是正确的？

A. 因太湖石已经与背景墙附合，应归刘某所有

B. 刘某应该因太湖石给予孟某补偿

C. 柏拉图雕像可以归刘某所有

D. 刘某应因柏拉图雕像给予孟某补偿

【答案】ABCD

附：物权变动的原始取得和继受取得。

	非基于法律行为的取得	基于法律行为的取得
原始取得	善意取得（《民法典》第 311 条） 天然孳息所有权的取得（《民法典》第 321 条） 基于人民法院、仲裁机构的法律文书或者人民政府的征收决定（《民法典》第 229 条） 添附 先占、时效取得（《民法典》未作规定）	
继受取得	继承	双方法律行为：买卖、互易、赠与等 单方法律行为：遗赠

物权的发生，指物权与特定主体结合而言，自物权人方面观察，为物权的取得（广义，包括设定），可分为原始取得和继受取得。

1. 原始取得，指非依据他人既存的权利而取得的物权，如无主物的先占。原始取得既非继受他人的权利，因此标的物上的一切负担均因原始取得而消灭。

2. 继受取得，指就他人的权利而取得物权，又可分为转移取得和创设取得。转移取得，指就他人的物权依其原判而取得，如基于买卖、赠与而受让某物所有权（特定继受取得）；基于继承而取得被继承人的一切物权（概括继受取得）。所谓创设取得，指于他人的权利上设定用益物权或担保物权。

第二分编 所有权

第四章 所有权概述

扫描右侧二维码"听课 + 做题",直达最佳学习效果

1. 在线听课:学习本章节核心考点讲解课程。
2. 在线刷题:点击 进入题库做章节练习。

📖 本章导读

本章要求考生理解所有权的概念与性质,国家所有权的概念和特征、客体、保护,私人所有权的内容。

💡 知识点

一、所有权的概念与性质

所有权是财产所有人在法律规定的范围内,对属于他的财产享有的占有、使用、收益、处分和排除他人干涉(返还原物、排除妨碍、消除危险)的权利。所有权是最典型的物权,或物权的原型,是指在法律限度内,对物全面支配的权利。所有权以永久存续为本质,当事人不得依合同预定其存续期间,但所有权人必须在法律限度内对其物进行支配与利用。

二、国家所有权

(一)国家所有权的概念

国家所有权是指国家对国有财产的占有、使用、收益与处分的权利,其本质是全民所有制在法律上的表现。

(二)国家所有权的范围——专属于国家的土地所有权和自然资源所有权无须登记

1. 城市的土地,属于国家所有。法律规定属于国家所有的农村和城市郊区的土地,属于国家所有。

2. 矿藏、水流、海域属于国家所有。

3. 森林、山岭、草原、荒地、滩涂等自然资源，属于国家所有，但是法律规定属于集体所有的除外。

4. 法律规定属于国家所有的野生动植物资源，属于国家所有。

5. 无线电频谱资源属于国家所有。

6. 法律规定属于国家所有的文物，属于国家所有。

7. 国防资产属于国家所有。

8. 铁路、公路、电力设施、电信设施和油气管道等基础设施，依照法律规定为国家所有的，属于国家所有。

9. 无居民海岛属于国家所有，国务院代表国家行使无居民海岛所有权。

应试点睛

无条件归国家的财产有哪些？

口诀："国土海水需屏障"

——国（国防资产）土（城市土地）海（海域、海岛）水（水流）需屏（无线电频谱资源）障（矿藏）。

例 下列关于所有权的说法，不正确的有：

A. 一个物上只能有一个所有权，但共有除外

B. 森林、山岭、草原、荒地、滩涂等自然资源全部属于国家所有

C. 国家机关对其直接支配的不动产和动产，享有占有、使用、收益以及依照法律和国务院的有关规定处分的权利

D. 国家对国有独资公司的财产享有国家所有权

【答案】ABCD

（三）国家所有权的行使

1. 国家机关对其直接支配的不动产和动产，**享有占有、使用**以及依照法律和国务院的有关规定**处分的权利**。

2. 国家举办的事业单位对其直接支配的不动产和动产，享有占有、使用以及依照法律和国务院的有关规定收益、处分的权利。

3. 国家出资的企业，由国务院、地方人民政府依照法律、行政法规规定分别代表国家履行出资人职责，享有出资人权益。

三、集体所有权（略）

四、私人所有权

私人所有权，是自然人、法人等民事主体依法对于不动产、动产享有的所有权。它不同于个人所有权，私人所有权既包括作为自然人的个人的所有权，也包括个体工商户、合伙、各类企业法人、三资企业、社会团体等非公有制经济主体享有的所有权。

第五章　业主的建筑物区分所有权

扫描右侧二维码"听课＋做题"，直达最佳学习效果

1. 在线听课：学习本章节核心考点讲解课程。
2. 在线刷题：点击🏠进入题库做章节练习。

📚 **本章导读**

本章需要考生熟练掌握业主的建筑物区分所有权的行使规则，业主的建筑物区分所有权的内容（专有部分的单独所有权、共有部分的共有权、业主的管理权）。

💡 **知识点**

一、建筑物区分所有权的概念

建筑物区分所有权是我国民法典规定的不动产所有权的一种形态。所谓建筑物区分所有权，指的是权利人即业主对于一栋建筑物中自己专有部分的单独所有权、对共有部分的共有权以及因共有关系而产生的管理权的结合。

二、业主

业主身份，是享有建筑物区分所有权的前提。业主的范围包括：取得建筑物专有部分所有权的人；基于与建设单位之间的商品房买卖民事法律行为，已经合法占有建筑物专有部分，但尚未依法办理所有权登记的人。

例1　甲与开发商订立买卖合同，获得交付，办理了过户登记——甲为业主。

例2　乙与开发商订立买卖合同，获得交付，尚未办理过户登记——乙也为业主。

业主人数的确定方法。第一，按照专有部分的数量计算，一个专有部分按一人计算；第二，同一买受人拥有一个以上专有部分的，按一人计算；第三，建设单位尚未出售和虽已出售但尚未交付的部分，开发商为业主，按一人计算。在这里，"尚未出售"的部分，开发商为业主；"虽已出售但尚未交付"的部分，买受人不具有业主身份，仍以开发商为业主。此时，开发商视为"一人拥有一个以上专有部分"。

三、业主的专有权

（一）专有部分与专有权

专有部分是在一栋建筑物内区分出的住宅或者商业用房等单元。该单元须具有构造上的独立性与利用上的独立性。业主对其专有部分享有单独所有权，即对该部分为占有、

使用、收益和处分的排他性的支配权，凡能够登记成为特定业主所有权的客体的部分，都为专有部分。

（二）住宅商用的限制

《民法典》第279条 业主不得违反法律、法规以及管理规约，将住宅改变为经营性用房。业主将住宅改变为经营性用房的，除遵守法律、法规以及管理规约外，应当经有利害关系的业主**一致同意**。

1.业主对其专有部分，将住宅用房改为经营用房，无论是自己经营，还是出租于他人从事经营，均应具备如下条件：

（1）遵守法律、法规以及管理规约；

（2）经"有利害关系的业主"同意。在这里，"有利害关系的业主"包括：

第一，本栋建筑物内的其他业主；

第二，本栋建筑物之外，能够证明其房屋价值、生活质量受到或者可能受到不利影响的业主。

2.业主基于对住宅、经营性用房等专有部分特定使用功能的合理需要，无偿利用屋顶以及与其专有部分相对应的外墙面等共有部分的，不应认定为侵权。但违反法律、法规、管理规约，损害他人合法权益的除外。

例 业主在楼顶上安装太阳能板，为自家洗澡之用，以及在卧室外面安装空调室外机的行为都属于正当行为。但是未取得全部有利害关系的业主同意就将住宅用房改为经营用房，以及以自己从来不使用网络为由拒绝承担建筑物铺设的网络维修费用属于违法行为。

四、业主的共有权

（一）共有部分

共有部分是指区分所有的建筑物及其附属物的共同部分，即专有部分以外的建筑物的其他部分。共有部分既有由全体业主共同使用的部分，如地基、屋顶、梁、柱、承重墙、外墙、地下室等基本构造部分，楼梯、走廊、电梯、给排水系统、公共照明设备、贮水塔、消防设备、大门、通信网络设备以及物业管理用房等公用部分，道路、停车场、绿地、树木花草、楼台亭阁、游泳池等附属公共设施；也有仅为部分业主共有的部分，如各相邻专有部分之间的楼板、隔墙，部分业主共同使用的楼梯、走廊、电梯等。

（二）共有部分的权利归属

1.建筑区划内的土地，依法由业主共同享有建设用地使用权，但属于业主专有的整栋建筑物的规划占地或者城镇公共道路、绿地占地除外。

2.建筑区划内的道路，属于业主共有，但是属于城镇公共道路的除外（这个除外归国家）。建筑区划内的绿地，属于业主共有，但是属于城镇公共绿地或者明示属于个人的除外。

3.建筑区划内的其他公共场所、公用设施和物业服务用房，属于业主共有。

4. 建筑区划内,规划用于停放汽车的车位、车库应当首先满足业主的需要。建筑区划内,规划用于停放汽车的车位、车库的归属,由当事人通过出售、附赠或者出租等方式约定。占用业主共有的道路或者其他场地用于停放汽车的车位,属于业主共有。

(三)维修资金

1. 建筑物及其附属设施的维修资金,属于**业主共有**。经业主共同决定,可以用于电梯、屋顶、外墙、无障碍设施等共有部分的维修、更新和改造。建筑物及其附属设施的维修资金的筹集、使用情况应当定期公布。

紧急情况下需要维修建筑物及其附属设施的,业主大会或者业主委员会可以依法申请使用建筑物及其附属设施的维修资金。

2. 建设单位、物业服务企业或者其他管理人等利用业主的共有部分产生的收入,在扣除合理成本之后,属于业主共有。

3. 建筑物及其附属设施的费用分摊、收益分配等事项,有约定的,按照约定;没有约定或者约定不明确的,按照业主专有部分面积所占比例确定。

五、业主的共同管理权

(一)概念

业主的管理权:基于区分所有建筑物的构造,业主在建筑物的权利归属以及使用上形成了不可分离的共同关系,并基于此一共同关系而享有管理权。

(二)类型

1. 表决权

业主有权决定区分建筑物相关事项。下列事项由业主共同决定:(1)制定和修改业主大会议事规则;(2)制定和修改管理规约;(3)选举业主委员会或者更换业主委员会成员;(4)选聘和解聘物业服务企业或者其他管理人;(5)使用建筑物及其附属设施的维修资金;(6)筹集建筑物及其附属设施的维修资金;(7)改建、重建建筑物及其附属设施;(8)改变共有部分的用途或者利用共有部分从事经营活动;(9)有关共有和共同管理权利的其他重大事项。

业主共同决定事项,应当由专有部分面积占比**2/3 以上**的业主且人数占比**2/3 以上**的业主参与表决。

决定上述第6项至第8项规定的事项,应当经参与表决专有部分面积**3/4 以上**的业主且参与表决人数**3/4 以上**的业主同意。

决定上述其他事项,应当经参与表决专有部分面积**过半数**的业主且参与表决人数**过半数**的业主同意。

2. 撤销权

业主大会或者业主委员会的决定,对业主具有法律约束力。业主大会或者业主委员会作出的决定侵害业主合法权益的,受侵害的业主可以在知道或者应当知道该决定之日起1年内,请求人民法院予以撤销。

3. 选择权与单方解除权

业主可以自行管理建筑物及其附属设施，也可以委托物业服务企业或者其他管理人管理。对建设单位聘请的物业服务企业或者其他管理人，业主有权依法更换。

4. 知情权

业主请求公布、查阅下列应当向业主公开的情况和资料的，人民法院应予支持：（1）建筑物及其附属设施的维修资金的筹集、使用情况；（2）管理规约、业主大会议事规则，以及业主大会或者业主委员会的决定及会议记录；（3）物业服务合同、共有部分的使用和收益情况；（4）建筑区划内规划用于停放汽车的车位、车库的处分情况；（5）其他应当向业主公开的情况和资料。

《民法典》第 944 条第 3 款　物业服务人不得采取停止供电、供水、供热、供燃气等方式催交物业费。

《民法典》第 942 条第 2 款　对物业服务区域内违反有关治安、环保、消防等法律法规的行为，物业服务人应当及时采取合理措施制止、向有关行政主管部门报告并协助处理。

【例题】（2021 真题回忆版）某小区开发商与物管公司签订物业服务合同，业主因车位被他人占用，拒交物业管理费，业主的抗辩理由成立的是：

A. 业主长期居住外地，没有享受物业服务

B. 物业瑕疵

C. 停水停电来催交

D. 业主以未签订合同为由

【答案】B

第六章　相邻关系

（略）

第七章　共有

扫描右侧二维码"听课＋做题"，直达最佳学习效果

1. 在线听课：学习本章节核心考点讲解课程。
2. 在线刷题：点击⌂进入题库做章节练习。

📖 本章导读

本章要求考生理解共有的概念和类型；熟练掌握共有内、外部关系的基本规则，共有人优先购买权的行使规则。

💡 知识点

一、共有的概念与类型

1. 何为按份共有，何为共同共有：

共有是2个或2个以上的人（自然人或法人）对**同一项财产**享有所有权。按份共有，亦称分别共有，是指2个或2个以上的人对同一项财产按照份额享有所有权。共同共有是指2个或2个以上的人基于共同关系，共同享有一物的所有权。

> **应试点睛1**
>
> 一个物，一个所有权，多人共有。

2. 如何判断按份共有还是共同共有（《民法典》第308、309条）：（1）有约定的，从约定；（2）无约定或者约定不明确的，有共同关系的，为共同共有（婚姻、家庭生活、共同继承、无效婚姻）；（3）无共同关系的，推定为按份共有；（4）按份共有人对共有的不动产或者动产享有的份额，没有约定或者约定不明确的，按照出资额确定；不能确定出资额的，视为等额享有。

> **应试点睛2**
>
> 按份共有为原则，共同共有为例外——简化物权关系。

二、内外关系

（一）管理与处分

《民法典》第301条　处分共有的不动产或者动产以及对共有的不动产或者动产作重

大修缮、变更性质或者用途的，应当经占份额2/3以上的按份共有人或者全体共同共有人同意，但是共有人之间另有约定的除外。

特别注意1：按份共有人转让自己的份额为有权处分，其他共有人有**优先购买权**；但是个别共有人未经占份额2/3以上的按份共有人同意转让共有物为无权处分。

如：在合伙企业法上，合伙人之一未经其他合伙人同意出让合伙财产为无权处分，第三人可以善意取得；而合伙人出让自己份额为有权处分，但须合伙人一致同意以维护人合性。

特别注意2：夫妻日常生活中处分非重大财产可单独为之（家事代理权）。

例　甲、乙、丙三人各自出资购买一套别墅，甲出资300万元，乙出资200万元，丙出资100万元。甲、乙、丙之间没有任何约定。下列说法正确的是：

A. 甲、乙将别墅出让必须经过丙的同意，否则属于无权处分

B. 丙、乙将别墅出让必须经过甲的同意，否则属于无权处分

C. 别墅内的自来水管开裂，丙不必经过甲、乙的同意即可以找人维修

D. 别墅内的自来水管开裂，产生的维修费用由甲、乙、丙平均承担

【答案】BC

【例题】（2021真题回忆版）甲、乙、丙三人是好友，共同出资购买了一条狗，甲出资5 000元，乙出资12 000元，丙出资5 000元，三人约定轮流养，在丙照管期间，丙将该狗以36 000元的价格出卖给了甲，之后丙向乙分钱的时候，乙才知道此事。对此，下列说法正确的是：

A. 乙享有优先购买权

B. 丙出卖该狗的行为构成无权处分

C. 丙是属于份额转让

D. 甲享有优先购买权

【答案】B

（二）分割

共有人约定不得分割共有的不动产或者动产，以维持共有关系的，应当按照约定，但是共有人**有重大理由需要**分割的，可以请求分割；没有约定或者约定不明确的，按份共有人可以随时请求分割，共同共有人在共有的基础丧失或者**有重大理由需要**分割时可以请求分割。因分割造成其他共有人损害的，应当给予赔偿。

共有人可以协商确定分割方式。达不成协议，共有的不动产或者动产可以分割且不会因分割减损价值的，应当对实物予以分割；难以分割或者因分割会减损价值的，应当对折价或者拍卖、变卖取得的价款予以分割。

共有人分割所得的不动产或者动产有瑕疵的，其他共有人应当分担损失。

例1　甲、乙为朋友。甲出资60万元、乙出资40万元，共同购买一套商品房。双方约定，自入住之日起10年之内，任何一方不得分割共有物。入住4年时，因甲要移民国外，急需用钱，遂请求分割共有物，乙则以双方存在不可分割的约定为由，予以拒绝。在上述情况下，甲有权对外转让共有份额，实现自己的财产价值，也可以通过请求

分割共有物，取回自己的财产价值。若甲通过请求分割共有物取回自己的财产价值，给乙造成损失，甲应承担赔偿责任，同时，若甲分割所得的财产有瑕疵的，乙应当分担甲的损失。

例2　甲、乙、丙三人各自出资300万元购买一座各楼层同样的三层楼房。甲、乙、丙约定自取得房屋所有权之日起，未来4年内不得分割共有物。乙第二年将份额转让给丁，丁对此约定毫不知情且该约定未登记。下列说法不正确的是：

A. 甲、乙、丙未来4年不得请求分割

B. 4年之后，如甲请求分割，该权利适用诉讼时效

C. 丁不受约定的限制可以随时主张分割请求权

D. 分割属于处分行为，分割完毕后需要变更登记

【答案】AB

三、优先购买权

《民法典物权编解释（一）》

第9条　共有份额的权利主体因继承、遗赠等原因发生变化时，其他按份共有人主张优先购买的，不予支持，但按份共有人之间另有约定的除外。

第10条　《民法典》第305条所称的"同等条件"，应当综合共有份额的转让价格、价款履行方式及期限等因素确定。

第11条　优先购买权的行使期间，按份共有人之间有约定的，按照约定处理；没有约定或者约定不明的，按照下列情形确定：

（一）转让人向其他按份共有人发出的包含同等条件内容的通知中载明行使期间的，以该期间为准；

（二）通知中未载明行使期间，或者载明的期间短于通知送达之日起15日的，为15日；

（三）转让人未通知的，为其他按份共有人知道或者应当知道最终确定的同等条件之日起15日；

（四）转让人未通知，且无法确定其他按份共有人知道或者应当知道最终确定的同等条件的，为共有份额权属转移之日起6个月。

第12条　按份共有人向共有人之外的人转让其份额，其他按份共有人根据法律、司法解释规定，请求按照同等条件优先购买该共有份额的，应予支持。其他按份共有人的请求具有下列情形之一的，不予支持：

（一）未在本解释第11条规定的期间内主张优先购买，或者虽主张优先购买，但提出减少转让价款、增加转让人负担等实质性变更要求；

（二）以其优先购买权受到侵害为由，仅请求撤销共有份额转让合同或者认定该合同无效。

第13条　按份共有人之间转让共有份额，其他按份共有人主张依据《民法典》第305条规定优先购买的，不予支持，但按份共有人之间另有约定的除外。

（一）基本概念

1. 按份共有人可以转让其享有的共有的不动产或者动产份额。其他共有人在同等条件下享有优先购买的权利。共同共有一般不存在优先购买权。

2. 按份共有人优先购买权 > 次承租人优先购买权 > 承租人优先购买权。

3. 共同共有财产分割后，一个或者数个原共有人出卖自己分得的财产时，如果出卖的财产与其他原共有人分得的财产属于一个整体或者配套使用，其他原共有人享有优先购买权。

（二）按份共有人的优先购买权的例外——四不可

1. 内部转让不可——即，按份共有人之间转让共有份额，其他共有人没有优先购买权。

2. 继承遗赠不可——即，共有份额的权利主体因继承、遗赠等原因发生变化，其他共有人不得主张优先购买权。

3. 超期行使不可——即，合理期限内可以主张优先购买权，超出合理期限，其他共有人不得主张优先购买权。

4. 非同等条件不可——即，其他共有人在合同金额、付款期限、付款方式、其他负担等转让条件不同时不得主张优先购买权。

【例题】（2017–3–54）甲、乙、丙、丁按份共有某商铺，各自份额均为 25%。因经营理念发生分歧，甲与丙商定将其份额以 100 万元转让给丙，通知了乙、丁；乙与第三人戊约定将其份额以 120 万元转让给戊，未通知甲、丙、丁。下列哪些选项是正确的？

A. 乙、丁对甲的份额享有优先购买权

B. 甲、丙、丁对乙的份额享有优先购买权

C. 如甲、丙均对乙的份额主张优先购买权，双方可协商确定各自购买的份额

D. 丙、丁可仅请求认定乙与戊之间的份额转让合同无效

【答案】BC

（三）按份共有人优先购买权的行使期间包括四种情况（约定——通知——法定）

第一，有约定从约定（约定期限）；

第二，无约定有通知者，以通知期限为准，且该期限不得**少于 15 日**，通知期限不足 15 日，以 15 日为准；

第三，无通知但知情者，为 15 日（法定期间），知情者从知道或者应当知道最终确定的同等条件之日起；

第四，无通知且不知情者，为 6 个月（法定期间），从共有份额权属转移之日起算。（真正含义是，如果不知情，过 6 个月，优先购买权消灭——当然，如果在 6 个月内知情，则从知情日开始计算 15 日的法定期间）

（四）多个按份共有人同时主张优先购买权

2 个以上按份共有人主张优先购买，可先协商；协商不成的，按照转让时各自的共有份额比例行使优先购买权。

例 甲、乙、丙按20%、20%和60%的份额共有一间房屋。三人将房屋出租给丁，现甲欲转让自己的份额给戊。下列哪些表述是错误的？

A. 乙、丙、丁均有优先购买权，且丙最优先

B. 如果甲没有通知乙、丙，则乙、丙可以直接起诉主张甲的转让合同无效

C. 乙、丙表示愿意以同样价格分期付款购买，法院应该支持

D. 如果甲欲将份额转让给乙，则只有丁有优先购买权

【答案】ABCD

四、债务关系

因共有的不动产或者动产产生的债权债务，在对外关系上，共有人享有连带债权、承担连带债务，但是法律另有规定或者第三人知道共有人不具有连带债权债务关系的除外；在共有人内部关系上，除共有人另有约定外，按份共有人按照份额享有债权、承担债务，共同共有人共同享有债权、承担债务。偿还债务超过自己应当承担份额的按份共有人，有权向其他共有人追偿。

第三分编　用益物权

第八章　用益物权概述

（略）

第九章　土地承包经营权

扫描右侧二维码"听课＋做题",直达最佳学习效果
1. 在线听课:学习本章节核心考点讲解课程。
2. 在线刷题:点击 📖 进入题库做章节练习。

📖 本章导读

　　本章要求考生理解土地承包权的概念和特征;熟练掌握土地承包经营权的取得,承包人的权利和义务,发包人的权利和义务以及土地经营权的流转。

💡 知识点

一、土地承包经营权的概念

　　土地承包经营权是指承包人依法通过承包而取得的对农村土地使用和收益的权利。权利人依法享有对其承包经营的耕地、林地、草地等加以占有、使用和收益的权利,有权从事种植业、林业、畜牧业等农业生产。土地承包经营权具有特定性与稳定性。

二、三权分置

　　家庭承包方式的农村土地三权分置(**所有权—承包权—经营权**)。

　　《民法典》第339条　土地承包经营权人可以自主决定依法采取出租、入股或者其他方式向他人流转土地经营权。

　　《农村土地承包法》第9条　承包方承包土地后,享有土地承包经营权,可以自己经营,也可以保留土地承包权,流转其承包地的土地经营权,由他人经营。

　　《农村土地承包法》第36条　承包方可以自主决定依法采取出租(转包)、入股或者其他方式向他人流转土地经营权,并向发包方备案。

　　农村土地"三权分置"制度,是指农村土地集体所有权、农户承包权、土地经营权分置并行,也就是将原先的土地承包经营权进一步划分为承包权和经营权。承包农户可将自己的承包经营权中的经营权流转(出租、入股)给他人,受让该经营权的受让人获得经营收益,承包方则获得流转收益。

```
            ┌─────────────────────┐
            │  发包方【所有权】     │
            └─────────────────────┘
                      │ 发包（无须登记）
                      ↓
┌──────────────┐ ┌─────────────────────┐ ┌──────────────────┐
│互换（须向发包方 │←│ 承包方【土地承包经营权】│→│转让（须发包方同意）│
│备案）          │ │（须集体经济组织成员身份）│ │（登记对抗第三人）  │
│（登记对抗第三人）│ └─────────────────────┘ └──────────────────┘
└──────────────┘           │ 出租
                           │ 入股（五年以上的，登记对抗第三人）
                           ↓
            ┌─────────────────────┐ ┌──────────────────┐
            │ 经营者【土地经营权】  │→│再流转（须承包方同意，│
            │（无须集体经济组织成员身份）│ │并报发包方备案）    │
            └─────────────────────┘ └──────────────────┘
```

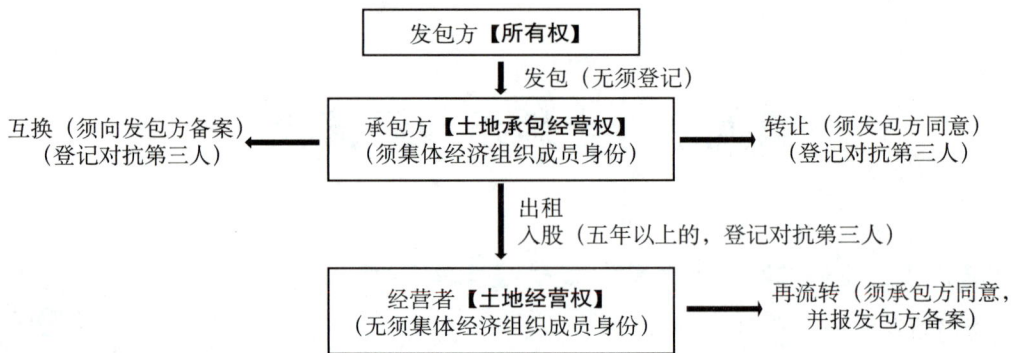

例1 A 的土地发包于 B，设立土地承包经营权后，如 B 分别将土地承包经营权先后转让于 C、D，但是仅办理移转登记于 D，则 D 的权利优先，即 D 最终取得土地承包经营权。

例2 A 的土地发包于 B，设立土地承包经营权后，如 B 分别将土地经营权（五年期）先后设立于 C、D，但是仅办理移转登记于 D，则 D 的权利优先，即 D 最终取得土地经营权。

【例题】（2021 真题回忆版）甲有 50 亩承包地，甲用 20 亩跟同村乙换 15 亩，30 亩以土地承包经营权出租给某公司没有登记，下列说法正确的是：

A. 某公司对 30 亩土地没有土地经营权

B. 甲对 50 亩土地没有土地承包经营权

C. 甲对 50 亩土地有土地承包经营权

D. 甲只对 45 亩土地有土地承包经营权

【答案】D

三、其他承包方式的农村土地（荒山、荒沟、荒丘、荒滩）两权分置（所有权—经营权）

（一）主体资格

不宜采取家庭承包方式的荒山、荒沟、荒丘、荒滩等农村土地，通过招标、拍卖、公开协商等方式承包的，承包方不限于本集体经济组织成员，但发包方将农村土地发包给本集体经济组织以外的单位或者个人承包，应当事先经本集体经济组织成员的村民会议 2/3 以上成员或者 2/3 以上村民代表的同意，并报乡（镇）人民政府批准。

（二）取得

以其他方式承包农村土地的，应当签订承包合同，承包方取得土地经营权。此时登记不是取得土地经营权的生效要件，但是，如果要流转该经营权，须先依法取得权属证书。

（三）流转

通过招标、拍卖、公开协商等方式承包农村土地，经依法登记取得权属证书的，可以依法采取出租、入股、抵押或者其他方式流转土地经营权。

四、土地经营权的担保

《农村土地承包法》第47条 承包方可以用承包地的土地经营权向金融机构融资担保，并向发包方备案。受让方通过流转取得的土地经营权，经承包方书面同意并向发包方备案，可以向金融机构融资担保。

担保物权自融资担保合同生效时设立。当事人可以向登记机构申请登记；未经登记，不得对抗善意第三人。

实现担保物权时，担保物权人有权就土地经营权优先受偿。

土地经营权融资担保办法由国务院有关部门规定。

《农村土地承包法》第53条 通过招标、拍卖、公开协商等方式承包农村土地，经依法登记取得权属证书的，可以依法采取出租、入股、抵押或者其他方式流转土地经营权。

【小结】

1. 家庭承包取得的土地承包经营权不能直接抵押，要以其中的经营权设立抵押权，具体包括两种情况：一是承包人以融资担保为目的而设置经营权（无须发包人同意）；二是先流转出经营权，该经营权人再用经营权去抵押（须承包方同意）。

2. 通过招标、拍卖、公开协商等方式承包农村土地取得的土地经营权，可以直接抵押（无须发包方同意）。

第十章　建设用地使用权

（略）

第十一章　宅基地使用权

（略）

第十二章　居住权

📖 本章导读

　　本章需要考生理解居住权的概念和特征；熟练掌握居住权的设立和内容及其变动规则，居住权的消灭相关的法律规定。

💡 知识点

　　【引子】三个例子。
　　关于居住权的三个案例：
　　例1　老王在老伴去世之后一直独自生活。随着年纪越来越大，老王一方面想把现居住的房屋在生前就过户给子女，以减少遗产税等支出，也让子女安心照顾他；但另一方面又害怕子女在房屋过户之后对其不孝，让其住无所居，无所依靠。
　　在《民法典》出台之后，老王的愿望即可以通过设立居住权予以实现。他可以与子女签订设立居住权的合同，约定在老王将房屋过户给子女之后，仍能够在其有生之年享有对此房屋的居住权。
　　例2　小张和小李在婚姻关系存续期间购买了一套房屋，后二人感情破裂而离婚，双方协议约定由男方享有全部的房屋所有权，并由男方补偿房屋折价款100万元给女方。不过女方担心其放弃了房屋所有权之后，男方不能如期向其补偿相应款项，故双方还约定在男方全额支付补偿款之前，女方有权在该房屋内居住。
　　在《民法典》出台之后，女方即可以通过与男方约定设立居住权的方式，更好地保护自身利益。双方可以在离婚时协议约定房屋归男方所有，男方应当向女方支付一定数额的房屋折价补偿款，并且女方在男方足额给付前述房屋折价补偿款之前对于该房屋享有居住权。
　　在居住权存续期间，女方对于房屋所享有的居住权可以对抗男方的房屋所有权，即使男方将该房屋另行出售，因为该居住权已经登记，女方对于房屋所享有的居住权亦可以对抗房屋买受人。
　　例3　老吴在其妻子去世之后一直在国内生活，子女均在国外工作生活，难以照料父亲的日常起居，便给父亲聘请了王大妈做保姆。老吴感念王大妈多年如一的悉心照料，担心王大妈在其死后无处可居，想给她提供一个居所保障，但又怕将房屋留给她之后子女对此心有嫌隙，弄得亲人之间反目成仇。

在《民法典》出台之后，老吴可以在设立遗嘱的同时，在遗嘱中明确在该房屋上为王大妈设立一个居住权，居住权的存续期间以王大妈的有生之年为限。如此一来，在老吴百年之后，子女可以继续按照遗嘱继承的形式取得房屋的所有权。

在登记之后，老吴的子女需要保证王大妈在有生之年有权继续在该房屋内居住，不得予以妨碍。

1. 用益物权。居住权是为了满足生活居住的需要，对他人的住宅享有占有、使用的用益物权。居住权可以通过合同设立，也可以通过遗嘱设立。设立居住权的，应当向登记机构申请居住权登记。居住权自登记时设立。

（1）主体：自然人。

（2）客体：住宅（不包括商铺等经营性用房）。

（3）权能：占有、使用，另有约定时可以包括收益，但不包括处分。

（4）设立方式：合同、遗嘱。

2. 要式合同。设立居住权，当事人应当采用书面形式订立居住权合同。

3. 无偿。居住权无偿设立，但是当事人另有约定的除外。

【提示】无偿设立的主要目的在于保护弱势群体如离婚妇女、保姆、老人等；而有偿的居住权主要是商事性质的居住权如分时度假酒店、民宿等。

4. 专属性。居住权不得转让、继承。——但是，设有居住权的房屋可以转让、继承，即买卖不破居住权。

5. 设立居住权的住宅不得出租，但是当事人另有约定的除外。

【提示】转让和继承没有例外，出租则有。

6. 居住权的消灭。居住权期限届满或者居住权人死亡的，居住权消灭。居住权消灭的，应当及时办理注销登记。

第十三章　地役权

📖 本章导读

　　本章需要考生理解地役权的概念和特征；熟练掌握地役权的取得，地役权人的权利和义务，以及地役权消灭的相关法律规定。

💡 知识点

一、地役权的概念与特征

　　地役权是土地所有权人或者使用人为了便利地使用自己的土地，而通过法律行为设定的或者依法取得的对他人所有或使用的土地加以使用的权利（如观景地役权、取水地役权、眺望地役权）。在地役权法律关系中，需要其他土地提供便利的土地称为需役地，而提供此种便利的土地称为供役地。在涉及地役权的问题上，需要注意以下几点：

　　1. 地役权可以存在于不相邻的两个不动产之间。

　　2. 地役权法律关系当事人不限于所有权人，用益物权人也可设立，但供役地抵押权人不得设立。

　　3. 地役权合同属于要式合同，但不一定是有偿合同。

　　4. 地役权的期限由当事人约定，但不得超过用益物权的**剩余期限**。

　　5. 地役权人在约定的付款期限届满后的合理期限内经两次催告未支付费用的，供役地权利人有权解除地役权合同。

　　6. 地役权的特征：

　　（1）**从属性**：从属于需役地，不得单独转让或者单独抵押。

　　（2）**不可分性**：需役地与供役地的部分转让不影响地役权的效力。

二、地役权的设立

（一）模式

地役权自地役权合同生效时设立，**未经登记，不得对抗善意第三人**。

（二）登记对抗

1. 甲转让需役地于丙，丙之地役权非经登记能否对抗乙？——可以。

2. 乙转让供役地于丁，甲之地役权非经登记能否对抗丁？——不可以。

3. 甲、乙分别转让土地于丙、丁，丙之地役权非经登记能否对抗丁？——不可以。

小结：需役地转让，地役权不受影响；**供役地转让**，非经登记不得对抗善意第三人。

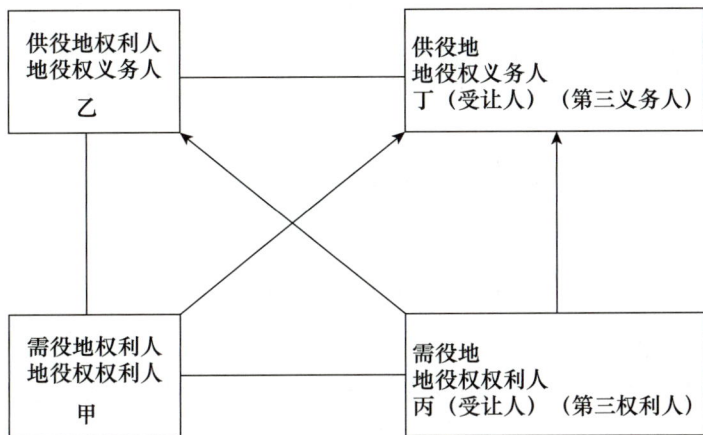

【**例题**】（2013-3-56）2013年2月，M地块使用权人甲公司与N地块使用权人乙公司约定，由乙公司在N地块上修路供甲通行。同年4月，甲公司将M地块过户给丙公司，6月，乙公司将N地块过户给不知上述情形的丁公司。下列哪些表述是正确的？

A. 2013年2月，甲公司对乙公司的N地块享有地役权

B. 2013年4月，丙公司对乙公司的N地块享有地役权

C. 2013年6月，甲公司对丁公司的N地块享有地役权

D. 2013年6月，丙公司对丁公司的N地块享有地役权

【**答案**】AB

（三）与《民法典》第378、379条结合考查

第378条 土地所有权人享有地役权或者负担地役权的，设立土地承包经营权、宅基地使用权等用益物权时，该用益物权人继续享有或者负担已经设立的地役权。

第379条 土地上已经设立土地承包经营权、建设用地使用权、宅基地使用权等用益物权的，未经用益物权人同意，土地所有权人不得设立地役权。

总结：

地役权在先，其他用益物权在后，地役权仍然有效；用益物权在先，地役权在后，须经用益物权人同意。（口诀：小先大后，继续有效；大先小后，须经同意）

例 甲在自己的一块四荒土地（A地）上为乙之B地设立观景地役权，约有费用若干，双方签订了书面合同，并办理了登记手续。后来，甲将A地设土地承包经营权于丙；再后来，乙将B地发包于庚，又与申约定，由乙在整个B地上为申之C地设定取水地役权。关于本案中的地役权和担保物权，说法正确的有：

A. 丙取得A地的土地承包经营权须经乙的同意

B. 丙取得A地的土地承包经营权后，乙在A地上的地役权消灭

C. 丙取得A地的土地承包经营权后，须继续负担地役权义务

D. 庚取得 B 地的土地承包经营权后，观景地役权消灭

E. 在 B 地上，申之取水地役权须经登记方可对抗庚

【答案】C

三、地役权与相邻关系的区别

（一）性质

地役权为独立的用益物权，相邻关系为不动产的相邻关系。

（二）设定

地役权由当事人意定产生，相邻关系由法律规定产生。

（三）登记

地役权登记对抗善意第三人，相邻关系无须登记即可对抗善意第三人。

（四）内容

地役权超越相邻关系限度的限制，相邻关系是最低限度内的必要限制。

（五）价金

取得相邻权的一方无须向对方支付金钱或其他代价，地役权则是由双方通过地役权合同设定的用益物权，是否支付对价由当事人自行协商。而在通常情况下，地役权人都要向对方支付一定的金钱对价。这也是区分相邻关系与地役权的最醒目之处。

例 张三与李四为邻居，张三每次出行需要从李四家路过，此时仅涉及相邻关系；若张三买一重型卡车，需要每次从李四家路过，此时张三需要与李四签订地役权合同，李四为张三的卡车的出行提供便利。

四、地役权的消灭（略）

第四分编 担保物权

第十四章 担保物权概述

📖 本章导读

本章要求考生理解担保物权的概念与特征,担保财产的特征以及财产范围;熟练掌握基于法律行为而设立担保物权、基于法律规定而产生担保物权,物的担保和人的担保并存及其处理,担保物权所担保的债权范围,主债权债务合同的变更、转让对担保物权的影响,担保物权的物上代位,担保物权的消灭。

💡 知识点

一、担保物权概述

(一)担保物权的概念

担保物权,是指以确保债务的清偿为目的,于债务人或第三人所有之物或权利所设定的物权。担保物权以支配担保物的交换价值为内容,当债务人不履行到期债务或者发生当事人约定的实现担保物权的情形时,担保物权人可以将担保财产拍卖、变卖或折价,并就所得价款优先受偿。简言之,担保物权属于具有优先受偿效力的他物权。

依据发生的原因,可以将担保物权分为法定担保物权与约定担保物权。前者是根据法律规定的构成要件而当然发生的一种担保物权,如留置权;后者以当事人的法律行为为基础,包括抵押权和质权。

基于物权法定原则,《民法典》所规定的担保物权只有抵押、质押和留置三种,但是,现实中还存着一些法律未明确规定,在交易中自发产生的担保形式,或法律虽有规定,但未典型化的担保形式。所以,《民法典》第388条规定,担保合同包括抵押合同、质押合同和其他具有担保功能的合同。结合《民法典》分则各编的规定,具有担保功能的合同包括：保理合同、融资租赁合同、所有权保留买卖合同、让与担保合同等。

无论是**典型担保**，还是**非典型担保**，都遵循同一规则——"无公示，不对抗"，通过担保合同创设的具有担保功能的权利必须通过公示，才能真正获得优先受偿的效力。

（二）担保物权的特征

1. 从属性。这是指担保物权从属于主债权。

（1）转让的从属性——从随主走。

（2）效力的从属性。以主债权的成立为前提，原则上因主债权的消灭而消灭。主债权债务合同无效的，担保合同无效，但是法律另有规定的除外。但是，合同无效不等于当事人无责，详见下文。

《民法典担保制度解释》第2条 当事人在担保合同中约定担保合同的效力独立于主合同，或者约定担保人对主合同无效的法律后果承担担保责任，该有关担保独立性的约定无效。主合同有效的，有关担保独立性的约定无效不影响担保合同的效力；主合同无效的，人民法院应当认定担保合同无效，但是法律另有规定的除外。

因金融机构开立的独立保函发生的纠纷，适用《最高人民法院关于审理独立保函纠纷案件若干问题的规定》。

担保合同被确认无效后，债务人、担保人、债权人有过错的，应当**根据其过错各自**承担相应的民事责任。

《民法典担保制度解释》第17条 主合同有效而第三人提供的担保合同无效，人民法院应当区分不同情形确定担保人的赔偿责任：

（一）债权人与担保人均有过错的，担保人承担的赔偿责任不应超过债务人不能清偿部分的1/2；

（二）担保人有过错而债权人无过错的，担保人对债务人不能清偿的部分承担赔偿责任；

（三）债权人有过错而担保人无过错的，担保人不承担赔偿责任。

主合同无效导致第三人提供的担保合同无效，担保人无过错的，不承担赔偿责任；担保人有过错的，其承担的赔偿责任不应超过债务人不能清偿部分的1/3。

总结：担保人的责任与其过错程度及有过错的当事人的个数挂钩，1人错100%，2人错1/2，3人错1/3，自己无过错则无责任。

（3）责任的从属性（担保人责任≤债务人责任）。

《民法典担保制度解释》第3条 当事人对担保责任的承担约定专门的违约责任，或者约定的担保责任范围超出债务人应当承担的责任范围，担保人主张**仅在**债务人应当承担的责任范围内承担责任的，人民法院应予支持。

担保人承担的责任超出债务人应当承担的责任范围，担保人向债务人追偿，债务人主张仅在其应当承担的责任范围内承担责任的，人民法院应予支持；担保人请求债权人返还超出部分的，人民法院依法予以支持。

2. 不可分性。这是指在被担保的债权未受全部清偿前，担保物权人可以就担保物的全部行使权利。被担保的债权即使经过分割、部分清偿或消灭，担保物权仍为了担保各部分债权或剩余债权而存在；担保财产即使经过分割或部分灭失，各部分或余存的担保财产仍为担保全部债权而存在。

3. 物上代位性。担保期间，担保财产毁损、灭失或者被征收等，担保物权人可以就获得的保险金、赔偿金或者补偿金等优先受偿。被担保债权的履行期限未届满的，也可以提存该保险金、赔偿金或者补偿金等。

（三）担保主体与合同效力

《民法典担保制度解释》第 5 条　机关法人提供担保的，人民法院应当认定担保合同无效，但是经国务院批准为使用外国政府或者国际经济组织贷款进行转贷的除外。

居民委员会、村民委员会提供担保的，人民法院应当认定担保合同无效，但是依法代行村集体经济组织职能的村民委员会，依照村民委员会组织法规定的讨论决定程序对外提供担保的除外。

《民法典担保制度解释》第 6 条　以公益为目的的非营利性学校、幼儿园、医疗机构、养老机构等提供担保的，人民法院应当认定担保合同无效，但是有下列情形之一的除外：

（一）在购入或者以融资租赁方式承租教育设施、医疗卫生设施、养老服务设施和其他公益设施时，出卖人、出租人为担保价款或者租金实现而在该公益设施上保留所有权；

（二）以教育设施、医疗卫生设施、养老服务设施和其他公益设施以外的不动产、动产或者财产权利设立担保物权。

登记为营利法人的学校、幼儿园、医疗机构、养老机构等提供担保，当事人以其不具有担保资格为由主张担保合同无效的，人民法院不予支持。

总结：

1. 保证合同一律无效。

2. 在既有公益财产上设立的担保物权一律无效。

3. 非公益财产可以设立担保物权。

4. 购入或者租赁新的公益财产可以签订所有权保留或者融资租赁的合同。

（四）主合同解除对担保合同的影响

在主合同解除的情况下，担保合同依然有效，担保人的责任，依然为担保责任。因债务人违约，导致债权人解除主合同时，债权人对债务人的违约金请求权，或赔偿损失请求权，不受影响，依然存在。相应地，担保人对主债权人的担保责任，也不受影响，继续存在，担保对象就是主债权人对主债务人依然享有的违约金请求权、赔偿损失请求权。

二、公司法定代表人越权对外担保

《公司法》第 15 条　公司向其他企业投资或者为他人提供担保，按照公司章程的规定，由董事会或者股东会决议；公司章程对投资或者担保的总额及单项投资或者担保的数额有限额规定的，不得超过规定的限额。

公司为公司股东或者实际控制人提供担保的，应当经股东会决议。

前款规定的股东或者受前款规定的实际控制人支配的股东，不得参加前款规定事项的表决。该项表决由出席会议的其他股东所持表决权的过半数通过。

《民法典》第504条 法人的法定代表人或者非法人组织的负责人超越权限订立的合同，除相对人知道或者应当知道其超越权限外，该代表行为有效，订立的合同对法人或者非法人组织发生效力。

《民法典担保制度解释》第7条 公司的法定代表人违反公司法关于公司对外担保决议程序的规定，超越权限代表公司与相对人订立担保合同，人民法院应当依照《民法典》第61条和第504条等规定处理：

（一）相对人善意的，担保合同对公司发生效力；相对人请求公司承担担保责任的，人民法院应予支持。

（二）相对人非善意的，担保合同对公司不发生效力；相对人请求公司承担赔偿责任的，参照适用本解释第17条的有关规定。

法定代表人超越权限提供担保造成公司损失，公司请求法定代表人承担赔偿责任的，人民法院应予支持。

第1款所称善意，是指相对人在订立担保合同时不知道且不应当知道法定代表人超越权限。相对人有证据证明已对公司决议进行了合理审查，人民法院应当认定其构成善意，但是公司有证据证明相对人知道或者应当知道决议系伪造、变造的除外。

《民法典担保制度解释》第8条 有下列情形之一，公司以其未依照公司法关于公司对外担保的规定作出决议为由主张不承担担保责任的，人民法院不予支持：

（一）金融机构开立保函或者担保公司提供担保；

（二）公司为其全资子公司开展经营活动提供担保；

（三）担保合同系由单独或者共同持有公司2/3以上对担保事项有表决权的股东签字同意。

上市公司对外提供担保，不适用前款第2项、第3项的规定。

《民法典担保制度解释》第9条 相对人根据上市公司公开披露的关于担保事项已经董事会或者股东大会决议通过的信息，与上市公司订立担保合同，相对人主张担保合同对上市公司发生效力，并由上市公司承担担保责任的，人民法院应予支持。

相对人未根据上市公司公开披露的关于担保事项已经董事会或者股东大会决议通过的信息，与上市公司订立担保合同，上市公司主张担保合同对其不发生效力，且不承担担保责任或者赔偿责任的，人民法院应予支持。

相对人与上市公司已公开披露的控股子公司订立的担保合同，或者相对人与股票在国务院批准的其他全国性证券交易场所交易的公司订立的担保合同，适用前两款规定。

《民法典担保制度解释》第10条 一人有限责任公司为其股东提供担保，公司以违反公司法关于公司对外担保决议程序的规定为由主张不承担担保责任的，人民法院不予支持。公司因承担担保责任导致无法清偿其他债务，提供担保时的股东不能证明公司财产独立于自己的财产，其他债权人请求该股东承担连带责任的，人民法院应予支持。

（一）基本原理

1. 民商法的核心价值是保护交易安全，董事长越权交易的时候，适用表见代表制度，该交易对善意相对人有效。

2. 认定善意相对人，要区分常规交易和非常规交易（投资、担保）。对于前者，善意相对人是相信公司营业执照的相对人，因此，相对人不负有其他的审查义务。但是，担保交易中的善意相对人，特指尽到了《公司法》第 15 条所要求的对公司同意提供担保的董事会或者股东会决议的**审查义务**的相对人。

3. 法律不强人所难，所以，这种审查义务仅仅限于形式上的合理审查，因此，即使董事会或者股东会决议是伪造、变造的，也不影响相对人的善意，除非相对人对此知情。

4. 在举证责任方面，相对人对是否审查了公司决议承担举证责任（如举证不能则认定相对人恶意）；须承担担保责任的公司对相对人对伪造、变造决议知情承担举证责任（如举证不能则认定相对人善意）。

（二）规则图示

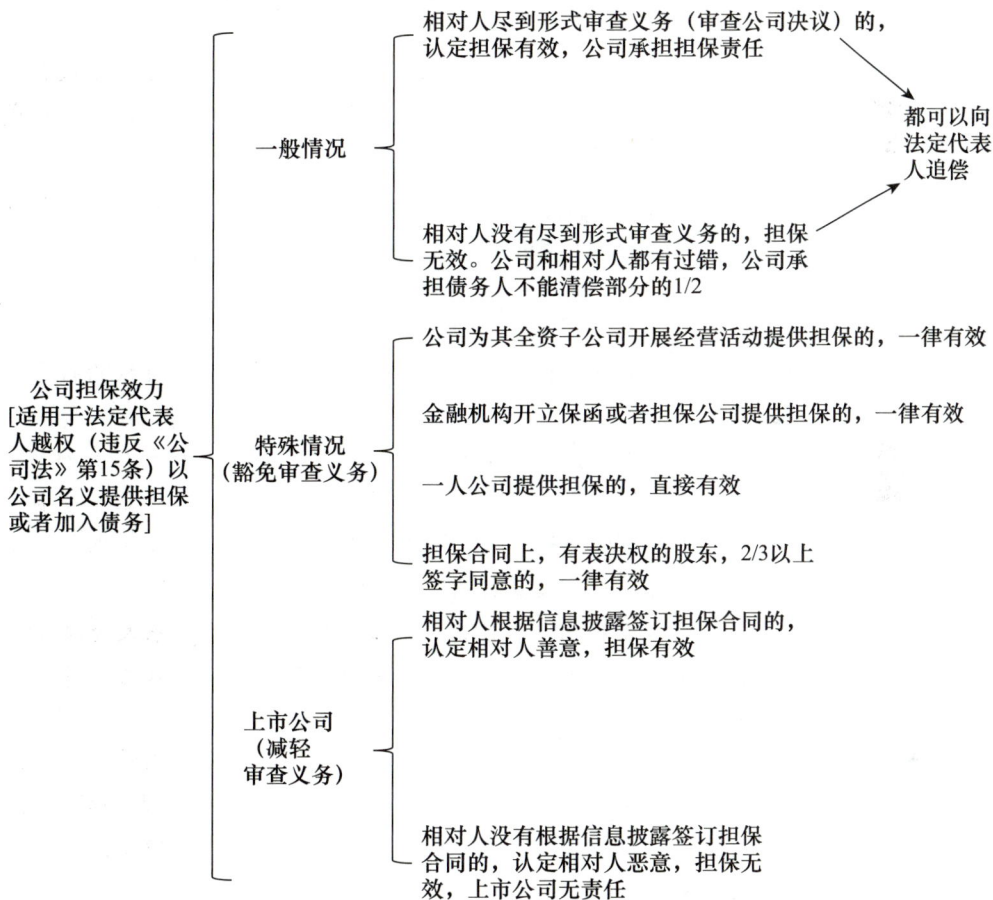

三、公司分支机构对外越权担保

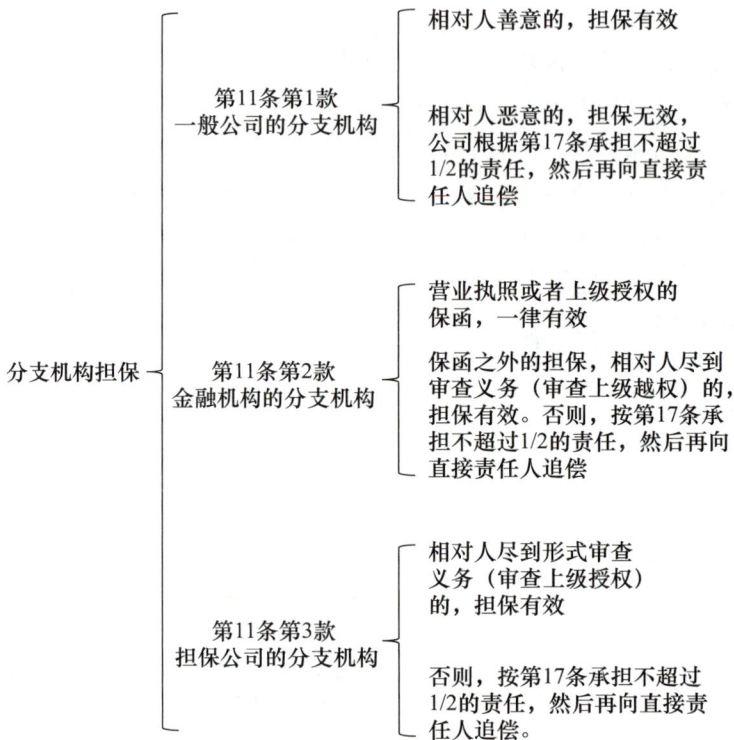

分支机构担保

- 第11条第1款 一般公司的分支机构
  - 相对人善意的，担保有效
  - 相对人恶意的，担保无效，公司根据第17条承担不超过1/2的责任，然后再向直接责任人追偿

- 第11条第2款 金融机构的分支机构
  - 营业执照或者上级授权的保函，一律有效
  - 保函之外的担保，相对人尽到审查义务（审查上级越权）的，担保有效。否则，按第17条承担不超过1/2的责任，然后再向直接责任人追偿

- 第11条第3款 担保公司的分支机构
  - 相对人尽到形式审查义务（审查上级授权）的，担保有效
  - 否则，按第17条承担不超过1/2的责任，然后再向直接责任人追偿。

《民法典担保制度解释》第11条 公司的分支机构未经公司股东（大）会或者董事会决议以自己的名义对外提供担保，相对人请求公司或者其分支机构承担担保责任的，人民法院不予支持，但是相对人不知道且不应当知道分支机构对外提供担保未经公司决议程序的除外。

金融机构的分支机构在其营业执照记载的经营范围内开立保函，或者经有权从事担保业务的上级机构授权开立保函，金融机构或者其分支机构以违反公司法关于公司对外担保决议程序的规定为由主张不承担担保责任的，人民法院不予支持。金融机构的分支机构未经金融机构授权提供保函之外的担保，金融机构或者其分支机构主张不承担担保责任的，人民法院应予支持，但是相对人不知道且不应当知道分支机构对外提供担保未经金融机构授权的除外。

担保公司的分支机构未经担保公司授权对外提供担保，担保公司或者其分支机构主张不承担担保责任的，人民法院应予支持，但是相对人不知道且不应当知道分支机构对外提供担保未经担保公司授权的除外。

公司的分支机构对外提供担保，相对人非善意，请求公司承担赔偿责任的，参照本解释第17条的有关规定处理。

《民法典担保制度解释》第12条 法定代表人依照《民法典》第552条的规定以公司名义加入债务的，人民法院在认定该行为的效力时，可以参照本解释关于公司为他人提供担保的有关规则处理。

四、共同担保及追偿

1.债务人的物的担保与第三人的担保并存（优先行使债务人物保）。

《民法典》第 392 条　被担保的债权既有物的担保又有人的担保的，债务人不履行到期债务或者发生当事人约定的实现担保物权的情形，债权人应当按照约定实现债权；没有约定或者约定不明确，债务人自己提供物的担保的，债权人应当先就该物的担保实现债权；第三人提供物的担保的，债权人可以就物的担保实现债权，也可以请求保证人承担保证责任。提供担保的第三人承担担保责任后，有权向债务人追偿。

《民法典担保制度解释》第 18 条　承担了担保责任或者赔偿责任的担保人，在其承担责任的范围内向债务人追偿的，人民法院应予支持。

同一债权既有债务人自己提供的物的担保，又有第三人提供的担保，承担了担保责任或者赔偿责任的第三人，主张行使债权人对债务人享有的担保物权的，人民法院应予支持。

《民法典》第 524 条【第三人清偿规则】　债务人不履行债务，第三人对履行该债务具有合法利益的，第三人有权向债权人代为履行；但是，根据债务性质、按照当事人约定或者依照法律规定只能由债务人履行的除外。

债权人接受第三人履行后，其对债务人的债权转让给第三人，但是债务人和第三人另有约定的除外。

根据上述条文，债务人以自己的财产提供物保的，债权人应当先就该物的担保实现债权（债务人物保优先）。由此衍生出三条规则：

第一，债权人未对债务人以其财产提供的物保行使担保物权，即请求提供担保的第三人就全部债权承担担保责任，第三人可主张对债务人以其财产提供物保所担保的债权部分不承担担保责任。

第二，债权人放弃债务人以其财产提供的物的，提供担保的第三人在债权人因此丧失优先受偿权益的范围内免除担保责任（第三人承诺仍对全部债权承担担保责任的除外）。

第三，承担了担保责任或者赔偿责任的担保人，有权在其承担责任的范围内向债务人追偿；如果债务人也提供了物的担保，则第三人在承担担保责任后，有权主张行使债权人对债务人享有的担保物权。

2.两个第三人提供担保。

（1）明确约定相互追偿及分担份额——第三人之间可以直接相互追偿。

（2）约定相互追偿但是未约定分担份额的——先追债务人，再第三人彼此追偿。

（3）约定承担连带共同担保——先追债务人，再第三人彼此追偿。

（4）各担保人在同一份合同书上签名、盖章或者按指印——先追债务人，再第三人彼此追偿。

（5）无合意，不分担；无合意，不追偿。

《民法典担保制度解释》第 13 条　同一债务有两个以上第三人提供担保，担保人之间约定相互追偿及分担份额，承担了担保责任的担保人请求其他担保人按照约定分担额的，人民法院应予支持；担保人之间约定承担连带共同担保，或者约定相互追偿但是未约定分担份额的，各担保人按照比例分担向债务人不能追偿的部分。

同一债务有两个以上第三人提供担保，担保人之间未对相互追偿作出约定且未约定承担连带共同担保，但是各担保人在同一份合同书上签字、盖章或者按指印，承担了担保责任的担保人请求其他担保人按照比例分担向债务人不能追偿部分的，人民法院应予支持。

除前两款规定的情形外，承担了担保责任的担保人请求其他担保人分担向债务人不能追偿部分的，人民法院不予支持。

《民法典担保制度解释》第 14 条　同一债务有两个以上第三人提供担保，担保人受让债权的，人民法院应当认定该行为系承担担保责任。受让债权的担保人作为债权人请求其他担保人承担担保责任的，人民法院不予支持；该担保人请求其他担保人分担相应份额的，依照本解释第 13 条的规定处理。

五、流质条款

流质条款，是指在债务履行期限届满前，担保物权人与担保人约定，债务人不履行到期债务时，担保物即归债权人所有。流质条款为法律所禁止，《民法典》第 401 条规定，抵押权人在债务履行期限届满前，与抵押人约定债务人不履行到期债务时抵押财产归债权人所有的，只能依法就抵押财产优先受偿。第 428 条规定，质权人在债务履行期限届满前，与出质人约定债务人不履行到期债务时质押财产归债权人所有的，只能依法就质押财产优先受偿。

总结要点：

1. 附属于担保合同；

2. 债务履行期限届满之前；

3. 以物权移转代替优先清偿；

4. 担保物权人与担保人约定流质条款的，其约定**不具有**移转所有权的效力，仅仅具有优先受偿的效力。

六、担保物的孳息收取权

（一）抵押财产的孳息收取权

1. 在抵押期间，抵押财产的孳息的所有权依然归抵押人，因为抵押人是抵押财产的所有权人。

2. 债务人不履行到期债务，致使抵押财产被人民法院依法扣押的，自扣押之日起抵押权人有权收取该抵押财产的孳息。收取权并不是所有权。

3. 抵押权人在抵押财产被人民法院依法扣押后，如欲收取抵押财产的法定孳息，必须以通知应当清偿法定孳息义务人为条件。

4. 抵押权人所收取的孳息，应当先充抵收取孳息的费用。

（二）质押财产、留置财产的孳息收取权

1. 在质押、留置期间，质押财产、留置财产的孳息，由质权人、留置权人随时收取，此收取权依然**不是所有权**。和抵押财产的孳息收取相比，质押财产和留置财产的孳息收取无须等到财产被扣押。

2. 质权人、留置权人所收取的孳息，应当先充抵收取孳息的费用。

例 7月10日，甲将房屋A抵押给乙，用以担保甲对乙的债务。之后，又将该房屋A出租给丙，租金为2 000元／月。12月10日，房屋A被法院扣押。12月11日，乙即通知丙房屋A扣押之事，要求丙将租金交予乙，通知费用为300元。——如扣押后，甲未能履行债务，乙有权就房屋A及依法收取的孳息优先受偿，但依法收取的孳息应当首先用来充抵300元通知费用。反之，如扣押后，甲主动履行全部债务，乙依法收取的孳息应返还予甲。

七、以物抵债与让与担保

1. 履行期限届满后达成的以物抵债协议。

债务人或者第三人与债权人在债务履行期限届满后达成以物抵债协议，不存在影响合同效力情形的，人民法院应当认定该协议自当事人意思表示一致时生效。

债务人或者第三人履行以物抵债协议后，人民法院应当认定相应的原债务同时消灭；债务人或者第三人未按照约定履行以物抵债协议，经催告后在合理期限内仍不履行，债权人选择请求履行原债务或者以物抵债协议的，人民法院应予支持，但是法律另有规定或者当事人另有约定的除外。

前款规定的以物抵债协议经人民法院确认或者人民法院根据当事人达成的以物抵债协议制作成调解书，债权人主张财产权利自确认书、调解书生效时发生变动或者具有对抗善意第三人效力的，人民法院不予支持。

债务人或者第三人以自己不享有所有权或者处分权的财产权利订立以物抵债协议的，依据本解释第十九条的规定处理。

2. 履行期限届满前达成的以物抵债协议。

债务人或者第三人与债权人在债务履行期限届满前达成以物抵债协议的，人民法院应当在审理债权债务关系的基础上认定该协议的效力。

当事人约定债务人到期没有清偿债务，债权人可以对抵债财产拍卖、变卖、折价以实现债权的，人民法院应当认定该约定有效。当事人约定债务人到期没有清偿债务，抵债财产归债权人所有的，人民法院应当认定该约定无效，但是不影响其他部分的效力；债权人请求对抵债财产拍卖、变卖、折价以实现债权的，人民法院应予支持。

当事人订立前款规定的以物抵债协议后，债务人或者第三人未将财产权利转移至债权人名下，债权人主张优先受偿的，人民法院不予支持；债务人或者第三人已将财产权利转移至债权人名下的，依据《最高人民法院关于适用〈中华人民共和国民法典〉有关担保制度的解释》第68条的规定处理。

3. 让与担保。

《民法典担保制度解释》第68条规定：债务人或者第三人与债权人约定将财产形式

上转移至债权人名下，债务人不履行到期债务，债权人有权对财产折价或者以拍卖、变卖该财产所得价款偿还债务的，人民法院应当认定该约定有效。当事人已经完成财产权利变动的公示，债务人不履行到期债务，债权人请求参照民法典关于担保物权的有关规定就该财产优先受偿的，人民法院应予支持。

债务人或者第三人与债权人约定将财产形式上转移至债权人名下，债务人不履行到期债务，财产归债权人所有的，人民法院应当认定该约定无效，但是不影响当事人有关提供担保的意思表示的效力。当事人已经完成财产权利变动的公示，债务人不履行到期债务，债权人请求对该财产享有所有权的，人民法院不予支持；债权人请求参照民法典关于担保物权的规定对财产折价或者以拍卖、变卖该财产所得的价款优先受偿的，人民法院应予支持；债务人履行债务后请求返还财产，或者请求对财产折价或者以拍卖、变卖所得的价款清偿债务的，人民法院应予支持。

债务人与债权人约定将财产转移至债权人名下，在一定期间后再由债务人或者其指定的第三人以交易本金加上溢价款回购，债务人到期不履行回购义务，财产归债权人所有的，人民法院应当参照第 2 款规定处理。回购对象自始不存在的，人民法院应当依照《民法典》第 146 条第 2 款的规定，按照其实际构成的法律关系处理。

流质条款	附属于债务关系中的担保合意＋物权合意	担保合意有效 物权移转的合意无效
债务届满之前的以物抵债协议	独立于债务关系的抵债合意（债法上的合意）	具有担保效力 如果抵债物财产权利转移到债权人名下则认定为让与担保
债务届满之后的以物抵债协议	独立于债务关系的抵债合意（债法上的合意）	有效（债法效力） 该协议被履行以后方能转移物权并消灭债务
让与担保协议＋未公示	附属于债务关系的形式上的买卖合意＋实质的担保合意	买卖合意无效 担保合意有效 （未公示的仅仅在当事人之间有效，不具有对于第三人的优先受偿效力）
让与担保协议＋已公示	附属于债务关系的形式上的买卖合意＋实质的担保合意	买卖合意无效 担保合意有效 （公示的具有对于第三人的优先受偿效力）
规律： 1. 约定直接转移所有权的一律无效； 2. 只有公示才对抗第三人的优先受偿效力。		

【例题】（2021 真题回忆版）甲、乙签订房屋买卖合同，约定甲把房卖给乙，乙再将房租给甲，丙为甲作担保，其实该房屋根本不存在，甲、乙对此知情，丙不知情。对此，下列说法正确的是：

A. 甲、乙之间名为房屋买卖合同，实为借款合同

B. 借款合同有效，担保合同无效

C. 借款合同无效，担保合同无效

D. 买卖合同无效，担保合同可撤销

【答案】AB

第十五章　抵押权

扫描右侧二维码"听课 + 做题"，直达最佳学习效果

1. 在线听课：学习本章节核心考点讲解课程。

2. 在线刷题：点击 🏠 进入题库做章节练习。

📖 本章导读

　　本章要求考生理解抵押权的概述；熟练掌握抵押权的设定，抵押登记，同一财产之上设立多个抵押，以公益为目的的非营利法人的抵押，禁止抵押的财产以及房地一并抵押，抵押人和抵押权人的权利和义务，抵押的顺位，动产抵押，最高额抵押和抵押权的实现。本章是法考的重点之一。

💡 知识点

一、抵押权的成立

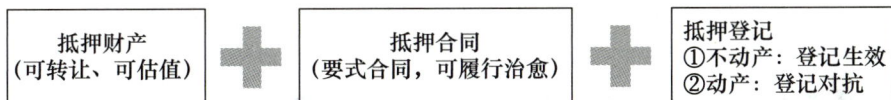

抵押财产 （可转让、可估值）	➕	抵押合同 （要式合同，可履行治愈）	➕	抵押登记 ①不动产：登记生效 ②动产：登记对抗

可以抵押的财产（《民法典》第 395 条）	不可抵押的财产（《民法典》第 399 条）
（1）建筑物和其他土地附着物； （2）建设用地使用权；（▲注意：房地一体主义） （3）生产设备、原材料、半成品、产品； （4）交通运输工具； （5）正在建造的建筑物、船舶、航空器； （6）海域使用权。	（1）土地所有权； （2）集体土地使用权——▲例外："四荒"用地（荒山、荒沟、荒丘、荒滩等农村土地）、乡镇企业用地（随厂房）； （3）公益法人的公益设施——▲例外：非公益财产为自身债务； （4）违法、违章建筑。
《民法典担保制度解释》第 37 条　当事人以所有权、使用权不明或者有争议的财产抵押，经审查构成无权处分的，人民法院应当依照《民法典》第 311 条的规定处理。 当事人以依法被查封或者扣押的财产抵押，抵押权人请求行使抵押权，经审查查封或者扣押措施已经解除的，人民法院应予支持。抵押人以抵押权设立时财产被查封或者扣押为由主张抵押合同无效的，人民法院不予支持。 以依法被监管的财产抵押的，适用前款规定。	

（一）抵押合同与抵押权的效力

　　总结：抵押合同看《民法典》第 143 条，动产抵押设立看合同效力（登记对抗），不

动产抵押看登记。

例（1）甲将其宅基地抵押给同村外嫁他村的乙用于借款，该抵押权不能设立。

（2）甲、乙达成抵押合意，未签订合同，但已经办理抵押登记，该抵押权可以设立。

【**例题**】（2015-3-53）甲向某银行贷款，甲、乙和银行三方签订抵押协议，由乙提供房产抵押担保。乙把房本交给银行，因登记部门原因导致银行无法办理抵押物登记。乙向登记部门申请挂失房本后换得新房本，将房屋卖给知情的丙并办理了过户手续。甲届期未还款，关于贷款、房屋抵押和买卖，下列哪些说法是正确的？

A. 乙应向银行承担违约责任

B. 丙应代为向银行还款

C. 如丙代为向银行还款，可向甲主张相应款项

D. 因登记部门原因未办理抵押登记，但银行占有房本，故取得抵押权

【**答案**】AC

【**例题**】（2019真题回忆版）乙向甲借款，以自己的房屋设立抵押权，并办理了抵押登记。乙又向丙借款，以同一房屋设立抵押权，并办理了抵押登记。后乙与甲签订了房屋买卖合同并办理了过户。下列哪一选项是正确的？

A. 甲的抵押权消灭

B. 丙的抵押权消灭

C. 甲和丙的抵押权均未消灭

D. 甲、乙之间的房屋买卖合同无效

【**答案**】C

（二）抵押登记（《民法典担保制度解释》第46条到第50条）

1. 不动产抵押登记

（1）抵押登记与违约责任。

抵押财产因不可归责于抵押人自身的原因灭失或者被征收等导致不能办理抵押登记，债权人请求抵押人在约定的担保范围内承担责任的，人民法院不予支持。

不可归责于抵押人的原因导致无法办理抵押登记的，不能追究抵押人的违约责任，只能去主张物上代位。（赔偿金、补偿金、保险金作为担保）

因抵押人转让抵押财产或者其他可归责于抵押人自身的原因导致不能办理抵押登记，债权人有权请求抵押人在约定的担保范围内承担责任。

《民法典担保制度解释》第46条　不动产抵押合同生效后未办理抵押登记手续，债权人请求抵押人办理抵押登记手续的，人民法院应予支持。【登记属于抵押合同的合同义务】

抵押财产因不可归责于抵押人自身的原因灭失或者被征收等导致不能办理抵押登记，债权人请求抵押人在约定的担保范围内承担责任的，人民法院不予支持；但是抵押人已经获得保险金、赔偿金或者补偿金等，债权人请求抵押人在其所获金额范围内承担赔偿责任的，人民法院依法予以支持。【不能登记的处理A——非抵押人原因】

因抵押人转让抵押财产或者其他可归责于抵押人自身的原因导致不能办理抵押登记，债权人请求抵押人在约定的担保范围内承担责任的，人民法院依法予以支持，但是不得超过抵押权能够设立时抵押人应当承担的责任范围。【不能登记的处理B——抵押人原因】

《民法典担保制度解释》第47条　不动产登记簿就抵押财产、被担保的债权范围等所作的记载与抵押合同约定不一致的，人民法院应当根据登记簿的记载确定抵押财产、被担保的债权范围等事项。【抵押登记与抵押合同不一致的处理】

《民法典担保制度解释》第48条　当事人申请办理抵押登记手续时，因登记机构的过错致使其不能办理抵押登记，当事人请求登记机构承担赔偿责任的，人民法院依法予以支持。【登记机关的赔偿责任】

（2）抵押登记与合同效力。

《民法典担保制度解释》第49条　以违法的建筑物抵押的，抵押合同无效，但是一审法庭辩论终结前已经办理合法手续的除外。抵押合同无效的法律后果，依照本解释第17条的有关规定处理。

当事人以建设用地使用权依法设立抵押，抵押人以土地上存在违法的建筑物为由主张抵押合同无效的，人民法院不予支持。【违法建筑物设抵】

《民法典担保制度解释》第50条　抵押人以划拨建设用地上的建筑物抵押，当事人以该建设用地使用权不能抵押或者未办理批准手续为由主张抵押合同无效或者不生效的，人民法院不予支持。抵押权依法实现时，拍卖、变卖建筑物所得的价款，应当优先用于补缴建设用地使用权出让金。

当事人以划拨方式取得的建设用地使用权抵押，抵押人以未办理批准手续为由主张抵押合同无效或者不生效的，人民法院不予支持。已经依法办理抵押登记，抵押权人主张行使抵押权的，人民法院应予支持。抵押权依法实现时所得的价款，参照前款有关规定处理。【划拨建设用地上的建筑物抵押的，不影响抵押合同效力】

2.动产抵押登记

（1）以动产抵押的，抵押权自抵押合同生效时设立；未经登记，不得对抗善意第三人。（《民法典》第403条）

《民法典担保制度解释》第54条　动产抵押合同订立后未办理抵押登记，动产抵押权的效力按照下列情形分别处理：

（一）抵押人转让抵押财产，受让人占有抵押财产后，抵押权人向受让人请求行使抵押权的，人民法院不予支持，但是抵押权人能够举证证明受让人知道或者应当知道已经订立抵押合同的除外；

例1　自然人甲向乙借款并将其手表抵押给乙（已经登记），然后丙从甲处买走这块手表，则乙的抵押权可以对抗丙。

例2　自然人甲向乙借款并将其手表抵押给乙（未经登记），然后丙从甲处买走这块手表，如果该手表未交付，则乙的抵押权可以对抗丙。

例3　自然人甲向乙借款并将其手表抵押给乙（未经登记），然后知情的丙从甲处买走这块手表，则乙的抵押权可以对抗丙。

例4　自然人甲向乙借款并将其手表抵押给乙（未经登记），然后不知情的丙从甲处买走这块手表且完成交付，则乙的抵押权不得对抗丙。

这里的"对抗"的含义是乙的抵押权可以向丙主张（乙可以拍卖、变卖抵押物，实现自己的抵押权）。

（二）抵押人将抵押财产出租给他人并移转占有，抵押权人行使抵押权的，<u>租赁关系不受影响</u>，但是抵押权人能够举证证明承租人知道或者应当知道已经订立抵押合同的除外；

例1　自然人甲向乙借款并将其手表抵押给乙（已经登记），然后甲把这块手表租给丙，则乙的抵押权可以对抗丙。

例2　自然人甲向乙借款并将其手表抵押给乙（未经登记），然后甲把这块手表租给丙，如果该手表未交付，则乙的抵押权可以对抗丙。

例3　自然人甲向乙借款并将其手表抵押给乙（未经登记），然后甲把这块手表租给知情的丙，则乙的抵押权可以对抗丙。

例4　自然人甲向乙借款并将其手表抵押给乙（未经登记），然后甲把这块手表租给不知情的丙且完成交付，则乙的抵押权不得对抗丙。

这里的"对抗"的含义是抵押打破租赁关系（乙可以实现自己的抵押权，且承租人丙不得主张租赁合同继续有效），反之，"不得对抗"的含义是抵押不破租赁，即乙在实现自己抵押权时租赁合同继续有效，买受人要承受租赁合同中的出租人地位。

（三）抵押人的其他债权人向人民法院申请保全或者执行抵押财产，人民法院已经作出财产保全裁定或者采取执行措施，抵押权人主张对抵押财产优先受偿的，人民法院<u>不予支持</u>；

例　自然人甲向乙借款并将其手表抵押给乙（未经登记），然后甲的另一债权人丙向人民法院申请对甲的财产进行财产保全，人民法院已经作出裁定，则乙的抵押权不得对抗丙。

这里的"对抗"的含义是"是否优先"。"乙的抵押权不得对抗丙"的含义是乙的抵押权并不能优先于丙的债权。

当然，如果乙的抵押权完成抵押登记，则乙的抵押权会优先于丙的债权。

（四）抵押人破产，抵押权人主张对抵押财产优先受偿的，人民法院<u>不予支持</u>。

例　甲公司向乙借款并将其手表抵押给乙（未经登记），然后甲公司的另一债权人丙向人民法院申请甲公司破产，法院已经作出裁定，则乙的抵押权不得对抗丙。

这里的"对抗"的含义是"是否优先"。"乙的抵押权不得对抗丙"的含义是乙的抵押权并不能优先于丙的债权。

当然，如果乙的抵押权完成抵押登记，则乙的抵押权属于破产别除权，会优先于丙的债权。

▲总结：

未经登记的动产抵押权：

不得对抗善意且受领交付的买受人；

不得对抗善意且受领交付的承租人；

不得对抗财产保全和强制执行中的债权人；

不得对抗破产程序中的债权人。

（2）以动产抵押的，不得对抗正常经营活动中已经支付合理价款并取得抵押财产的买受人。（《民法典》第 404 条）

例 开钟表店的甲向乙借款并将其手表抵押给乙，然后丙去甲店内买走这块手表，则乙的抵押权无论是否登记都不得对抗丙。

《民法典担保制度解释》第 56 条 买受人在出卖人正常经营活动中通过支付合理对价取得已被设立担保物权的动产，担保物权人请求就该动产优先受偿的，人民法院不予支持，但是有下列情形之一的除外：

（一）购买商品的数量明显超过一般买受人；

（二）购买出卖人的生产设备；

（三）订立买卖合同的目的在于担保出卖人或者第三人履行债务；

（四）买受人与出卖人存在直接或者间接的控制关系；

（五）买受人应当查询抵押登记而未查询的其他情形。

前款所称出卖人正常经营活动，是指出卖人的经营活动属于其营业执照明确记载的经营范围，且出卖人持续销售同类商品。前款所称担保物权人，是指已经办理登记的抵押权人、所有权保留买卖的出卖人、融资租赁合同的出租人。

3. 房地一体主义

《民法典》第 397 条【房地产抵押关系】 以建筑物抵押的，该建筑物占用范围内的建设用地使用权一并抵押。以建设用地使用权抵押的，该土地上的建筑物一并抵押。

抵押人未依据前款规定一并抵押的，未抵押的财产视为一并抵押。

《民法典》第 417 条【以建设用地使用权抵押的特别规定】 建设用地使用权抵押后，该土地上新增的建筑物不属于抵押财产。该建设用地使用权实现抵押权时，应当将该土地上新增的建筑物与建设用地使用权一并处分。但是，新增建筑物所得的价款，抵押权人无权优先受偿。

《民法典担保制度解释》第 51 条 当事人仅以建设用地使用权抵押，债权人主张抵押权的效力及于土地上已有的建筑物以及正在建造的建筑物已完成部分的，人民法院应予支持。债权人主张抵押权的效力及于正在建造的建筑物的续建部分以及新增建筑物的，人民法院不予支持。

当事人以正在建造的建筑物抵押，抵押权的效力范围限于已办理抵押登记的部分。当事人按照担保合同的约定，主张抵押权的效力及于续建部分、新增建筑物以及规划中尚未建造的建筑物的，人民法院不予支持。

抵押人将建设用地使用权、土地上的建筑物或者正在建造的建筑物分别抵押给不同债权人的，人民法院应当根据抵押登记的时间先后确定清偿顺序。

特别注意：新增建筑一并处分但不优先受偿。

设：甲、乙为债权人，丙为债务人，丙有 B 地，B 地上盖有 A 房，丙以 A 房为甲设抵押权后，又新盖了 C 房。

A 房 B 地（各 300 万元）——第一次抵押（甲的 700 万元债权）：仅抵 A 房——AB

一起抵。

A 房 C 房 B 地（各 300 万元）——第二次抵押（乙的 200 万元债权）：仅抵 B 地——ABC 一起抵。

结论：AB 上两个抵押权，C 上只有一个抵押权。

——甲 600 万元优先受偿，乙 200 万元优先受偿，剩下 100 万元甲和其他债权人按比例受偿。

4. 抵押预告登记

《民法典担保制度解释》第 52 条　当事人办理抵押预告登记后，预告登记权利人请求就抵押财产优先受偿，经审查存在尚未办理建筑物所有权首次登记、预告登记的财产与办理建筑物所有权首次登记时的财产不一致、抵押预告登记已经失效等情形，导致不具备办理抵押登记条件的，人民法院不予支持；经审查已经办理建筑物所有权首次登记，且不存在预告登记失效等情形的，人民法院应予支持，并应当认定抵押权自预告登记之日起设立。

当事人办理了抵押预告登记，抵押人破产，经审查抵押财产属于破产财产，预告登记权利人主张就抵押财产优先受偿的，人民法院应当在受理破产申请时抵押财产的价值范围内予以支持，但是在人民法院受理破产申请前 1 年内，债务人对没有财产担保的债务设立抵押预告登记的除外。

二、抵押权的效力

（一）效力范围

（1）债权范围：主债权、利息、违约金、损害赔偿金、实现抵押权的费用（注意顺序：费用——利息——主债权）。

（2）抵押物范围：抵押物、从物、孳息、代位物、添附物或基于添附而产生的不当得利。

《民法典担保制度解释》第 40 条　从物产生于抵押权依法设立前，抵押权人主张抵押权的效力及于从物的，人民法院应予支持，但是当事人另有约定的除外。

从物产生于抵押权依法设立后，抵押权人主张抵押权的效力及于从物的，人民法院不予支持，但是在抵押权实现时可以一并处分。

《民法典担保制度解释》第 41 条　抵押权依法设立后，抵押财产被添附，添附物归第三人所有，抵押权人主张抵押权效力及于补偿金的，人民法院应予支持。

抵押权依法设立后，抵押财产被添附，抵押人对添附物享有所有权，抵押权人主张抵押权的效力及于添附物的，人民法院应予支持，但是添附导致抵押财产价值增加的，抵押权的效力不及于增加的价值部分。

抵押权依法设立后，抵押人与第三人因添附成为添附物的共有人，抵押权人主张抵押权的效力及于抵押人对共有物享有的份额的，人民法院应予支持。

本条所称添附，包括附合、混合与加工。

《民法典担保制度解释》第 42 条　抵押权依法设立后，抵押财产毁损、灭失或者被征收等，抵押权人请求按照原抵押权的顺位就保险金、赔偿金或者补偿金等优先受偿的，人民法院应予支持。

给付义务人已经向抵押人给付了保险金、赔偿金或者补偿金，抵押权人请求给付义务人向其给付保险金、赔偿金或者补偿金的，人民法院不予支持，但是给付义务人接到抵押权人要求向其给付的通知后仍然向抵押人给付的除外。

抵押权人请求给付义务人向其给付保险金、赔偿金或者补偿金的，人民法院可以通知抵押人作为第三人参加诉讼。

（二）抵押权人的权利

1. 变价优先受偿权（《民法典》第 410 条）

（1）变价方式：拍卖、变卖、折价（抵押权人也可以依照约定自行变卖）。

《民法典担保制度解释》第 45 条　当事人约定当债务人不履行到期债务或者发生当事人约定的实现担保物权的情形，担保物权人有权将担保财产自行拍卖、变卖并就所得的价款优先受偿的，该约定有效。因担保人的原因导致担保物权人无法自行对担保财产进行拍卖、变卖，担保物权人请求担保人承担因此增加的费用的，人民法院应予支持。

（2）行使步骤：

①双方先协议决定实现抵押权的方法，该协议损害其他债权人利益的，其他债权人在知道或者应当知道撤销事由之日起 1 年内有撤销权（通过人民法院行使）。

②达不成协议的，请求人民法院拍卖、变卖。

（3）行使期限：主债权诉讼时效内。

（4）《民法典》第 401 条规定：抵押权人在债务履行期限届满前，与抵押人约定债务人不履行到期债务时抵押财产归债权人所有的，只能依法就抵押财产优先受偿。

2. 保全请求权（《民法典》第 408 条）

《民法典》第 408 条　抵押人的行为足以使抵押财产价值减少的，抵押权人有权请求抵押人停止其行为；抵押财产价值减少的，抵押权人有权请求恢复抵押财产的价值，或者提供与减少的价值相应的担保。抵押人不恢复抵押财产的价值，也不提供担保的，抵押权人有权请求债务人提前清偿债务。

（1）非因抵押人行为（不可抗力或者第三人原因）导致抵押财产灭失，有保险金、赔偿金、补偿金的，抵押权人可以就获得的保险金、赔偿金或者补偿金等优先受偿——物上代位（此时不存在保全请求权）；

（2）非因抵押人行为导致抵押财产灭失，没有保险金、赔偿金、补偿金的，担保物权消灭（此时同样不存在保全请求权）；

（3）因抵押人的行为足以使抵押财产价值减少的，抵押权人可主张保全请求权，具体包括停止行为、恢复价值、提供担保和提前清偿四项以保全抵押权为目的的权利。

3. 孳息收取权（《民法典》第 412 条）

自抵押财产被扣押之日，抵押权人有权收取孳息，但抵押权人未通知应当清偿法定孳息义务人的除外。孳息应当先充抵收取孳息的费用。（▲注意："收取"何意）

4. 处分抵押权（《民法典》第 409 条第 2 款）

（1）转让：从随主走。

（2）变更顺位：

①协议本身有效，变更协议无须其他抵押权人同意；

②变更对其他抵押权人有利的要执行；

③未经其他抵押权人书面同意，不得对其他抵押权人产生不利影响（多退少不补）。

	A债权	B债权	C债权
50万元财产	10万元债权	20万元债权	40万元债权
	C债权	B债权	A债权
50万元财产	40万元债权	20万元债权	10万元债权

——结论：C30万元，B20万元，A没有。

	C债权	B债权	A债权
50万元财产	40万元债权	20万元债权	10万元债权
	A债权	B债权	C债权
50万元财产	10万元债权	20万元债权	40万元债权

——结论：A10万元，B20万元，C20万元。

（3）放弃：债权人放弃债务人提供的物的担保的，其他提供担保的第三人相应免责。

（三）抵押人的权利——所有权之限制

1. 占有

抵押人占有标的物——自主、直接、有权占有。

2. 使用

抵押人有权使用抵押财产，但如果其行为伤害抵押财产的，抵押权人可以主张保全请求权。

3. 处分

（1）仍可就抵押财产为他人设定抵押权。（已登记＞未登记；先登记＞后登记；都未登记按比例受偿）

（2）仍可转让其抵押财产。

《民法典》第406条 抵押期间，抵押人可以转让抵押财产。当事人另有约定的，按照其约定。抵押财产转让的，抵押权不受影响。

抵押人转让抵押财产的，应当及时通知抵押权人。抵押权人能够证明抵押财产转让可能损害抵押权的，可以请求抵押人将转让所得的价款向抵押权人提前清偿债务或者提存。转让的价款超过债权数额的部分归抵押人所有，不足部分由债务人清偿。

据此，可以得出三点结论：

第一，抵押期间，抵押人依然可以自由转让抵押财产，无须抵押权人的同意转让合同也是有效的。

第二，抵押权人的抵押权继续有效，如果已经完成抵押登记，可以继续向受让人主张（动产抵押非经登记当然不能对抗善意第三人）。

第三，抵押权人能够证明抵押财产转让（比如《民法典》第404条项下的抵押物转让）可能损害抵押权的，可以请求抵押人提前清偿债务或者提存。

《民法典担保制度解释》第43条 当事人约定禁止或者限制转让抵押财产但是未将约定登记，抵押人违反约定转让抵押财产，抵押权人请求确认转让合同无效的，人民法院不予支持；抵押财产已经交付或者登记，抵押权人请求确认转让不发生物权效力的，人民法院不予支持，但是抵押权人有证据证明受让人知道的除外；抵押权人请求抵押人承担违约责任的，人民法院依法予以支持。

当事人约定禁止或者限制转让抵押财产且已经将约定登记，抵押人违反约定转让抵押财产，抵押权人请求确认转让合同无效的，人民法院不予支持；抵押财产已经交付或者登记，抵押权人主张转让不发生物权效力的，人民法院应予支持，但是因受让人代替债务人清偿债务导致抵押权消灭的除外。

结论：

（1）无论禁转约定有无登记，转让合同一律有效。

（2）如果禁转约定没有登记，禁止转让的约定只能对抗恶意受让人，不能对抗善意受让人，亦即善意受让人依然可以取得抵押财产的所有权。

（3）如果有登记，则该转让不发生物权效力，亦即受让人不能取得物权，只能追究出让人的违约责任。

（4）受让人如欲取得物权，可以以第三人身份代为履行以消灭抵押权。

例 甲以其机动车为甲、乙的借款之债提供抵押担保，双方签订抵押合同并办理了抵押登记，甲随后将机动车转让给丙。

第一种情况：甲、乙没有签订禁止转让抵押财产的协议，也没有完成禁止抵押财产转让的登记，则甲、丙的买卖合同有效，丙可以取得机动车的所有权，乙可以向丙主张抵押权。

第二种情况：甲、乙签订了禁止转让抵押财产的协议，但没有完成禁止抵押财产转让的登记，则甲、丙的买卖合同有效，丙可以取得机动车的所有权，乙可以向丙主张抵押权并追究甲违反禁止转让约定的违约责任。

第三种情况：甲、乙签订了禁止转让抵押财产的协议，并完成了禁止抵押财产转让的登记，则虽然甲、丙的买卖合同有效，但丙不能取得机动车的所有权，除非丙对乙代为清偿甲的债务。

4.收益——仍可出租其抵押物

《民法典》第405条 抵押权设立前，抵押财产已经出租并转移占有的，原租赁关系不受该抵押权的影响。

▲小结——先租后抵且占有：抵押不能破租赁；先抵后租：登记的抵押权可以打破租赁。

特别注意：先登记的抵押权打破租赁，如何救济？——关键在于是否尽到告知义务——尽到告知义务的承租人自担风险，否则，出租人承担违约责任。

（四）时效

《民法典担保制度解释》第44条 主债权诉讼时效期间届满后，抵押权人主张行使抵押权的，人民法院不予支持；抵押人以主债权诉讼时效期间届满为由，主张不承担担保责任的，人民法院应予支持。主债权诉讼时效期间届满前，债权人仅对债务人提起诉讼，经人民法院判决或者调解后未在民事诉讼法规定的申请执行时效期间内对债务人申请强制执行，其向抵押人主张行使抵押权的，人民法院不予支持。

三、动产浮动抵押

《民法典》第396条　企业、个体工商户、农业生产经营者可以将现有的以及将有的生产设备、原材料、半成品、产品抵押，债务人不履行到期债务或者发生当事人约定的实现抵押权的情形，债权人有权就抵押财产确定时的动产优先受偿。

四、最高额抵押（准用最高额质权）

（1）一定期间内连续发生的债权予以担保＋确定的最高额度。

（2）最高额抵押担保的债权确定前，部分债权转让的，最高额抵押权不得转让。

（3）最高额抵押担保的债权确定前，抵押权人与抵押人可以通过协议变更债权确定的期间、债权范围以及最高债权额。但是，变更的内容不得对其他抵押权人产生不利影响。

（4）抵押权人实现最高额抵押权时，如果实际发生的债权余额高于最高限额的，以最高限额为限，超过部分不具有优先受偿的效力；如果实际发生的债权余额低于最高限额的，以实际发生的债权余额为限对抵押物优先受偿。

例　甲公司与乙公司存在长期的供货关系，2003年10月15日，甲公司为担保其货款的支付，请丙公司为乙公司的债权提供抵押担保，丙公司与乙公司签订了最高额抵押合同，合同约定，丙公司在今后两年内对甲公司1 000万元以内的债务提供抵押担保。丙公司以其价值约为2 000万元的厂房与乙公司办理了抵押登记。2003年12月，丙公司为担保自身债务，又以该厂房抵押担保自己1 000万元债务，并办理了抵押登记。后由于业务增长，乙公司要求增加抵押担保，丙公司与乙公司协商将担保最高债权额变更为1 200万元。那么，下列说法正确的有：

A. 若变更最高额抵押合同前，甲公司、乙公司双方实际发生的债权、债务标的额为1 100万元，丙公司对超出最高限额的部分不承担担保责任

B. 乙公司的最高额抵押权优先于丙公司自己的债权人的抵押权

C. 假如，乙公司、丙公司变更抵押合同最高限额后，甲公司在两年内实际欠乙公司1 200万元货款，乙公司不得以其变更对抗丙公司的抵押权人

D. 若在2005年10月15日之前，甲公司实际欠乙公司货款800万元，丙公司的担保责任并不减少

【答案】ABC

第十六章　质权与留置权

扫描右侧二维码"听课＋做题"，直达最佳学习效果

1. 在线听课：学习本章节核心考点讲解课程。
2. 在线刷题：点击 🏠 进入题库做章节练习。

📑 本章导读

　　本章要求考生理解质权的概念与特征，留置权的概念与特征；熟练掌握动产质权的设立，动产质权当事人的权利和义务，权利质权的标的，留置权取得的积极要件和消极要件，留置权的效力和消灭。本章也是重要考点之一，通常会在与抵押权顺位排序题目中考查。

💡 知识点

一、动产质权的效力

　　1.效力范围（同抵押权）。

　　（1）债权范围：主债权、利息、违约金、损害赔偿金、实现质权费用、质押财产保管费用（注意顺序：费用——利息——主债权）。

　　（2）质押财产范围：质押财产、从物、孳息、代位物、添附物或基于添附而产生的不当得利（▲注意：从物未随同质押财产移交质权人占有的，质权的效力不及于从物）。

　　2.动产质押的生效：**质押合同 + 交付**（不含占有改定）。

二、质权人的权利

　　（1）占有权（《民法典》第 235 条返还原物 +《民法典》第 462 条占有返还）。

　　（2）孳息收取权（随时收，无须扣押）。

　　（3）保全质押财产的权利：补充担保、提前变价。

　　出质人——没有机会伤害质押财产

　　质权人有可能伤害质押财产——出质人保全：提存、提前清偿＋返还

　　非质权人的原因可能伤害质押财产——质押权人保全：追加担保或者提前清偿

　　质押财产已经毁损、灭失的——物上代位："三金"（保险金、赔偿金、补偿金）继续作为担保

　　《民法典》第 433 条　因不可归责于质权人的事由可能使质押财产毁损或者价值明显减少，足以危害质权人权利的，质权人有权请求出质人提供相应的担保；出质人不提供的，质权人可以拍卖、变卖质押财产，并与出质人协议将拍卖、变卖所得的价款提前清偿债务或者提存。

（4）转质权。

《民法典》第 434 条　质权人在质权存续期间，未经出质人同意转质，造成质押财产毁损、灭失的，应当承担赔偿责任。

①承诺转质中，造成质押财产毁损、灭失的，转质权人承担赔偿责任。

②责任转质中，造成质押财产毁损、灭失的，质权人和转质权人承担不真正连带责任。

例如：甲的手表出质于乙，乙未经甲同意转质于丙，如手表在丙处毁损、灭失，甲可以选择乙或者丙承担赔偿责任，乙赔偿后可以向丙追偿——此时的乙承担无过错责任。

（5）变价优先受偿权。

三、质权人的义务

《民法典》第 432 条　质权人负有妥善保管质押财产的义务；因保管不善致使质押财产毁损、灭失的，应当承担赔偿责任。

质权人的行为可能使质押财产毁损、灭失的，出质人可以请求质权人将质押财产提存，或者请求提前清偿债务并返还质押财产。

四、流动质押

《民法典担保制度解释》第 55 条　债权人、出质人与监管人订立三方协议，出质人以通过一定数量、品种等概括描述能够确定范围的货物为债务的履行提供担保，当事人有证据证明监管人系受债权人的委托监管并实际控制该货物的，人民法院应当认定质权于监管人实际控制货物之日起设立。监管人违反约定向出质人或者其他人放货、因保管不善导致货物毁损灭失，债权人请求监管人承担违约责任的，人民法院依法予以支持。

在前款规定情形下，当事人有证据证明监管人系受出质人委托监管该货物，或者虽然受债权人委托但是未实际履行监管职责，导致货物仍由出质人实际控制的，人民法院应当认定质权未设立。债权人可以基于质押合同的约定请求出质人承担违约责任，但是不得超过质权有效设立时出质人应当承担的责任范围。监管人未履行监管职责，债权人请求监管人承担责任的，人民法院依法予以支持。

【解读】对于由债权人、出质人与监管人订立的三方监管协议中，需要区分监管人的委托方是哪一方：

1. 监管人系受债权人的委托监管并实际控制该货物的：质权于监管人实际控制货物之日起设立；（总结：货物听监管人的，监管人听债权人的）

2. 监管人系受出质人委托监管该货物，或者虽然受债权人委托但是未实际履行监管职责，导致货物仍由出质人实际控制的，应当认定质权未设立。

在监管人导致货物毁损灭失时，对于第一种情况，债权人只能去追究自己委托的监管人的违约责任；对于第二种情况，债权人有选择权，可以基于质押合同请求出质人承担违约责任，也可以基于委托合同请求监管人承担违约责任。

五、留置权的成立

1. 一般成立要件：动产（债务人财产或者第三人财产均可留置）+ 合法占有 + 债权

届清偿期＋同一法律关系＋不违背公序良俗。

例 下列哪些情形不得作为留置权的标的物？

A. 窃贼因对盗赃物支出了必要费用而行使留置权

B. 张三因李四拒绝支付悬赏报酬而留置了李四的钱包

C. 殡仪馆因死者亲属拒绝支付殡仪费而留置死者的骨灰

D. 承运人在运送途中以未付运费为由而留置货物

【答案】ABCD

《民法典担保制度解释》第62条第1款 债务人不履行到期债务，债权人因同一法律关系留置合法占有的第三人的动产，并主张就该留置财产优先受偿的，人民法院应予支持。第三人以该留置财产并非债务人的财产为由请求返还的，人民法院不予支持。

例 A企业是汽车运输公司，B是修理厂。A企业所有的1号车到B修理厂进行修理。该汽车是A企业所有的债务人财产，以1号车的维修合同留置1号车属于同一法律关系，可以留置1号车。

2. 商事留置的成立要件：**企业之间＋债务人财产＋持续经营的债权**。

《民法典担保制度解释》第62条第2款、第3款 企业之间留置的动产与债权并非同一法律关系，债务人以该债权不属于企业持续经营中发生的债权为由请求债权人返还留置财产的，人民法院应予支持。

企业之间留置的动产与债权并非同一法律关系，债权人留置第三人的财产，第三人请求债权人返还留置财产的，人民法院应予支持。

例1 A企业借路人甲的一辆车，到B企业进行修理，此时车辆属于第三人财产，尽管此时车辆是第三人财产，但是属于同一法律关系，因此可以留置，只要是车辆的维修费，都可以留置路人甲的车来担保维修费债权。

例2 A运输公司的1—20号车在B修理厂修理，签订了20个修理合同。汽车都是A公司所有，维修汽车是B修理厂的主营业务，是持续经营的。此时可以用3号车担保2号车的维修费用，留置3号车（债务人财产＋持续经营的债权）。但是如果用3号车担保A公司与B修理厂之间的借款合同（非持续经营的债权），或者3号车属于第三人的财产，就不能进行留置。

六、留置权人的权利

1. 留置权人的权利：（1）占有权；（2）孳息收取权；（3）变价优先受偿权。

2. 留置权行使中的宽限期。

（1）当事人在合同中约定宽限期的，宽限期过后，债权人可以直接行使留置权（不低于60日）。

（2）当事人未约定宽限期的，留置权人应当给债务人60日以上履行债务的期限，但是鲜活易腐等不易保管的动产除外。

（3）债务人请求债权人行使留置权的，不存在宽限期的问题。

第十七章　担保物权的冲突规范

本章导读

本章要求考生综合掌握抵押权与质权的竞合，抵押权与留置权的竞合，留置权与质权的竞合；理解担保物权竞合的概念和成立条件。本章考点都是综合考查。

知识点

一、动产质权与动产抵押权的冲突（先来后到）

根据民法典的规定，同一财产既设立抵押权又设立质权的，拍卖、变卖该财产所得的价款按照登记、交付的时间先后确定清偿顺序。分为以下三种情况：

（一）登记的动产抵押权与交付设立的质权的冲突

由于登记的动产抵押权与交付设立的质权都存在公示效力，因此在登记的动产抵押权与交付设立的质权存在冲突时，应按公示的先后判断优先。若抵押权登记先于质权设立，则抵押权优于质权；若质权设立先于抵押权登记，则质权优于抵押权。

（二）未登记的动产抵押权与交付设立的质权的冲突

由于未登记的动产抵押权没有公示效力，而交付设立的质权有公示效力，所以，交付设立的质权优于未登记的动产抵押权。

（三）未登记的动产抵押权与未交付的质权的冲突

如果质权的标的物没有交付，抵押权未办理抵押登记的，此时质权未有效设立，但抵押权已经有效设立，故抵押权优先受偿。

二、抵押权之间的冲突（先来后到）

根据民法典的规定，同一财产向两个以上债权人抵押的，拍卖、变卖抵押财产所得的价款依照下列规定清偿：
（1）抵押权已经登记的，按照登记的时间先后确定清偿顺序；
（2）抵押权已经登记的先于未登记的受偿；
（3）抵押权未登记的，按照债权比例清偿。

三、动产抵押权、动产质押权与留置权

动产抵押权与质权都因法律行为而产生，属于意（约）定优先权，而留置权则属于法定优先权。在法定优先权与意定优先权发生冲突时，遵循"法定 > 约定"一般原则，具体分为两种情况：

（一）动产抵押权与留置权

抵押权与留置权的冲突仅存在于动产之中，不存在于不动产之中，因为留置权的客体不包括不动产。在动产抵押权与留置权发生冲突时，无论抵押权是否登记，留置权优于抵押权，这也符合法定优先权优于约定优先权的一般原则。根据民法典的规定，同一动产上已设立抵押权，该动产又被留置的，留置权人优先受偿。

（二）动产质押权与留置权

1. 质物被留置。同一动产上已经设立质权，该动产又被留置的，留置权人优先受偿。

例如，债权人取得动产质权后，将质物交于第三人保管，由于作为寄存人的债权人没有按照保管合同的约定支付保管费及其他费用，保管人对该质物享有留置权，留置权优于质权。

2. 留置物被出质。由于动产质权的设定中，质物的交付可以采用指示交付的方式，因此出质人在其已经成为留置权标的物的动产上依然可以设定质权。此时，无论是适用法定优于约定的一般原则，还是按产生先后，留置权应优于质权。

例 1   甲的手表质押给乙，乙弄坏以后拿去找丙修理，修好后，乙拒付修理费，手表被丙留置（丙 > 乙）。

例 2   甲的手表请丙修好后，甲拒付修理费，手表被丙留置，然后甲又把手表质押给乙（丙 > 乙）。

> **应试点睛**
>
> 注意特例：留置物被留置权人无权处分进而被第三人善意取得的情况，如甲的手表拿去找丙修好后，甲拒付修理费，手表被丙留置，然后丙又把手表质押给乙（乙 > 丙），其背后的法理为善意取得也是法定取得而非合意取得。

【例题】（2011-3-7）同升公司以一套价值 100 万元的设备作为抵押，向甲借款 10 万元，未办理抵押登记手续。同升公司又向乙借款 80 万元，以该套设备作为抵押，并办理了抵押登记手续。同升公司欠丙货款 20 万元，将该套设备出质给丙。丙不小心损坏了该套设备送丁修理，因欠丁 5 万元修理费，该套设备被丁留置。关于甲、乙、丙、丁对该套设备享有的担保物权的清偿顺序，下列哪一排列是正确的？

A. 甲乙丙丁　　　　　　　　　　　B. 乙丙丁甲

C. 丙丁甲乙　　　　　　　　　　　D. 丁乙丙甲

【答案】D

四、价款债权优先权（超级抵押权）

（一）《民法典》第 416 条

《民法典》第 416 条规定了价款债权抵押权的超级优先效力。根据该条规定，动产抵押担保的主债权是抵押物的价款，标的物交付后 10 日内办理抵押登记的，该抵押权人优先于抵押物买受人的其他担保物权人受偿，但是留置权人除外。

例　3 月 1 日，甲将一块手表出售于乙并完成交付，乙尚未付款。乙拿到手表后于 3 月 2 日向丙借款并以该手表为借款设定抵押，然后又在 3 月 5 日和甲协商，因偿还不了手表的价款愿意以手表为甲的价款设定抵押权，两个抵押权依次均已完成登记。则，因为甲的抵押登记是在交付后 10 日内完成的，所以虽然甲的抵押登记晚于丙的抵押登记，但甲的抵押权依然优先于丙的抵押权受偿。

但是，如果该手表请丁维修后未付维修款被丁留置的，则甲的抵押权不得优先于丁的留置权。

（二）司法解释对第 416 条的扩张

《民法典担保制度解释》第 57 条　担保人（对应下图中的"B"下同）在设立动产浮动抵押并办理抵押登记后又购入或者以融资租赁方式承租新的动产，下列权利人（A1、A2、A3、A4）为担保价款债权或者租金的实现而订立担保合同，并在该动产交付后 10 日内办理登记，主张其权利优先于在先设立的浮动抵押权（D）的，人民法院应予支持：

（一）在该动产上设立抵押权（A1）或者保留所有权（A2）的出卖人；

（二）为价款支付提供融资而在该动产上设立抵押权的债权人（A3）；

（三）以融资租赁方式出租该动产的出租人（A4）。

【A1、A2、A3、A4 优先于 D】

买受人（B）取得动产但未付清价款或者承租人以融资租赁方式占有租赁物但是未付清全部租金，又以标的物为他人（C）设立担保物权，前款所列权利人（A1、A2、A3、A4）为担保价款债权或者租金的实现而订立担保合同，并在该动产交付后 10 日内办理登记，主张其权利优先于买受人（B）为他人（C）设立的担保物权的，人民法院应予支持。

【A1、A2、A3、A4 优先于 C】

同一动产上存在多个价款优先权的，人民法院应当按照登记的时间先后确定清偿顺序。

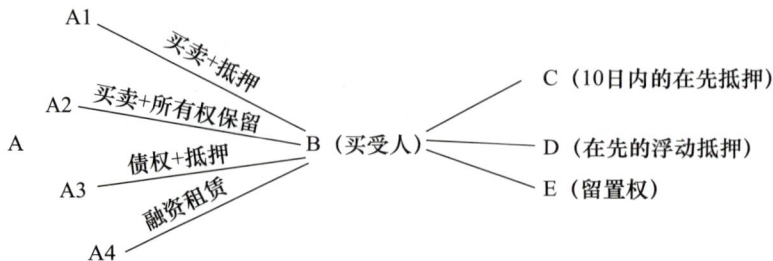

结论：A 优先于 C、D；A1、A2、A3、A4 之间的优先权按登记时间先后确定；E 最

优先。即 EADC。

1. 留置权优先于价款优先权（留置权排第一）。

2. 价款优先权优先于设立在先的其他抵押（包括浮动抵押）（价款优先权排第二）。

3. 不具有超级抵押效力的一般抵押权按照先来后到规则。

4. 未登记的抵押权排在倒数第一。

5. 多个价款优先权之间按照登记时间先后确定。

第五分编　占有

第十八章　占有

📖 本章导读

　　本章要求考生理解占有的概念和性质，占有的种类，占有的取得和消灭；熟练掌握占有的事实推定和权利推定的效力，占有人与返还请求权人的关系，占有人的自力救济权和占有保护请求的基本原则。

💡 知识点

一、概念

		构成占有	不构成占有
体素	空间支配	1. 房屋、土地因使用而占有 2. 放置在家中的衣物、家具等财产属于主人占有 3. 停放汽车于路边数日并不丧失占有	遗失钱包于车站后不久返回已经丧失占有
	时间持续	旅客住宿房间成立占有	1. 在饭店使用餐具、公园坐卧于长椅、图书馆取阅杂志不成立占有 2. 亲友被招待家中过夜不成立占有
心素	1. 不要求行为能力 2. 须特定占有意思	1. 将毛毛虫放入女同学的书包，如该女同学知情并欣然受领，则具有占有意思 2. 投入小区住户邮箱之信函，该住户即取得占有	1. 将毛毛虫放入女同学的书包，如该女同学不知情，则不具有占有意思 2. 逃犯被警察追捕，匆忙间将赃物投入甲的信箱，甲并不取得该赃物的占有——甲的占有意思在于取得属于自己的信件

二、占有的分类

是否以所有权人**心态**占有	自主占有（以所有权人心态占有）	他主占有（不以所有权人心态占有）
	1. 盗赃物都是自主占有	1. 基于合同占有标的物并且不打算据为己有的，都是他主占有，如租赁、承揽、保管、质押等
	2. 买下完成交付未登记的房屋	2. 试用买卖期间尚未决定购买的占有
	3. 拾得遗失物不打算归还	3. 拾得遗失物打算归还
	4. 继承人误把死者借用之物当作死者所有之物而继承	4. 继承人误把死者所有之物当作死者借用之物而准备归还
是否通过**占有媒介**关系占有	直接占有（无须通过占有媒介关系占有）	间接占有（通过占有媒介关系占有）
	甲（间接占有人）——乙（媒介占有人）——物 不构成间接占有的特例： 1. 雇员为占有辅助人，不是占有人，相当于雇主的占有 2. 公司的车，董事长乘坐，司机开——公司为占有人，司机为占有辅助人	
是否享有占有本权	有权占有（享有占有本权）（所有权、他物权、合同债权）	无权占有（不享有占有本权）
	1. 监护人、宣告失踪中的财产代管人、遗嘱执行人和破产管理人的权利也可以构成占有本权 2. 抵押权人是否可以主张有权占有——抵押权不能构成有效的占有本权 3. 承租人的占有——基于合同关系的相对性，其对于出租人为有权占有，对于其他人为无权占有	
无权占有中，是否知道自己无权占有	善意占有（不知道自己无权占有）	恶意占有（知道自己无权占有）
	1. 善意取得人不是善意占有人——因为善意取得人是有权占有人 2. 购买遗失物、盗赃物是否为善意占有人取决于购买者是否知情 3. 遗失物的拾得人不是善意占有人——因为拾得人知道自己无权占有 例：张三的羊交由李四保管，李四将其卖与不知情的王五。则此时，王五为自主占有、直接占有、有权占有。	

例1 判断下列情况下的占有类型：

（1）张三遗失的羊被李四捡到好生照顾，李四属于何种占有？——他主的、直接的、无权的恶意占有人。

（2）如果该羊被李四卖给了不知情的王五，王五属于何种占有？——自主的、直接的、无权的善意占有人。

（3）如果张三将羊交给李四保管，李四把羊卖给了不知情的王五，王五属于何种占有？——自主的、直接的、有权占有人。

例2 甲有某画，出借给乙，乙交由其受雇人丙保管；不久，乙死亡，由其在国外之子丁继承财产，丁不知借画之事。在此情形，乙为直接占有人；丙系乙的占有辅助人；甲为间接占有人；乙死后，丁因继承为该画直接占有人。

三、占有权利推定

受权利推定的占有人（包括直接占有人和间接占有人），免除举证责任，即在其有实体权利争议时，占有人可以直接援用该推定对抗相对人，无须证明自己是权利人。当然在相对人提出反证时，占有人为推翻该反证，仍须举证。

言外之意：举证不明时，**程序利益归于占有人**，如举证不明，将作出对非占有人不利的推定。

例　甲向法院起诉，主张乙所占有的自行车是甲的，并请求乙返还自行车。乙则主张自己是自行车的所有权人，并拒绝返还。在上述情况下，如果没有任何证据显示自行车是谁的，法院将推定乙为自行车的所有权人；如果甲能够证明自己曾经占有该自行车，而乙不能证明自己占有的合法来源，法院将推定甲为自行车的所有权人；如果甲能够证明自己曾经占有该自行车，而乙则能够证明自己从甲处购买自行车，法院将认定乙为自行车的所有权人。

四、占有保护请求权

《民法典》第 462 条　占有的不动产或者动产被侵占的，占有人有权请求返还原物……占有人返还原物的请求权，**自侵占发生之日起**1 年内未行使的，该请求权消灭。

（1）第 462 条的请求权主体为前占有人（即占有物被侵占前的占有人）。此条所保护的对象是占有的事实状态，所以，无论是合法占有人的占有，还是非法占有人如小偷对盗赃物的占有，都受到本条的保护。

如小偷偷来的东西，强盗也无权抢走（和平秩序，程序正义）。

（2）本条的法定事由为因侵占而产生的瑕疵占有，这里的瑕疵指的是其占有来自对他人的侵占。动产主要体现为盗、抢和错拿三种情况，不动产则主要体现为非法进入。

特别注意，以下三种情形不能适用《民法典》第 462 条。

①如果取得占有是基于占有人的意思，如甲自愿出借手表于乙，乙随后拒绝归还时，对占有的和平秩序没有伤害，不属于侵占占有，甲可以主张《民法典》第 235 条的物权返还请求权，也可以基于借用合同主张返还。

②通过欺诈、胁迫取得占有不属于侵占占有，救济途径可以为撤销合同，依据《民法典》第 508 条请求对方返还。

③如果甲丢失的东西被乙捡到，同样不构成侵占，甲可以依据《民法典》第 312 条请求乙返还。

（3）第 462 条受 1 年除斥期间限制，注意是从侵占之日起算。

例 1　张三在商场偷了一部手机后被李四偷走，此时张三可以依据第 462 条向李四主张占有返还请求权。

例 2　张三在商场偷了一部手机后丢失，被李四捡到，此时张三不可以依据第 462 条向李四主张占有返还请求权。

例 3　张三租给李四的房屋到期，李四拒绝归还，张三可以请求李四返还原物，也可以请求李四承担租赁合同中的返还义务，却不可以依据第 462 条主张占有返还请求权。

五、无权占有人与返还请求权人的关系

	善意占有	恶意占有
返还责任	返还原物与孳息，有必要费用请求权	返还原物与孳息，无必要费用请求权（拾得遗失物且不据为己有的除外，其虽为恶意占有人，但是可以主张必要费用请求权）
损害赔偿（占有人本人将标的物毁损、灭失）	①**自主占有人**不承担赔偿责任 例：成年精神病人（无行为能力）甲将其自行车出卖于不知情的乙且完成交付——买卖合同无效，此时乙不知道自己没有所有权，乙为善意的自主占有人，乙没有过错，若乙将标的物毁损、灭失，无须承担赔偿责任。 ②**他主占有人**承担赔偿责任 例：成年精神病人（无行为能力）甲将其自行车出租于不知情的乙且完成交付——租赁合同无效，此时乙不知道自己没有租赁权，但知道自己没有所有权，乙为他主的善意占有人，若乙将标的物毁损、灭失，应当承担赔偿责任。	无论是自主占有人还是他主占有人一律承担赔偿责任 例1：成年精神病人（无行为能力）甲将其自行车出卖于知情的乙且完成交付——买卖合同无效，此时乙知道自己没有所有权，乙为无权的恶意占有人，若乙将标的物毁损、灭失，应当承担赔偿责任。 例2：成年精神病人（无行为能力）甲将其自行车出租于知情的乙且完成交付——租赁合同无效，此时乙知道自己没有租赁权，乙为他主的恶意占有人，若乙将标的物毁损、灭失，应当承担赔偿责任
风险负担（不可归责于占有人的原因导致标的物毁损、灭失）	返还"三金"（侵权人支付赔偿金、保险公司支付保险金、因其他原因获得补偿金），占有人拿到多少还多少	返还"三金"，"三金"不够的，恶意占有人补足剩余价值

例1 高某向周某借用一头耕牛，在借用期间高某意外死亡，其子小高不知耕牛非属高某所有而继承。不久，耕牛产下一头小牛。期满后周某请求小高归还耕牛及小牛，但此时小牛已因小高管理不善而死亡。则：

（1）周某是否有权请求小高归还耕牛及小牛？

答：周某有权请求小高返还耕牛，但是无权请求小高返还小牛。

（2）周某是否应向小高支付必要费用？

答：因为小高为自主的、善意的占有人，故周某应该支付小高必要费用。

（3）周某可否请求小高赔偿小牛死亡的损失？

答：因为小高为自主的、善意的占有人，故周某不可以请求小高赔偿小牛死亡的损失。

例2 甲是一个牧民，乙的2只羊混入了甲的羊群，甲不知这2只羊不是自己的而予以饲养。其中羊1被小偷丙偷走；羊2生下一只小羊。下列说法不正确的有：

A. 甲对这2只羊的占有是有权占有

B. 乙有权请求丙返还羊1，甲无权请求丙返还羊1

C. 乙只能请求甲返还羊2，但不能请求返还小羊，因为甲是善意占有

D. 如果甲将羊2宰杀吃肉，则甲需要承担赔偿责任

【答案】ABCD

解析：A 项：甲没有占有这 2 只羊的本权，属于无权占有，A 项表述错误。

B 项：甲作为占有人，对侵夺其占有的丙，有占有返还请求权，B 项表述错误。

C 项：无权占有人应返还原物与孳息，不论善意恶意。C 项表述错误。

D 项：善意占有人不承担赔偿责任，D 项表述错误。

综上，本题答案为 ABCD。

第三编　合同

第一分编　通则

第一章　债的概述

📖 本章导读

本章要求考生理解债的概念、要素和发生原因以及债的分类。本章考点在法考中无论是客观卷的选择题还是主观卷的案例分析题都会对考生进行考查。

💡 知识点

第一节　债的概念和要素

一、债的概念

通说认为，债是特定当事人之间请求为一定给付的民事法律关系。在债的关系中，一方享有请求对方为一定给付的权利，即债权，该方当事人称为债权人；另一方负有向对方为一定给付的义务，即债务，该方当事人称为债务人。

二、债的要素

债的要素，即债的构成所必须具备的要件，包括债的主体、债的内容和债的客体。

（一）债的主体

债的主体也称债的当事人，是指参与债的关系的双方当事人，即债权人和债务人。其中，享有权利的一方当事人称为债权人，负有义务的一方当事人称为债务人。

（二）债的内容

债的内容，是指债的主体所享有的权利和负担的义务，即债权和债务。

1.债权。债权是债权人享有的请求债务人为特定行为（给付）的权利。债权的特征包括债权为请求权、相对权和债权具有相容性。下文重点介绍债的相对性。

2.债务。债务是指债务人依当事人约定或法律规定应为特定行为的义务。债务的内容可表现为实施特定的行为（作为义务），也可以表现为不实施特定的行为（不作为义务）。给付的对象，即债的标的，包括物、智力成果、劳务等。其中，当债的标的为"物"时，被称为"标的物"。

债务包括给付义务和附随义务。给付义务包括主给付义务和从给付义务。

三、债的相对性

（一）相对性的一般原理

《民法典》第522条第1款　当事人约定由债务人向第三人履行债务，债务人未向第三人履行债务或者履行债务不符合约定的，应当向债权人承担违约责任。

《民法典》第523条　当事人约定由第三人向债权人履行债务，第三人不履行债务或者履行债务不符合约定的，债务人应当向债权人承担违约责任。

合同的相对性，指合同项下的权利、义务仅在合同当事人之间发生拘束力。合同相对性包括主体的相对性、内容的相对性与责任的相对性，其中责任的相对性是合同相对性的核心和本质。下面我们通过几道例题来理解。

（1）**主体**的相对性：合同仅仅约束相对人，不约束第三人。

例　张三于情人节向甲鲜花店订购鲜花，要求送给女朋友李四，甲鲜花店因当天订购量巨大向张三提出由其子公司乙鲜花店送货，张三同意。问李四能否直接要求乙鲜花店履行合同？

答：不可以。本例中合同当事人是张三和甲鲜花店，但提供履行的是第三人乙鲜花店，接受履行的是第三人李四，这就属于涉他合同。该合同仍然只约束张三和甲鲜花店，合同的权利义务仍然仅仅归属于张三和甲鲜花店，此即合同的相对性。

（2）**责任**的相对性：向第三人履行或者第三人代为履行不影响合同当事人的违约责任。

例　张三于情人节向甲鲜花店订购鲜花，要求送给女朋友李四，甲鲜花店因当天订购量巨大向张三提出由其子公司乙鲜花店送货，张三同意。问如果鲜花有瑕疵，李四能否提出赔偿请求？能否要求乙鲜花店赔偿？

答：不可以。本例中虽然约定债务人（甲鲜花店）须向第三人李四完成给付义务，但基于债的相对性，李四并不受到合同关系的约束，只有合同当事人张三有权请求甲鲜花店承担违约责任，而第三人李四无权请求鲜花店承担违约责任。同理，合同当事人为张三和甲鲜花店，不论第三人乙鲜花店是否履行，合同责任只能由合同当事人（甲鲜花店）承担，而不能由第三人乙鲜花店承担。此即责任的相对性。

（3）**第三人过错**不影响违约责任的承担。

例　张三向甲鲜花店预订99朵玫瑰，要求其在情人节当天将玫瑰送往李四住所，后在甲鲜花店欲送花时，隔壁乙花店嫉妒其生意兴隆，将玫瑰花根部破坏，以致李四收到了毁坏的玫瑰花，问甲店能否以乙店过错为由免予承担违约责任？

答：不可以。违约责任是一种无过错责任，不论当事人是否有过错，只要有违约行为，就需要承担违约责任（《民法典》第577条）。基于债的相对性，合同关系仅仅约束合同当事人，合同责任仅仅由当事人来承担，第三人过错不是当事人在合同上的免责事由。因此，甲店应该首先承担违约责任，然后可以向乙店进行追偿。总之，合同债务人因第三人原因违约的，仍应对合同债权人承担违约责任，债务人与第三人的关系另行解决。

【例题】（2014-3-11）方某为送汤某生日礼物，特向余某定作一件玉器。订货单上，方某指示余某将玉器交给汤某，并将订货情况告知汤某。玉器制好后，余某委托朱某将玉器交给汤某，朱某不慎将玉器碰坏。下列哪一表述是正确的？

A.汤某有权要求余某承担违约责任　　　B.汤某有权要求朱某承担侵权责任

C.方某有权要求朱某承担侵权责任　　　D.方某有权要求余某承担违约责任

【答案】D

分析：方某（定作人）——汤某（第三人）——余某（承揽人）——朱某（第三人）。

● 合同责任：《民法典》第593条。

● 侵权责任：承揽合同所有权移转规则：原材料主义为原则，交付主义为例外。

（二）真正利益第三人合同

《民法典》第522条第2款　法律规定或者当事人约定第三人可以直接请求债务人向其履行债务，第三人未在合理期限内明确拒绝，债务人未向第三人履行债务或者履行债务不符合约定的，第三人可以请求债务人承担违约责任；债务人对债权人的抗辩，可以向第三人主张。

（1）适用前提："法律规定或者当事人约定"，如第三者责任保险中受害者对保险人的请求权。

（2）就权利取得方式而言，只要第三人未在合理期限内明确拒绝，即可取得合同为他设定的权利；第三人也可以在合理期限内明确拒绝他人对自己无故加利，一旦第三人明确拒绝，则关于第三人利益的条款不生效力。

（3）法律效果上，若债务人未向第三人履行债务或者履行债务不符合约定的，第三人可以请求债务人承担违约责任。换言之，第三人的权利效果表现为请求债务人给付的请求权，继续履行和赔偿损失是债务人向第三人承担责任的主要形式，第三人并不享有合同当事人才享有的变更、撤销、解除的权利。《民法典》第522条第2款规定的第三人请求债务人向自己履行债务的，人民法院应予支持；请求行使撤销权、解除权等民事权利的，人民法院不予支持，但是法律另有规定的除外。合同依法被撤销或者被解除，债务人请求债权人返还财产的，人民法院应予支持。

（4）在抗辩关系上，债务人对债权人的抗辩，可以向第三人主张。原因在于，第三人的权利从属于债权人和债务人之间的基础关系，第三人的权利不能且不应强于基础关系中的债权人。

（5）债务人按照约定向第三人履行债务，第三人拒绝受领，债权人请求债务人向自已履行债务的，人民法院应予支持，但是债务人已经采取提存等方式消灭债务的除外。第三人拒绝受领或者受领迟延，债务人请求债权人赔偿因此造成的损失的，人民法院依法予以支持。

第二节　债的发生

债作为一种法律关系，其之产生，依赖于民事法律事实。在民法上，引起债的产生的民事法律事实包括：合同、单方允诺、不当得利、无因管理与侵权行为。相应地，由这些法律事实所引起的债，就是合同之债、单方允诺之债、不当得利之债、无因管理之债、侵权之债。

第三节　债的分类

一、意定之债与法定之债

按照债的设定及其内容是否允许当事人以**自由意思决定**，债可以分为意定之债与法定之债。意定之债，是指债的发生及其内容由当事人依其自由意思决定的债。合同之债和单方允诺之债均为意定之债。法定之债，是指债的发生及其内容均由法律予以规定的债。侵权行为之债、无因管理之债和不当得利之债均属法定之债。

区分意定之债与法定之债的意义在于，前者贯彻意思自治原则，在债的客体、内容及债务不履行的责任等方面均可由当事人约定；而在后者，债的发生及效力均由法律规定。

二、财物之债与劳务之债

根据债务人所负**给付义务**的不同内容，债可分为财物之债和劳务之债。凡债的标的为给付财物的，为财物之债，如买卖合同之债；债的标的为提供劳务的，为劳务之债，如委托合同之债。二者的主要区别在于，当债务人不履行债务时，财物债务可强制履行，而劳务债务则不得强制履行。

三、特定之债与种类之债

根据债的标的物的不同属性，债可划分为**特定之债和种类之债**。以特定物为标的的债称为特定之债，以种类物为标的的债称为种类之债。在前者，债发生时，其标的物即已特定化；在后者，债成立时其标的物尚未特定化，甚至尚不存在，当事人仅就其种类、数量、质量、规格或型号等达成协议。

区分特定之债与种类之债的意义在于：其一，在特定之债，除非债务履行前标的物已灭失，债务人不得以其他标的物代为履行，而种类之债则无此问题；其二，二者在风险转移方面规则也有不同，下文买卖合同部分详解。

四、单一之债与多数人之债

根据债的主体双方是<u>单一的还是多数的</u>，债可分为单一之债和多数人之债。单一之债，是指债的主体双方即债权人和债务人均为一人的债；多数人之债，是指债权人和债务人至少有一方为二人或二人以上的债。

区分单一之债和多数人之债，有助于准确地确定债的当事人之间的权利义务关系。在单一之债中，当事人之间的权利义务关系较为简单明了。多数人之债则既涉及债权人与债务人之间的权利义务关系，又涉及多数债权人之间或多数债务人之间的权利义务关系，其法律关系较为复杂。

五、简单之债与选择之债

1. 定义。

根据债的标的<u>有无选择性</u>，债可分为简单之债和选择之债。简单之债，是指债的履行标的只有一项，债务人只能按照该项标的履行、债权人也只能请求债务人按该项标的履行的债。选择之债，是指债的履行标的有数项，债务人可从中选择其一履行或债权人可选择其一请求债务人履行的债。二者的主要区别在于，简单之债的标的无可选择，而选择之债则可在数项标的中选择履行。

▲口诀：简单之债与单一之债的区别：单一之债看主体，简单之债看行为。

记住特例：麦当劳的餐券、通行路线之选择、买大米或者白面五斤。

▲注意：不同标的的选择为选择之债，同一标的的不同的"数量级"的选择为简单之债。

2. 选择权。

债务标的有多项而债务人只需履行其中一项的，债务人<u>享有选择权</u>；但是，法律另有规定、当事人另有约定或者另有交易习惯的除外。

享有选择权的当事人在约定期限内或者履行期限届满未作选择，经催告后在合理期限内仍未选择的，选择权转移至对方。

当事人行使选择权应当及时通知对方，通知到达对方时，标的确定。标的确定后不得变更，但是经对方同意的除外。

可选择的标的发生不能履行情形的，享有选择权的当事人不得选择不能履行的标的，但是该不能履行的情形是由对方造成的除外。

【例题】（2009-3-9）甲对乙说：如果你在三年内考上公务员，我愿将自己的一套住房或者一辆宝马轿车相赠。乙同意。两年后，乙考取某国家机关职位。关于甲与乙的约定，下列哪一说法是正确的？

A. 属于种类之债 　　　　　　B. 属于选择之债

C. 属于连带之债 　　　　　　D. 属于劳务之债

【答案】B

六、按份之债与连带之债

1. 定义。

对于多数人之债，根据多数一方当事人之间权利义务关系的不同状态，可分为按份之债和连带之债。

按份之债，是指债的多数人一方当事人各自**按照确定的份额**享有权利或者承担义务的债。其中，债权人为两人以上，各自按照确定的份额分享权利的，称为按份债权；债务人为两人以上，各自按照确定的份额分担义务的，称为按份债务。在按份债权中，各个债权人只能就自己享有的债权份额请求债务人给付和接受给付，无权请求和接受债务人的全部给付；在按份债务中，各债务人只对自己分担的债务份额负责清偿，无须向债权人清偿全部债务。按份债权人或者按份债务人的份额难以确定的，视为份额相同。

连带之债，是指债的多数人一方当事人之间**有连带关系**的债。所谓连带关系，是指对于当事人中一人发生效力的事项对于其他当事人同样发生效力。连带之债有连带债权和连带债务之分。在连带之债中，享有连带权利的每个债权人都有权请求债务人履行义务，负有连带义务的每个债务人都负有清偿全部债务的义务。实际承担债务超过自己份额的连带债务人，有权就超出部分在其他连带债务人未履行的份额范围内向其追偿，并相应地享有债权人的权利，但是不得损害债权人的利益。其他连带债务人对债权人的抗辩，可以向该债务人主张。被追偿的连带债务人不能履行其应分担份额的，其他连带债务人应当在相应范围内按比例分担。连带债权或者连带债务，由法律规定或者当事人约定。连带债务人之间的份额难以确定的，视为份额相同。

2. 区分按份之债和连带之债的主要意义在于二者的效力不同。在按份之债中，任一债权人接受了其应受份额义务的履行或任一债务人履行了其应负担份额的义务后，与其他债权人或债务人均不再发生任何权利义务关系。在连带之债中，连带债权人的任何一人接受了全部债务的履行，或者连带债务人的任何一人清偿了全部债务时，虽然原债归于消灭，但在连带债权人或连带债务人内部则会产生新的按份之债。

3. 连带之债的涉他效力。

部分连带债务人履行、抵销债务或者提存标的物的，其他债务人对债权人的债务在相应范围内消灭；该债务人可以依据相关规定向其他债务人追偿。

部分连带债务人的债务被债权人免除的，在该连带债务人应当承担的份额范围内，其他债务人对债权人的债务消灭。

部分连带债务人的债务与债权人的债权同归于一人的，在扣除该债务人应当承担的份额后，债权人对其他债务人的债权继续存在。

债权人对部分连带债务人的给付受领迟延的，对其他连带债务人发生效力。

【例题】（2011-3-10）甲公司向银行贷款1 000万元，乙公司和丙公司向银行分别出具担保函："在甲公司不按时偿还1 000万元本息时，本公司承担保证责任。"关于乙公司和丙公司对银行的保证债务，下列哪一表述是正确的？

A. 属于选择之债　　　　　　　　B. 属于连带之债

C. 属于按份之债　　　　　　　　D. 属于多数人之债

【答案】B

七、主债与从债

在存在从属关系的两个债中，根据其不同地位，可分为主债和从债。主债是指能够独立存在，不以其他债的存在为前提的债。从债是指不能独立存在，必须以主债的存在为存在前提的债。主债和从债是相互对应的，没有主债不发生从债，没有从债也无所谓主债。主债与从债之分常见于设有担保的债中，被担保的债（如买卖合同、借贷合同之债）为主债，为担保该债而设之债（如保证合同、抵押合同之债）为从债。

第二章　合同的订立

本章导读

　　本章要求考生熟练掌握合同订立的基本规则及合同成立的标准，格式条款的订立、效力规则和解释规则；理解合同的形式和内容，合同订立、成立、生效、格式条款、缔约过失责任的概念。

知识点

第一节　合同的订立

一、合同订立的一般程序

（略）

二、合同的成立

（一）合同成立的含义及认定

　　合同的成立，是指当事人之间形成合意，产生了合同关系。一般认为，双方没有另外约定的情况下，就合同主体、标的及其数量达成合意的，人民法院应当认定合同成立。当事人对合同是否成立存在争议，人民法院能够确定当事人姓名或者名称、标的和数量的，一般应当认定合同成立。但是，法律另有规定或者当事人另有约定的除外。根据前述规定能够认定合同已经成立的，对合同欠缺的内容，人民法院应当依据《民法典》第510条、第511条等规定予以确定。当事人主张合同无效或者请求撤销、解除合同等，人民法院认为合同不成立的，应当依据《最高人民法院关于民事诉讼证据的若干规定》第53条的规定将合同是否成立作为焦点问题进行审理，并可以根据案件的具体情况重新指定举证期限。

（二）合同成立的时间

　　1. 对于诺成、不要式合同而言，承诺生效（合意达成）的时间，为合同成立的时间。

2. 对于实践合同而言，须交付标的物合同方可成立。（定金合同、保管合同、自然人借贷合同）

3. 对于要式合同而言，在承诺生效（合意达成）之后，法定或约定的形式要件具备的时间，为合同成立的时间。应当注意：

①当事人采用合同书形式订立合同的，自当事人均签名、盖章或者按指印时合同成立。在签名、盖章或者按指印之前，当事人一方已经履行主要义务，对方接受时，该合同成立。法律、行政法规规定或者当事人约定合同应当采用书面形式订立，当事人未采用书面形式但是一方已经履行主要义务，对方接受时，该合同成立。

②当事人采用信件、数据电文等形式订立合同要求签订确认书的，签订确认书时合同成立。当事人一方通过互联网等信息网络发布的商品或者服务信息符合要约条件的，对方选择该商品或者服务并提交订单成功时合同成立，但是当事人另有约定的除外。

（三）合同成立的地点

承诺生效的地点为合同成立的地点。

采用数据电文形式订立合同的，收件人的主营业地为合同成立的地点；没有主营业地的，其住所地为合同成立的地点。当事人另有约定的，按照其约定。

当事人采用合同书形式订立合同的，最后签名、盖章或者按指印的地点为合同成立的地点，但是当事人另有约定的除外。

三、三个特殊的合同

（一）预约合同

1. 预约合同与本约合同的成立。

预约合同，是指要约人与受要约人约定将来订立一定合同的合同。当事人约定在将来一定期限内订立合同的认购书、订购书、预订书等，构成预约合同。预约合同与本约合同相对，本约合同就是为了履行预约合同而订立的合同。在订立预约合同后，订立本约合同是当事人应当履行的义务，只要本约合同未订立，则预约合同就没有履行。当事人一方不履行预约合同约定的订立合同义务的，对方可以请求其承担预约合同的违约责任。

当事人以认购书、订购书、预订书等形式约定在将来一定期限内订立合同，或者为担保在将来一定期限内订立合同交付了定金，能够确定将来所要订立合同的主体、标的等内容的，人民法院应当认定预约合同成立。

当事人通过签订意向书或者备忘录等方式，仅表达交易的意向，未约定在将来一定期限内订立合同，或者虽然有约定但是难以确定将来所要订立合同的主体、标的等内容，一方主张预约合同成立的，人民法院不予支持。

当事人订立的认购书、订购书、预订书等已就合同标的、数量、价款或者报酬等主要内容达成合意，符合相关司法解释规定的合同成立条件，未明确约定在将来一定期限内另行订立合同，或者虽然有约定但是当事人一方已实施履行行为且对方接受的，人民法院应当认定本约合同成立。

2. 违反预约合同的违约责任。

预约合同生效后，当事人一方拒绝订立本约合同或者在磋商订立本约合同时违背诚信原则导致未能订立本约合同的，人民法院应当认定该当事人不履行预约合同约定的义务。人民法院认定当事人一方在磋商订立本约合同时是否违背诚信原则，应当综合考虑该当事人在磋商时提出的条件是否明显背离预约合同约定的内容以及是否已尽合理努力进行协商等因素。

预约合同生效后，当事人一方不履行订立本约合同的义务，对方请求其赔偿因此造成的损失的，人民法院依法予以支持。前述规定的损失赔偿，当事人有约定的，按照约定；没有约定的，人民法院应当综合考虑预约合同在内容上的完备程度以及订立本约合同的条件的成就程度等因素酌定。

（二）须审批的合同

依法成立的合同，自成立时生效，但是法律另有规定或者当事人另有约定的除外。依照法律、行政法规的规定，合同应当办理批准等手续的，依照其规定。未办理批准等手续影响合同生效的，不影响合同中履行报批等义务条款以及相关条款的效力。应当办理申请批准等手续的当事人未履行义务的，对方可以请求其承担违反该义务的责任。例如，A 公司是一家矿业公司。某日，A 公司与 B 公司订立《合作协议》，约定 A 公司以某铜矿的采矿权作为出资，B 公司现金出资 1 亿元，共同设立 C 公司，从事铜矿开采。该《合作协议》尚未获得矿产资源主管机关批准，在得到主管机关批准之前，合同并非无效，而是成立未生效。

合同依法成立后，负有报批义务的当事人不履行报批义务或者履行报批义务不符合合同的约定或者法律、行政法规的规定，对方请求其继续履行报批义务的，人民法院应予支持；对方主张解除合同并请求其承担违反报批义务的赔偿责任的，人民法院应予支持。

人民法院判决当事人一方履行报批义务后，其仍不履行，对方主张解除合同并参照违反合同的违约责任请求其承担赔偿责任的，人民法院应予支持。

合同获得批准前，当事人一方起诉请求对方履行合同约定的主要义务，经释明后拒绝变更诉讼请求的，人民法院应当判决驳回其诉讼请求，但是不影响其另行提起诉讼。

负有报批义务的当事人已经办理申请批准等手续或者已经履行生效判决确定的报批义务，批准机关决定不予批准，对方请求其承担赔偿责任的，人民法院不予支持。但是，因迟延履行报批义务等可归责于当事人的原因导致合同未获批准，对方请求赔偿因此受到的损失的，人民法院应当依据《民法典》第 157 条的规定处理。

（三）电子合同

当事人一方通过互联网等信息网络发布的商品或者服务信息符合要约条件的，对方选择该商品或者服务并**提交订单成功时合同成立**，但是当事人另有约定的除外。

通过互联网等信息网络订立的电子合同的标的为交付商品并采用快递物流方式交付的，收货人的签收时间为交付时间。电子合同的标的为提供服务的，生成的电子凭证或者实物凭证中载明的时间为提供服务时间；前述凭证没有载明时间或者载明时间与实际提供服务时间不一致的，以实际提供服务的时间为准。

电子合同的标的物为采用在线传输方式交付的，合同标的物进入对方当事人指定的特定系统且能够检索识别的时间为交付时间。

电子合同当事人对交付商品或者提供服务的方式、时间另有约定的，按照其约定。

四、格式条款合同的订立规则

（一）格式条款的概念

格式条款是当事人为了重复使用而预先拟定，并在订立合同时未与对方协商的条款。

合同条款符合《民法典》第496条第1款规定的情形，当事人仅以合同系依据合同示范文本制作或者双方已经明确约定合同条款不属于格式条款为由主张该条款不是格式条款的，人民法院不予支持。

从事经营活动的当事人一方仅以未实际重复使用为由主张其预先拟定且未与对方协商的合同条款不是格式条款的，人民法院不予支持。但是，有证据证明该条款不是为了重复使用而预先拟定的除外。

1. 特点：单方制定、不可协商；定型化；重复适用。
2. 优点：提高交易效率，降低交易成本。
3. 缺点：伤害契约自由与契约正义——因而需要规制以对冲这些缺点。

（二）格式条款的订立规则

1. **订立阶段**：提示和说明义务（后果：不进入合同）。

采用格式条款订立合同的，提供格式条款的一方应当遵循公平原则确定当事人之间的权利和义务，并采取合理的方式提示对方注意免除或者减轻其责任等与对方有重大利害关系的条款，按照对方的要求，对该条款予以说明。提供格式条款的一方未履行提示或者说明义务，致使对方没有注意或者理解与其有重大利害关系的条款的，对方可以主张该条款不成为合同的内容。

提供格式条款的一方在合同订立时采用通常足以引起对方注意的文字、符号、字体等明显标识，提示对方注意免除或者减轻其责任、排除或者限制对方权利等与对方有重大利害关系的异常条款的，人民法院可以认定其已经履行《民法典》第496条第2款规定的提示义务。

提供格式条款的一方按照对方的要求，就与对方有重大利害关系的异常条款的概念、内容及其法律后果以书面或者口头形式向对方作出通常能够理解的解释说明的，人民法院可以认定其已经履行《民法典》第496条第2款规定的说明义务。

提供格式条款的一方对其已经尽到提示义务或者说明义务承担举证责任。对于通过互联网等信息网络订立的电子合同，提供格式条款的一方仅以采取了设置勾选、弹窗等方式为由主张其已经履行提示义务或者说明义务的，人民法院不予支持，但是其举证符合上述两段的规定的除外。

2. **订入之后**：效力评价（后果：无效）。

有下列情形之一的，该格式条款无效：

（1）具有民法典总则编第六章第三节和《民法典》第506条规定的无效情形；

（2）提供格式条款一方不合理地免除或者减轻其责任、加重对方责任、限制对方主要权利；

（3）提供格式条款一方排除对方主要权利。

3. **生效之后**：格式合同的解释（后果：不利于提供方）。

对格式条款的理解发生争议的，应当按照通常理解予以解释。对格式条款有两种以上解释的，应当作出不利于提供格式条款一方的解释。格式条款和非格式条款不一致的，应当采用非格式条款。

【例题】（2017–3–11）甲与乙公司订立美容服务协议，约定服务期为半年，服务费预收后逐次计扣，乙公司提供的协议格式条款中载明"如甲单方放弃服务，余款不退"（并注明该条款不得更改）。协议订立后，甲依约支付5万元服务费。在接受服务1个月并发生费用8 000元后，甲感觉美容效果不明显，单方放弃服务并要求退款，乙公司不同意。甲起诉乙公司要求返还余款。下列哪一选项是正确的？

A. 美容服务协议无效

B. "如甲单方放弃服务，余款不退"的条款无效

C. 甲单方放弃服务无须承担违约责任

D. 甲单方放弃服务应承担继续履行的违约责任

【答案】B

第二节 合同的内容和解释

一、合同的内容

合同的内容，在实质意义上是指合同当事人的权利义务，在形式意义上即为合同的条款。《民法典》第470条第1款规定：合同的内容由当事人约定，一般包括下列条款：（1）当事人的姓名或者名称和住所；（2）标的；（3）数量；（4）质量；（5）价款或者报酬；（6）履行期限、地点和方式；（7）违约责任；（8）解决争议的方法。这是《民法典》对合同条款的倡导性规定。

应当注意：合同条款可分为必要条款和一般条款。

必要条款，是指合同必须具备的条款。若欠缺必要条款，合同便不能成立。一般认为，合同的必要条款有三：当事人的姓名或者名称；标的；数量。一般条款，是指必要条款以外的合同条款。若欠缺一般条款，并不能影响合同的成立。

二、合同的解释

（略）

第三章　合同的效力

（略）

第四章　合同的履行

📚 本章导读

本章要求考生熟练掌握缔约过失责任的构成要件和赔偿范围，合同效力的一般和特殊的规则，合同履行的主要内容及其确定规则，合同履行的特殊规则，同时履行抗辩权、不安抗辩权、顺序履行抗辩权的成立条件和行使规则，情势变更的构成要件和法律后果。

💡 知识点

第一节　债的履行规则

一、履行主体

（一）债务人履行

债的履行主体，首先为债务人，除法律规定、当事人约定或性质上必须由债务人本人履行的债务以外，履行可由债务人的代理人进行。但代理只有在履行行为为法律行为时方可适用。

（二）第三人代为履行

债务人不履行债务，第三人对履行该债务具有合法利益的，第三人有权向债权人代为履行；但是，根据债务性质、按照当事人约定或者依照法律规定只能由债务人履行的除外。

债权人接受第三人履行后，其对债务人的债权转让给第三人，但是债务人和第三人另有约定的除外。

下列民事主体，人民法院可以认定为《民法典》第 524 条第 1 款规定的对履行债务具有合法利益的第三人：

（一）保证人或者提供物的担保的第三人；

（二）担保财产的受让人、用益物权人、合法占有人；

（三）担保财产上的后顺位担保权人；

（四）对债务人的财产享有合法权益且该权益将因财产被强制执行而丧失的第三人；

（五）债务人为法人或者非法人组织的，其出资人或者设立人；

（六）债务人为自然人的，其近亲属；

（七）其他对履行债务具有合法利益的第三人。

第三人在其已经代为履行的范围内取得对债务人的债权，但是不得损害债权人的利益。

担保人代为履行债务取得债权后，向其他担保人主张担保权利的，依据《最高人民法院关于适用〈中华人民共和国民法典〉有关担保制度的解释》第 13 条、第 14 条、第 18 条第 2 款等规定处理。

例 1 甲以其机动车为甲、乙的借款之债提供抵押担保，双方签订抵押合同并办理了抵押登记以及禁止抵押物转让的登记，甲随后将机动车转让给丙，则虽然甲、丙的买卖合同有效，但丙不能取得所有权，除非丙对乙代为清偿甲、乙的债务。

例 2 因承租人拖欠租金，出租人请求解除合同时，次承租人可以请求代承租人支付欠付的租金和违约金以抗辩出租人的合同解除权。

例 3 债权人 A，债务人 B，债务金额 100 万元，保证人 C 承担保证责任，债务人提供了一个价值 100 万元的房屋抵押。如果 C 主动承担了保证责任，那么可以取得 A 对 B 的债权，将同时取得 A 对 B 的抵押权。

例 4 甲将车借给乙，乙将车交丙维修，乙不付维修费，丙留置该车。甲可以代乙向丙支付维修费。

【例题】（2017-3-9）甲经乙公司股东丙介绍购买乙公司矿粉，甲依约预付了 100 万元货款，乙公司仅交付部分矿粉，经结算欠甲 50 万元货款。乙公司与丙商议，由乙公司和丙以欠款人的身份向甲出具欠条。其后，乙公司未按期支付。关于丙在欠条上签名的行为，下列哪一选项是正确的？

A. 构成第三人代为清偿

B. 构成免责的债务承担

C. 构成并存的债务承担

D. 构成无因管理

【答案】 C

二、履行标的

（略）

三、履行期限

当事人就有关合同内容约定不明确，依据《民法典》第 510 条的规定仍不能确定的，适用下列规定：履行期限不明确的，债务人可以随时履行，债权人也可以随时请求履行，但是应当给对方必要的准备时间。

四、履行地点

《民法典》第 511 条第 3 项 当事人就有关合同内容约定不明确，依据前条规定仍不能确定的，适用下列规定：履行地点不明确，给付货币的，在接受货币一方所在地履行；

交付不动产的，在不动产所在地履行；其他标的，在履行义务一方所在地履行。

《最高人民法院关于审理民间借贷案件适用法律若干问题的规定》（简称《民间借贷规定》）第3条 借贷双方就合同履行地未约定或者约定不明确，事后未达成补充协议，按照合同有关条款或者交易习惯仍不能确定的，以接受货币一方所在地为合同履行地。

《民法典》第603条 出卖人应当按照约定的地点交付标的物。

当事人没有约定交付地点或者约定不明确，依据本法第510条的规定仍不能确定的，适用下列规定：

（一）标的物需要运输的，出卖人应当将标的物交付给第一承运人以运交给买受人；

（二）标的物不需要运输，出卖人和买受人订立合同时知道标的物在某一地点的，出卖人应当在该地点交付标的物；不知道标的物在某一地点的，应当在出卖人订立合同时的营业地交付标的物。

五、履行方式

当事人有关于履行方式的约定时，依其约定，无此约定时，按照有利于实现合同目的的方式履行。债权人可以拒绝债务人部分履行债务，但是部分履行**不损害债权人利益**的除外。

六、履行费用

《民法典》第511条第6项 当事人就有关合同内容约定不明确，依据前条规定仍不能确定的，适用下列规定：履行费用的负担不明确的，由履行义务一方负担；因债权人原因增加的履行费用，由债权人负担。

第二节 双务合同履行抗辩权

一、合同履行抗辩权▲

前提条件：同一双务合同中的对待给付且都没有履行完毕（履行多少失去多少抗辩权）。

无先后履行顺序：双方均有同时履行抗辩权

有先后履行顺序 先履行一方：不安抗辩权 后履行一方：先履行抗辩权

二、不安抗辩权

1.构成要件：（1）在同一双务合同中互负债务；（2）双方债务有先后履行顺序；（3）先给付一方债务届至；（4）先给付一方发现有令其对待给付不能实现的不安事由。

《民法典》第527条 应当先履行债务的当事人，有确切证据证明对方有下列情形之一的，可以中止履行：

（一）经营状况严重恶化；

（二）转移财产、抽逃资金，以逃避债务；

（三）丧失商业信誉；

（四）有丧失或者可能丧失履行债务能力的其他情形。

当事人没有确切证据中止履行的，应当承担违约责任。

《民法典》第528条　当事人依据前条规定中止履行的，应当及时通知对方。对方提供适当担保的，应当恢复履行。中止履行后，对方在合理期限内未恢复履行能力且未提供适当担保的，视为以自己的行为表明不履行主要债务，中止履行的一方可以解除合同并可以请求对方承担违约责任。

2. 行使方式：（1）先给付一方有确切证据证明对方有不能为对待给付的危险；（2）中止履行，并及时通知对方；（3）若对方恢复履行能力或提供适当担保的，应当继续履行；（4）对方未能及时恢复履行能力，亦未**提供担保**的，可以**解除合同**并可以请求对方承担**违约责任**。

　　例　下列情形，符合《民法典》确立的不安抗辩权制度的有：

A. 画家乙与甲约定由其为甲画像，甲于5月1日前支付报酬3 000元，乙在收款一周内为其画像，甲于4月29日赴乙处支付报酬时发现乙身染重病，于是拒绝付款

B. 甲向乙出售货物，约定甲于4月15日至30日向乙发货，乙收货后于5月10日付款。甲于4月16日向乙送去一半货物，数日后听到传言说乙拖欠他人货款不能偿还，资金严重困难，遂停止运送另一半货物并要求乙返还已收到的一半货物

C. 甲向乙出售名画一幅，约定先由乙付款，甲在收款次日交画。乙准备向甲付款时，发现甲已在3天前将画卖给丙并已交付，则乙可拒付画款

D. 甲向乙出售房屋，约定先由甲交付房屋并代为办理过户手续，然后由乙付款，甲在履行期限届满前将房屋交付给丙并办理了过户手续，则乙可行使不安抗辩权拒付房款

【答案】AC

三、履行抗辩权的司法裁判

当事人互负债务，一方以对方没有履行非主要债务为由拒绝履行自己的主要债务的，人民法院不予支持。但是，对方不履行非主要债务致使不能实现合同目的或者当事人另有约定的除外。

当事人一方起诉请求对方履行债务，被告依据《民法典》第525条的规定主张双方同时履行的抗辩且抗辩成立，被告未提起反诉的，人民法院应当判决被告在原告履行债务的同时履行自己的债务，并在判项中明确原告申请强制执行的，人民法院应当在原告履行自己的债务后对被告采取执行行为；被告提起反诉的，人民法院应当判决双方同时履行自己的债务，并在判项中明确任何一方申请强制执行的，人民法院应当在该当事人履行自己的债务后对对方采取执行行为。

当事人一方起诉请求对方履行债务，被告依据《民法典》第526条的规定主张原告应先履行的抗辩且抗辩成立的，人民法院应当驳回原告的诉讼请求，但是不影响原告履行债务后另行提起诉讼。

四、合同履行抗辩权的延伸考查▲

一方根本违约，对方可以同时主张三项权利：合同履行抗辩权、违约责任请求权、合同解除权。

——如果是后履行方预期违约，则先履行方主张不安抗辩权、违约责任请求权和合同解除权（例1、例4）。

——如果是先履行方根本违约，则后履行方主张顺序履行抗辩权、违约责任请求权和合同解除权（例2）。

如果一方尚未达到根本违约（即合同目的不能实现）的程度，则另一方只能主张违约责任，不能主张合同履行抗辩权和合同解除权（例3）。

例1 甲与乙订立买卖合同，约定甲先交货，乙后付款。现甲债务到期时，得知乙经营状况恶化。此时，甲有权中止交货，并有权请求乙提供适当担保。否则，甲有权解除合同，追究乙的预期违约责任。

例2 甲与乙订立买卖合同，约定甲先交货，乙后付款。现甲逾期未交货。此时，乙的债务到期后，乙有权拒绝付款，解除合同并追究甲的现实违约责任。

例3 甲与乙公司签订的房屋买卖合同约定：乙公司收到首期房款后，向甲交付房屋和房屋使用说明书；收到二期房款后，将房屋过户给甲。甲交纳首期房款后，乙公司交付房屋但未立即交付房屋使用说明书。甲无权以此为由拒不支付二期房款。因为甲的付款义务与乙公司交付房屋使用说明书不形成主给付义务对应关系，甲不能行使先履行抗辩权，所以无权以乙公司未交付房屋使用说明书为由拒不支付二期房款。

例4 甲公司与乙公司签订服装加工合同，约定乙公司支付预付款1万元，甲公司加工服装1 000套，3月10日交货，乙公司于3月15日支付余款9万元。3月10日，甲公司仅加工服装900套，乙公司此时因濒临破产致函甲公司表示无力履行合同。则：

（1）甲公司有权以乙公司已不可能履行合同为由，请求乙公司承担违约责任；

（2）因乙公司丧失履行能力，甲公司可行使不安抗辩权；

（3）因乙公司丧失履行能力，甲公司可主张解除合同。

分析：乙（预付款）——甲（交货）——乙（余款）。

第三节　情势变更原则

一、情势变更原则的含义

合同成立后，合同的基础条件发生了当事人在订立合同时无法预见的、不属于商业风险的重大变化，继续履行合同对于当事人一方明显不公平的，受不利影响的当事人可以与对方重新协商；在合理期限内协商不成的，当事人可以请求人民法院或者仲裁机构变更或者解除合同。

不可抗力：想不到、躲不开、搞不定。

情势变更：想不到、躲不开、搞得定但明显不公平。

商业风险：想得到。

二、情势变更原则的适用

1.情势发生变更，也即合同成立时所赖以存在的基础条件发生了重大变化。如物价飞涨、汇率大幅度变化、国家政策出现重大调整（如限购、限贷）等。

2.情势变更发生在合同成立之后，履行完毕之前。

3.该情势变更并非不可抗力造成，也不属于商业风险。

4.当事人在订立合同时无法预见到该情势变更。

5.情势发生变更后，若继续履行合同对当事人一方明显不公平。

三、具体判定

合同成立后，因政策调整或者市场供求关系异常变动等原因导致价格发生当事人在订立合同时无法预见的、不属于商业风险的涨跌，继续履行合同对于当事人一方明显不公平的，人民法院应当认定合同的基础条件发生了《民法典》第533条第1款规定的"重大变化"。但是，合同涉及市场属性活跃、长期以来价格波动较大的大宗商品以及股票、期货等风险投资型金融产品的除外。

合同的基础条件发生了《民法典》第533条第1款规定的重大变化，当事人请求变更合同的，人民法院不得解除合同；当事人一方请求变更合同，对方请求解除合同的，或者当事人一方请求解除合同，对方请求变更合同的，人民法院应当结合案件的实际情况，根据公平原则判决变更或者解除合同。

人民法院依据《民法典》第533条的规定判决变更或者解除合同的，应当综合考虑合同基础条件发生重大变化的时间、当事人重新协商的情况以及因合同变更或者解除给当事人造成的损失等因素，在判项中明确合同变更或者解除的时间。

当事人事先约定排除《民法典》第533条适用的，人民法院应当认定该约定无效。

四、法律效力

出现情势变更后，受不利影响的当事人可以与对方重新协商；在合理期限内协商不成的，当事人可以请求人民法院或者仲裁机构变更或者解除合同。人民法院或者仲裁机构应当结合案件的实际情况，根据公平原则变更或者解除合同。

例 甲与乙教育培训机构就课外辅导达成协议，约定甲交费5万元，乙机构保证甲在接受乙机构的辅导后，高考分数能达到二本线。若未达到该目标，全额退费。结果甲高考成绩仅达去年二本线，与今年高考二本线尚差20分。关于乙机构的承诺，下列哪一表述是正确的？

A.属于无效格式条款　　　　B.因显失公平而可变更

C.因情势变更而可变更　　　　D.虽违背教育规律但属有效

【答案】D

【例题】（2021真题回忆版）甲公司是发包人，乙公司是承包人，签订工程承包合同，工程价款固定单价工程价，且无任何其他情形价格调整条款。在施工期间受到全球疫情影响，一种施工材料上涨 150%，如果工程价款不进行调整，乙公司将面临巨额亏损。于是乙公司找到甲公司请求调整工程价款，遭拒绝。乙公司诉至法院。对于本案，下列说法正确的是：

A. 适用情势变更   B. 符合商业风险自担

C. 该合同符合自愿原则   D. 该合同违反公序良俗

【答案】A

第五章　合同的保全

📖 **本章导读**

　　本章要求考生熟练掌握并能够运用债权人代位权、债权人撤销权的成立要件、行使规则及其效力；理解合同保全概念、合同担保的种类。

💡 **知识点**

第一节　代位权

一、代位权的要件

　　1. 债权人对债务人的债权合法有效，且已到期。

　　2. 债务人对次债务人的债权合法有效，已到期，且具有非专属性。

　　★专属债权：下列权利，人民法院可以认定为《民法典》第 535 条第 1 款规定的专属于债务人自身的权利：

　　（1）抚养费、赡养费或者扶养费请求权；

　　（2）人身损害赔偿请求权；

　　（3）劳动报酬请求权，但是超过债务人及其所扶养家属的生活必需费用的部分除外；

　　（4）请求支付基本养老保险金、失业保险金、最低生活保障金等保障当事人基本生活的权利；

　　（5）其他专属于债务人自身的权利。

　　需要注意的是，债权人专为保存债务人权利的行为，如中断时效、申请登记、申报破产债权等，可以不必等债权到期即可行使。债权人的债权到期前，债务人的债权或者与该债权有关的从权利存在诉讼时效期间即将届满或者未及时申报破产债权等情形，影响债权人的债权实现的，债权人可以代位向债务人的相对人请求其向债务人履行、向破产管理人申报或者作出其他必要的行为。

　　3. 债务人怠于行使债权或与该债权有关的从权利（如担保性权利）：此处的"怠于"是指债务人不履行其对债权人的到期债务，又不以诉讼或者仲裁方式向相对人主张其享有的债权或者与该债权有关的从权利，致使债权人的到期债权未能实现。

4.影响债权人到期债权的实现。

二、次债务人不可主张的抗辩权

1.代位权诉讼中，人民法院经审理认为债权人的主张不符合代位权行使条件的，应当驳回诉讼请求，但是不影响债权人根据新的事实再次起诉。债务人的相对人仅以债权人提起代位权诉讼时债权人与债务人之间的债权债务关系未经生效法律文书确认为由，主张债权人提起的诉讼不符合代位权行使条件的，人民法院不予支持。

2.债权人提起代位权诉讼后，债务人无正当理由减免相对人的债务或者延长相对人的履行期限，相对人以此向债权人抗辩的，人民法院不予支持。

三、代位权的行使

行使方式：代位权必须通过诉讼程序行使。

1.当事人。

（1）原告：债权人以自己的名义行使。多数人享有债权的，各债权人可独立行使代位权，也可共同行使代位权。

（2）被告：次债务人。

（3）第三人：债权人以债务人的相对人为被告向人民法院提起代位权诉讼，未将债务人列为第三人的，人民法院应当追加债务人为第三人。

2.管辖法院。

债权人依据《民法典》第535条的规定对债务人的相对人提起代位权诉讼的，由被告住所地人民法院管辖，但是依法应当适用专属管辖规定的除外。债务人或者相对人以双方之间的债权债务关系订有管辖协议为由提出异议的，人民法院不予支持。

债权人提起代位权诉讼后，债务人或者相对人以双方之间的债权债务关系订有仲裁协议为由对法院主管提出异议的，人民法院不予支持。但是，债务人或者相对人在首次开庭前就债务人与相对人之间的债权债务关系申请仲裁的，人民法院可以依法中止代位权诉讼。

3.债权人请求人民法院对次债务人的财产采取保全措施的，应当提供相应的财产担保。

4.代位权的行使范围：债权人只能在本人债权额内提起代位权诉讼，且不得超出债务人权利的范围（就低不就高）。例如，甲对乙有到期债权10万元，乙对丙享有8万元到期债权。此时，甲可以诉请法院代位请求的范围是8万元。又如，甲对乙有到期债权8万元，乙对丙享有10万元到期债权。此时，甲可以诉请法院代位请求的范围也是8万元。

5.诉讼中止与合并审理。

（1）两个以上债权人以债务人的同一相对人为被告提起代位权诉讼的，人民法院可以合并审理。债务人对相对人享有的债权不足以清偿其对两个以上债权人负担的债务的，人民法院应当按照债权人享有的债权比例确定相对人的履行份额，但是法律另有规定的除外。

（2）债权人向人民法院起诉债务人后，又向同一人民法院对债务人的相对人提起代位权诉讼，属于该人民法院管辖的，可以合并审理。不属于该人民法院管辖的，应当告知其向有管辖权的人民法院另行起诉；在起诉债务人的诉讼终结前，代位权诉讼应当中止。

（3）在代位权诉讼中，债务人对超过债权人代位请求数额的债权部分起诉相对人，属于同一人民法院管辖的，可以合并审理。不属于同一人民法院管辖的，应当告知其向有管辖权的人民法院另行起诉；在代位权诉讼终结前，债务人对相对人的诉讼应当中止。

6.其他。

（1）代位权不成立的处理。代位权诉讼中，人民法院经审理认为债权人的主张不符合代位权行使条件的，应当驳回诉讼请求，但是不影响债权人根据新的事实再次起诉。债务人的相对人仅以债权人提起代位权诉讼时债权人与债务人之间的债权债务关系未经生效法律文书确认为由，主张债权人提起的诉讼不符合代位权行使条件的，人民法院不予支持。

（2）债务人不合理处置债权的法律效果。债权人提起代位权诉讼后，债务人无正当理由减免相对人的债务或者延长相对人的履行期限，相对人以此向债权人抗辩的，人民法院不予支持。

四、行使代位权的后果

1.次债务人**直接**向债权人履行清偿义务；履行后，债权人与债务人、债务人与次债务人之间相应的债权债务关系即予消灭。

2.行使代位权的费用的承担。

第一，诉讼费，次债务人承担；

第二，除此之外的其他必要费用，债务人承担。

3.一次诉讼，中断两个时效（AB、BC 两个债权的时效同时中断）。

第二节　撤销权

一、撤销权的成立条件

1.债权人 A——债务人 B——第三人（次债务人、受让人、转让人）C。

2.三要件：（1）债权人与债务人的债之关系，已经成立；（2）债务人实施导致其责任财产减少的行为；（3）债务人实施导致其责任财产减少的行为，有损于债权（如果债务人的财产还足以清偿债务则不能行使债权人撤销权——相对性的维护与突破的平衡）。

特别注意：上述（1）（2）在时间上的先后关系（须债权关系在先逃债行为在后），如果债权关系成立**在后**（如先赠与再成立债务），则债务人没有恶意，不适用债权人撤销权。

例 甲公司在 2011 年 6 月 1 日欠乙公司货款 500 万元，届期无力清偿。2010 年 12

月 1 日，甲公司向丙公司赠送一套价值 50 万元的机器设备。2011 年 3 月 1 日，甲公司向丁基金会捐赠 50 万元现金。2011 年 12 月 1 日，甲公司向戊希望学校捐赠价值 100 万元的电脑。甲公司的 3 项赠与行为均尚未履行。下列哪一选项是正确的？

    A. 乙公司有权撤销甲公司对丙公司的赠与

    B. 乙公司有权撤销甲公司对丁基金会的捐赠

    C. 乙公司有权撤销甲公司对戊学校的捐赠

    D. 甲公司有权撤销对戊学校的捐赠

【答案】C

3. 债务人实施的导致其责任财产减少的行为包括：

（1）债务人放弃其到期债权。

（2）债务人无偿转让财产，对债权人造成损害。

（3）债务人放弃其未到期债权，或放弃债权担保，或者恶意延长到期债权的履行期限。

（4）债务人以自己的财产设定担保。

（5）债务人以明显不合理的低价转让财产或者以明显不合理的高价收购他人财产，且受让人或者出让人明知或者应当知道该行为已经或者可能损害债权人的利益。（对于《民法典》第 539 条规定的"明显不合理"的低价或者高价，人民法院应当按照交易当地一般经营者的判断，并参考交易时交易地的市场交易价或者物价部门指导价予以认定。转让价格未达到交易时交易地的市场交易价或者指导价 70% 的，一般可以认定为"明显不合理的低价"；受让价格高于交易时交易地的市场交易价或者指导价 30% 的，一般可以认定为"明显不合理的高价"。债务人与相对人存在亲属关系、关联关系的，不受前述规定的 70%、30% 的限制。）

（6）债务人以明显不合理的价格，实施互易财产、以物抵债、出租或者承租财产、知识产权许可使用等行为，影响债权人的债权实现，债务人的相对人知道或者应当知道该情形，债权人请求撤销债务人的行为的，人民法院应当依据《民法典》第 539 条的规定予以支持。

需要说明的是，债务人的无偿处分行为，并不以上述法定类型为限。事实上，债务人所实施的任何放弃财产利益有损债权人债权的行为，债权人均有权诉请撤销。

4. 注意债权人撤销权三不可：

（1）身份行为不可撤销：如债务人因协商监护、收养子女而导致财产支出增加的。

（2）消极行为不可撤销：债务人的不作为适用代位权，财产上利益的拒绝行为（如债务人拒绝接受赠与）法律不干预。

（3）劳务行为不可撤销：以提供劳务为目的的行为。

二、撤销权的行使

1. 行使方式：提起诉讼。

债权人依据民法典第 538 条、第 539 条的规定提起撤销权诉讼的，应当以债务人和债务人的相对人为共同被告，由债务人或者相对人的住所地人民法院管辖。但是依法应当适用专属管辖规定的除外。两个以上债权人就债务人的同一行为提起撤销权诉讼的，人民法院可以合并审理。

2.撤销权的除斥期间。

（1）除斥期间（主观起算）：知道或者应当知道撤销事由之日起1年。

（2）最长保护期（客观起算）：行为发生之日起5年——以1年为准，但是必须在5年之内。

三、撤销的后果

1.一经撤销，行为自始无效——**返还原物于债务人**（入库规则）。

在债权人撤销权诉讼中，被撤销行为的标的可分，当事人主张在受影响的债权范围内撤销债务人的行为的，人民法院应予支持；被撤销行为的标的不可分，债权人主张将债务人的行为全部撤销的，人民法院应予支持。

2.诉讼费由债务人承担，债权人行使撤销权所支付的律师代理费、差旅费等必要费用，由债务人负担；第三人有过错的，应当适当分担。

3.债权人请求受理撤销权诉讼的人民法院一并审理其与债务人之间的债权债务关系，属于该人民法院管辖的，可以合并审理。不属于该人民法院管辖的，应当告知其向有管辖权的人民法院另行起诉。

4.债权人依据其与债务人的诉讼、撤销权诉讼产生的生效法律文书申请强制执行的，人民法院可以就债务人对相对人享有的权利采取强制执行措施以实现债权人的债权。债权人在撤销权诉讼中，申请对相对人的财产采取保全措施的，人民法院依法予以准许。

【例题】（2014-3-54）杜某拖欠谢某100万元。谢某请求杜某以登记在其名下的房屋抵债时，杜某称其已把房屋作价90万元卖给赖某，房屋钥匙已交，但产权尚未过户。该房屋市值为120万元。关于谢某权利的保护，下列哪些表述是错误的？

A.谢某可请求法院撤销杜某、赖某的买卖合同

B.因房屋尚未过户，杜某、赖某买卖合同无效

C.如谢某能举证杜某、赖某构成恶意串通，则杜某、赖某买卖合同无效

D.因房屋尚未过户，房屋仍属杜某所有，谢某有权直接取得房屋的所有权以实现其债权

【答案】ABD

第六章　合同的变更和转让

📖 本章导读

　　本章要求考生熟练掌握并能够运用合同变更、债权转让、债权转移和债权加入的基本原则，合同权利概括和转移；理解合同变更、转让的概念以及合同变更的条件和效力。

💡 知识点

　　《民法典》第545条　债权人可以将债权的全部或者部分转让给第三人，但是有下列情形之一的除外：

　　（一）根据债权性质不得转让；

　　（二）按照当事人约定不得转让；

　　（三）依照法律规定不得转让。

　　当事人约定非金钱债权不得转让的，不得对抗善意第三人。当事人约定金钱债权不得转让的，不得对抗第三人。

　　《民法典》第546条　债权人转让债权，未通知债务人的，该转让对债务人不发生效力。

　　债权转让的通知不得撤销，但是经受让人同意的除外。

　　《民法典》第547条　债权人转让债权的，受让人取得与债权有关的从权利，但是该从权利专属于债权人自身的除外。

　　受让人取得从权利不因该从权利未办理转移登记手续或者未转移占有而受到影响。

　　《民法典》第548条　债务人接到债权转让通知后，债务人对让与人的抗辩，可以向受让人主张。

　　《民法典》第549条　有下列情形之一的，债务人可以向受让人主张抵销：

　　（一）债务人接到债权转让通知时，债务人对让与人享有债权，且债务人的债权先于转让的债权到期或者同时到期；

　　（二）债务人的债权与转让的债权是基于同一合同产生。

　　《民法典》第550条　因债权转让增加的履行费用，由让与人负担。

　　《民法典》第551条　债务人将债务的全部或者部分转移给第三人的，应当经债权人同意。

债务人或者第三人可以催告债权人在合理期限内予以同意，债权人未作表示的，视为不同意。

《民法典》第552条　第三人与债务人约定加入债务并通知债权人，或者第三人向债权人表示愿意加入债务，债权人未在合理期限内明确拒绝的，债权人可以请求第三人在其愿意承担的债务范围内和债务人承担连带债务。

《民法典》第553条　债务人转移债务的，新债务人可以主张原债务人对债权人的抗辩；原债务人对债权人享有债权的，新债务人不得向债权人主张抵销。

《民法典》第554条　债务人转移债务的，新债务人应当承担与主债务有关的从债务，但是该从债务专属于原债务人自身的除外。

《民法典》第556条　合同的权利和义务一并转让的，适用债权转让、债务转移的有关规定。

债权让与与债务承担之对比		
	债权让与（A——B——C）	（免责的）债务承担（A——B——C）
内部效力	让与人（A）与第三人（C）达成合意后债权让与合同成立并生效	债务人（B）和第三人（C）之间直接生效
外部效力	①通知债务人（B）对债务人（B）生效 ②从随主走，主债权移转的，其担保物权、保证债权、预告登记一并移转（通知担保人是对担保人生效的要件）	①经债权人（A）同意对债权人生效 ②非经担保人书面同意，担保人（物保、人保）免责
债务人保护	①抗辩延续：债务人（B）接到债权转让通知后，债务人（B）对让与人（A）的抗辩，可以向受让人（C）主张——权利人的变化不影响债务关系的同一性	①抗辩延续：第三人（C）取得原债务人（B）的地位并取得原债务人（B）对债权人（A）的抗辩权——义务人的变化不影响债务关系的同一性
	②抵销延续 让与前：A——B（互负债权债务） 让与后：C——B（债务人未发生变化） 结论：B之前的抵销权不因债权让与而消灭，故可延续，即B对A的抵销权可以向C主张，**但须B的债权先于A的债权到期或者同时到期**	②抵销不延续 承担之前：A——B（互负债权债务） 承担之后：A——C（债务人发生变化） 结论：C之前对A没有债权，债务承担后同样没有债权，也就没有抵销权——B对A的债权依然由B主张，不得由C主张
时效	可中断时效	可中断时效
归纳总结	成立生效、通知生效、抗辩延续、抵销延续、从随主走、时效中断	内部有效，外部须同意；抗辩延续，抵销不延续

例1　甲向乙借款300万元，于2008年12月30日到期，丁提供保证担保，丁仅对乙承担保证责任。后乙从甲处购买价值50万元的货物，双方约定2009年1月1日付款。2008年10月1日，乙将债权让与丙，并于同月15日通知甲，但未告知丁。则：

（1）成立生效：2008年10月1日债权让与在乙、丙之间生效。

（2）通知生效：2008年10月15日债权让与对甲生效。

（3）抗辩延续：甲对乙的抗辩权可以向丙主张。

（4）抵销不延续：因为甲的债权后到期，所以甲不得向丙主张抵销权。

（5）从随主走之例外：2008年10月15日后丁的保证债务不再有效（因为另有约定）。

例2 甲向乙借款300万元，于2008年12月30日到期，丁提供保证担保，丁仅对乙承担保证责任。后乙从甲处购买价值50万元的货物，双方约定2009年1月1日付款。2008年10月1日，甲将债务转移于丙承担，但是未告知乙。则：

（1）成立生效：2008年10月1日债务承担在甲、丙之间生效。

（2）非经债权人乙同意，对乙不生效力。

（3）抗辩延续：丙可以对乙主张甲对乙的抗辩权。

（4）抵销不延续：丙不可以对乙主张甲对乙的抵销权。

（5）非经担保人丁同意，丁可免除担保责任。

特别注意：

1. 债权让与中抵销延续的特殊要求

有下列情形之一的，债务人可以向受让人主张抵销：(1) 债务人接到债权转让通知时，债务人对让与人享有债权，且债务人的债权先于转让的债权到期或者同时到期；(2) 债务人的债权与转让的债权是基于同一合同产生。

例1 甲和乙签订货物买卖合同，甲交完货之后将其对乙的价款债权转让给丙并通知乙。丙向乙请求支付价款时，乙以甲交的货有质量瑕疵为由，可以主张以乙对甲享有的违约赔偿债权抵销该支付价款债权。

2. 债权让与通知

在让与人和受让人达成债权让与协议后，债权即移转于受让人，但此时债务人无从知晓债权已经发生变动，故债务人仍可能向让与人履行债务。若债权让与于转让协议成立时即对债务人具有约束力，则意味着在债务人不知债权已移转的事实时，其向让与人履行债务的行为也无效，这对债务人而言极不公平。因此，《民法典》第546条第1款规定，债权人转让债权，未通知债务人的，该转让对债务人不发生效力。债务人在接到债权转让通知前已经向让与人履行，受让人请求债务人履行的，人民法院不予支持；债务人接到债权转让通知后仍然向让与人履行，受让人请求债务人履行的，人民法院应予支持。

让与人未通知债务人，受让人直接起诉债务人请求履行债务，人民法院经审理确认债权转让事实的，应当认定债权转让自起诉状副本送达时对债务人发生效力。债务人主张因未通知而给其增加的费用或者造成的损失从认定的债权数额中扣除的，人民法院依法予以支持。

在债权让与通知到达债务人后，债务人应向受让人履行债务，此时撤销债权让与的通知将严重影响受让人的利益，故除经受让人同意外，债权转让的通知不得撤销。此外，法律、行政法规规定债权让与应当办理批准、登记等手续的，依照其规定。

债务人接到债权转让通知后，让与人以债权转让合同不成立、无效、被撤销或者确定不发生效力为由请求债务人向其履行的，人民法院不予支持。但是，该债权转让通知被依法撤销的除外。

受让人基于债务人对债权真实存在的确认受让债权后，债务人又以该债权不存在为由拒绝向受让人履行的，人民法院不予支持。但是，受让人知道或者应当知道该债权不存在的除外。

3. 债权的多重让与

让与人将同一债权转让给两个以上受让人，债务人以已经向最先通知的受让人履行为由主张其不再履行债务的，人民法院应予支持。债务人明知接受履行的受让人不是最先通知的受让人，最先通知的受让人请求债务人继续履行债务或者依据债权转让协议请求让与人承担违约责任的，人民法院应予支持；最先通知的受让人请求接受履行的受让人返还其接受的财产的，人民法院不予支持，但是接受履行的受让人明知该债权在其受让前已经转让给其他受让人的除外。

上述所称最先通知的受让人，是指最先到达债务人的转让通知中载明的受让人。当事人之间对通知到达时间有争议的，人民法院应当结合通知的方式等因素综合判断，而不能仅根据债务人认可的通知时间或者通知记载的时间予以认定。当事人采用邮寄、通讯电子系统等方式发出通知的，人民法院应当以邮戳时间或者通讯电子系统记载的时间等作为认定通知到达时间的依据。

例 多重债权让与法律关系分析 设让与人为 A，债务人为 B，A 将 AB 的债权分别转让于 CDE，并依次对 C 是第三个被通知，放在中间是否合理？请确认完成了债权让与的通知，则：

1. 如果 B 接到通知依然还款给 A 的构成无效清偿，B 的清偿义务没有消灭，A 须返还不当得利于 B

2. 如果 B 还钱给 D，则 B 的清偿义务消灭，CE 有权追究 A 的违约责任

3. 如果 B 先后收到 DE 的通知但是依然向 E 清偿，则 D 有选择权：①D 可以选择追究 A 的违约责任，或者②要求 B 继续履行清偿义务。③如果 D 能够证明 E 对 D 的在先通知知情，D 还可以要求 E 返还。

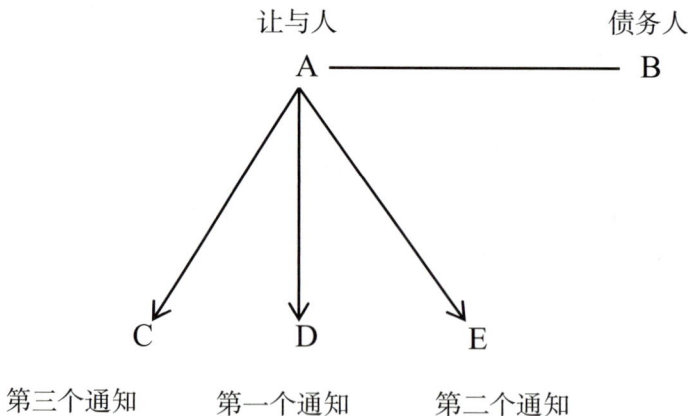

让与人　　　　　　　　　债务人
A ——————————— B

C　　　　D　　　　E
第三个通知　第一个通知　第二个通知

第七章　合同权利义务的终止

扫描右侧二维码"听课＋做题"，直达最佳学习效果

1. 在线听课：学习本章节核心考点讲解课程。
2. 在线刷题：点击🏠进入题库做章节练习。

📚 本章导读

　　本章需要考生熟练掌握并能够运用合同权利义务终止的事由及其构成要件，合同解除的基本规则；理解合同权利义务的概念和法律效果。

💡 知识点

第一节　概述

一、合同权利义务终止的原因

有下列情形之一的，债权债务终止：
（1）债务已经履行；
（2）债务相互抵销；
（3）债务人依法将标的物提存；
（4）债权人免除债务；
（5）债权债务同归于一人；
（6）法律规定或者当事人约定终止的其他情形。
合同解除的，该合同的权利义务关系终止。

二、清偿

（一）清偿的概念

清偿，是指当事人（债务人）实现债权目的的行为。

（二）清偿抵充

《民法典》第 560 条　债务人对同一债权人负担的数项债务种类相同，债务人的给付不足以清偿全部债务的，除当事人另有约定外，由债务人在清偿时指定其履行的债务。

　　债务人未作指定的，应当优先履行已经到期的债务；数项债务均到期的，优先履行

对债权人缺乏担保或者担保最少的债务；均无担保或者担保相等的，优先履行债务人负担较重的债务；负担相同的，按照债务到期的先后顺序履行；到期时间相同的，按照债务比例履行。

总结：约定优先于债务人指定，债务人指定优先于法定。

【例题】（2014-3-13）胡某于 2006 年 3 月 10 日向李某借款 100 万元，期限 3 年。2009 年 3 月 30 日，双方商议再借 100 万元，期限 3 年。两笔借款均先后由王某保证，未约定保证方式和保证期间。李某未向胡某和王某催讨。胡某仅于 2010 年 2 月归还借款 100 万元。关于胡某归还的 100 万元，下列哪一表述是正确的？

A. 因 2006 年的借款已到期，故归还的是该笔借款

B. 因 2006 年的借款无担保，故归还的是该笔借款

C. 因 2006 年和 2009 年的借款数额相同，故按比例归还该两笔借款

D. 因 2006 年和 2009 年的借款均有担保，故按比例归还该两笔借款

【答案】A

三、抵销

（一）抵销概述

抵销，是指互负债务的双方当事人将两项债务相互充抵，以使双方债务在对等数额内消灭的行为。抵销依其产生根据的不同，可分为法定抵销与合意抵销。

（二）法定抵销

法定抵销，是指依法律规定以当事人一方的意思表示所作的抵销。用作抵销的债权称为主动债权或自动债权，被抵销的债权称为被动债权。

1. 构成要件。

法定抵销的构成要件包括：

（1）须双方当事人互负债务、互享债权。

（2）须自动债权即提出抵销的债权已届清偿期（自动债权是指提出抵销的那一方的债权。口诀：谁抵销，谁主动）。

（3）须双方债务的标的物种类、品质相同。

（4）须不存在根据债务性质、按照当事人约定或者依照法律规定不得抵销的情形。不得抵销的债务具体包括：①提供劳务的债务；②依法应当支付的抚恤金债务；③支付基本养老保险金、失业保险金、最低生活保障金等保障债权人基本生活的债务；④其他根据债务性质不得抵销的债务。

例　A 的债权四月份已经到期，B 的债权今年 10 月才到期，请问 B 和 A 谁能提抵消？答：A 能 B 不能。

①如果 A 对 B 说，我的债权（也就是 B 欠 A 的钱）到期了，我要你还我钱，刚好我十月也要还你钱，咱俩抵消吧，

——这是可以的，因为这相当于 A 主动提出提前 6 个月还钱，

②但是，如果 A 对 B 说，我的债权（也就是 B 欠 A 的钱）到期了，我要你还我钱，

B说，刚好你欠我的钱十月份到期，咱俩抵销吧——这是不可以的，因为这相当于B要求A提前六个月还钱，就剥夺了A的期限利益。

2. 抵销权的行使。

抵销权属于形成权，享有抵销权的当事人只需通知对方即可发生抵销后果，无须对方同意。当事人主张抵销的，应当通知对方。通知自到达对方时生效。抵销不得附条件或者附期限。其原因在于：抵销权为形成权，抵销权的权利人可以依自己单方的意思直接使法律关系消灭，如果允许其附条件或者附期限，则会增加法律关系的不确定性，损害相对人利益。

3. 法定抵销的后果。

抵销使当事人双方的债权在对等数额内消灭，对于未抵销的债务部分，债务人仍然负有清偿义务。抵销具有追溯力，溯及抵销权成立之时。当事人一方依据《民法典》第568条的规定主张抵销，人民法院经审理认为抵销权成立的，应当认定通知到达对方时双方互负的主债务、利息、违约金或者损害赔偿金等债务在同等数额内消灭。

行使抵销权的一方负担的数项债务种类相同，但是享有的债权不足以抵销全部债务，当事人因抵销的顺序发生争议的，人民法院可以参照《民法典》第560条的规定处理。行使抵销权的一方享有的债权不足以抵销其负担的包括主债务、利息、实现债权的有关费用在内的全部债务，当事人因抵销的顺序发生争议的，人民法院可以参照《民法典》第561条的规定处理。

4. 四种特殊情况的抵销。

（1）过时效的债权的抵销。

罹于诉讼时效的债权，可以作为被动债权被抵销。因为该债权的债人主张抵销的，可认为其抛弃了时效利益，相当于债务人自愿履行罹于诉讼时效的债务。罹于诉讼时效的债权可否作为主动债权予以抵销，不可一概而论。如果在构成抵销适状的时刻，主动债权尚未罹于诉讼时效，则其债权人在诉讼时效期间届满后仍可以表示抵销，因为抵销溯及抵销适状构成的那一刻发生效力，相当于债权人在那一刻表示抵销；反之，如果在被动债权发生的时刻，主动债权已经罹于诉讼时效，则其债权人不得主张抵销。亦即，当事人互负债务，一方以其诉讼时效期间已经届满的债权通知对方主张抵销，对方提出诉讼时效抗辩的，人民法院对该抗辩应予支持。一方的债权诉讼时效期间已经届满，对方主张抵销的，人民法院应予支持。

例　A债权没有过时效，B债权过时效了，请问B和A谁能提出抵消？答：A能B不能。

①如果A对B说，你欠我的钱，没过时效，我要找你要；我欠你的钱，过时效了，我也打算还，所以，咱俩抵消

——这是可以的，因为这相当于A主动放弃了自己的时效抗辩权

②但是，如果A对B说，你欠我的钱，没过时效，我要找你要；B此时主动提出，刚好你也欠我的钱，虽然过了时效，你也还我吧，咱俩刚好抵销

——这是不可以的，因为这相当于B要求A清偿一笔过了时效的债务，就剥夺了A的时效抗辩权

（2）附有抗辩权的债权的抵销。

附有抗辩权的债权不得作为主动债权予以抵销，否则就等同于剥夺债务人的抗辩权。但是其可以作为被动债权进行抵销，此时可认为抵销人放弃了抗辩利益。

例 AB互负债权债务，金额相同，都已到期，都未过时效，但是，B债权是一个保证债权，A是B的一般保证人，A享有先诉抗辩权。A债权是一个普通的借款债权，B要还钱，没有抗辩理由。

①A对B说，我准备要你欠我的钱，同时，我也准备承担保证责任，这两个债务刚好金额相同，所以，咱们就抵消了吧，谁也不用还谁了

——这是可以的，A这样做，A放弃了他的先诉抗辩权，A吃亏，但是A愿意，因此，上述主张成立

②B对A说，我准备让你承担保证责任，同时我也欠你钱，咱俩抵消吧。你有先诉抗辩权，你别那么矫情，你放弃了呗，这样咱俩省得麻烦，谁也不用还谁了

——这是不可以的，B这样做，相当于B在要求A提前承担保证责任，A不是自愿的而是被逼的，这意味着B非经A的同意，剥夺A的先诉抗辩权，因此，上述主张不能成立。

（3）附条件的债权的抵销。

如果债权附停止条件，则在条件成就前，债权尚未发生效力，故不得以其为一方所享有的主动债权而抵销；如果债权附解除条件，则在条件成就前，债权为有效存在，故得以之为主动债权而抵销。

（4）因侵害自然人人身权益，或者故意、重大过失侵害他人财产权益产生的损害赔偿债务，侵权人主张抵销的，人民法院不予支持。

例1 B是个出租车司机，A坐B的车。下车时，软件显示打车费200块（B的债权：A坐车，产生的交通服务费）

A认为，B绕路了不给钱。B认为A就是不想给钱，打了A一拳头，鼻子出血花了医疗费200块。（A的债权：挨打了，被侵权，索赔医疗费）

①如果A说，你打我，你赔我；我坐车，我付打车费，咱俩抵消了吧 ——这是可以的，因为A作为受害人主动提出抵销，意味着A不担心自己看不起病

②如果B说，你坐车，你付给打车费；我打你，我赔你，咱俩抵消了吧——这是不可以的，因为法律担心A没钱看病。因此，宁可让B得不到交通费，也得让B先付人身损害赔偿，这背后的逻辑是人身价值高于财产价值，生存利益高于商业利益。

例2 甲装修公司欠乙建材商场货款5万元，乙商场需付甲公司装修费2万元。现甲公司欠款已到期，乙商场欠费已过诉讼时效，甲公司欲以装修费充抵货款。下列哪一选项是正确的？

A.甲公司有权主张抵销

B.甲公司主张抵销，须经乙商场同意

C.双方债务性质不同，不得抵销

D.乙商场债务已过诉讼时效，不得抵销

【答案】A

例3 韩韩夜间乘出租车回家，突然发现司机陈陈将车开到一片幽暗的林子里，然后下车"唰"地打开后门，开始往下扯韩韩的衣服。韩韩放声尖叫："停下！停啊！"陈陈笑道："别紧张嘛亲爱的，我只是想找点乐子，不会伤到你的哦。"韩韩激动地喊："我不是说这个！你把计价器先停了好吗！"如果陈陈对韩韩构成侵权，则陈陈可否主张以其对韩韩的出租车费债权抵销其对韩韩的侵权损害赔偿之债的债务？

答：不能。故意实施侵权行为的债务人，不得主张抵销侵权损害赔偿之债。

（三）合意抵销

合意抵销，是指当事人协商一致时，双方的债权债务按对等数额消灭的抵销方式。合意抵销是当事人意思自治的具体体现，法律不应禁止。合意抵销的发生条件、法律后果均须遵从当事人的约定，双方的抵销协议只需满足合同的成立及生效要件即可，不受法定抵销的限制。除当事人有特别约定外，抵销合同没有溯及既往的效力。

四、提存

（一）提存的条件

有下列情形之一，难以履行债务的，债务人可以将标的物提存：

（1）债权人无正当理由拒绝受领；

（2）债权人下落不明；

（3）债权人死亡未确定继承人、遗产管理人，或者丧失民事行为能力未确定监护人；

（4）法律规定的其他情形。

标的物不适于提存或者提存费用过高的，债务人依法可以拍卖或者变卖标的物，提存所得的价款。

（二）提存的成立

债务人将标的物或者将标的物依法拍卖、变卖所得价款交付提存部门时，提存成立。提存成立的，视为债务人在其提存范围内已经交付标的物。

（三）提存的效力

（债权人有领取权和孳息收取权，并承担风险；债务人有抗辩权和取回权——谁最终得到提存物谁承担费用）

1.标的物提存后，债务人应当及时通知债权人或者债权人的继承人、遗产管理人、监护人、财产代管人。

2.标的物提存后，毁损、灭失的风险由债权人承担。提存期间，标的物的孳息归债权人所有。提存费用由债权人负担。

3.债权人可以随时领取提存物。但是，债权人对债务人负有到期债务的，在债权人未履行债务或者提供担保之前，提存部门根据债务人的要求应当拒绝其领取提存物。

4.债权人领取提存物的权利，自提存之日起5年内不行使而消灭，提存物扣除提存费用后归国家所有。但是，债权人未履行对债务人的到期债务，或者债权人向提存部门书面表示放弃领取提存物权利的，债务人负担提存费用后有权取回提存物。

总结：债权人履行合同义务并支付提存费用的，所有权归债权人；

否则债务人支付提存费用后，可以取回提存物，所有权归债务人；

如果二人均不付提存费用，拍卖提存物支付费用后归国家。

五、免除

（一）免除的概念

1. 免除，又称债务免除，是指债权人放弃自己的债权、免除债务人债务的行为。免除是一种有特定相对人的民事行为，故免除意思表示**必须向债务人或其代理人作出**，方能引起免除的法律后果。

2. 免除的意思表示构成民事法律行为，因此民法关于民事法律行为的规定适用于免除。免除可以由债权人的代理人为之，也可以附条件或期限。

3. 免除是一种单方民事法律行为，故免除行为的成立，只需要债权人单方作出免除意思表示即可，不以债务人的同意为条件。

（二）免除的效力

1. 免除发生债务绝对消灭的效力；债权系他人权利的标的时，从保护第三人的合法权益出发，债权不消灭。例如债权为他人质权的标的，为了保护质权人的利益，不使债权因混同而消灭。

2. 保证债务的免除不影响被担保债务的存在，被担保债务的免除则使保证债务消灭。

六、混同

混同，是指基于特定法律事实，一个法律关系中的债权、债务，由同一个人享有和承担。债权债务的混同，由债权或债务的承受而产生，债权债务的概括承受是发生混同的主要原因。混同事实是指导致混同发生的事实。常见的引起混同发生的事实为继承与法人合并。

根据《民法典》第576条的规定，混同的法律后果是：

1. 原则上，混同的债权、债务归于消灭；

2. 损害第三人利益的除外。

第二节　合同的解除

一、解除权

（一）法定解除权的种类

类型	解除权主体	赔偿责任	行使方式
不可抗力解除权	双方解除（谁受影响谁解除）	无赔偿	通知
情势变更解除权	双方解除（或变更）（谁受影响谁解除）	无赔偿	诉讼

不定期合同	双方解除	无赔偿	通知
任意解除权	谁选择，谁解除	谁解除，谁赔偿	通知
僵局解除权	谁违约，谁解除	谁违约，谁赔偿	诉讼
违约解除权	谁违约，对方解除（须根本违约）	谁违约，谁赔偿	通知

1. 不可抗力解除权：双方解除无赔偿。

例如：

不可抗力：无法预见（想不到）、无法避免（躲不开）、无法克服（搞不定）。

2. 情势变更解除权：双方解除无赔偿。

3. 违约解除权：**谁违约，对方解除**；谁违约，谁赔偿。

（1）一方迟延履行主要债务，经催告后在合理期限内仍未履行，另一方当事人可解除合同。

（2）因履行迟延而导致合同目的不能实现，不须催告即可解除合同。

（3）一方预期违约主要债务，另一方可解除合同。

（4）一方根本违约，另一方可解除合同。

（5）根据《民法典》第 528 条，不安抗辩权人有解除权（注意前提）。

（6）根据《民法典》第 634 条，分期付款买受人未付款达合同总额 1/5 以上，出卖人有解除权。

（7）根据《民法典》第 673 条，借款人违反贷款用途时，贷款人有解除权。

（8）根据《民法典》第 772 条第 2 款，承揽人擅自转包时，定作人有解除权。

（9）根据《民法典》第 778 条，定作人不履行协助义务，承揽人催告无效的，承揽人有解除权。

（10）根据《最高人民法院关于审理买卖合同纠纷案件适用法律问题的解释》（简称《买卖合同解释》）第 19 条，从义务之违反导致合同目的不能实现可以解除合同。

（▲租赁合同中的解除权详见租赁合同部分）

4. 任意解除权：**谁选择，谁解除**；谁解除，谁赔偿。

（1）根据《民法典》第 787 条，承揽合同的定作人（单方＋赔偿损失）有任意解除权。

（2）根据《民法典》第 829 条，货运合同的托运人（单方＋赔偿损失——交付货物给收货人之前）有任意解除权。

（3）根据《民法典》第 933 条，委托合同的双方（双方＋赔偿损失）都有任意解除权。

（4）根据《最高人民法院关于审理旅游纠纷案件适用法律若干问题的规定》（简称《旅游纠纷规定》）第 12 条，旅游合同中的旅游者（单方＋支付合理费用）有任意解除权。

《旅游纠纷规定》第 12 条　旅游行程开始前或者进行中，因旅游者单方解除合同，旅游者请求旅游经营者退还尚未实际发生的费用，或者旅游经营者请求旅游者支付合理费用的，人民法院应予支持。

（5）《民法典》第 946 条规定：业主依照法定程序共同决定解聘物业服务人的，可以解除物业服务合同。决定解聘的，应当提前 60 日书面通知物业服务人，但是合同对通知期限另有约定的除外。

依据前款规定解除合同造成物业服务人损失的，除不可归责于业主的事由外，业主应当赔偿损失。

例 某律师事务所指派吴律师担任某案件的一、二审委托代理人。第一次开庭后，吴律师感觉案件复杂，本人和该事务所均难以胜任，建议不再继续代理。但该事务所坚持代理。一审判决委托人败诉。下列哪些表述是正确的？

A. 律师事务所有权单方解除委托合同，但须承担赔偿责任

B. 律师事务所在委托人一审败诉后不能单方解除合同

C. 即使一审胜诉，委托人也可解除委托合同，但须承担赔偿责任

D. 只有存在故意或者重大过失时，该律师事务所才对败诉承担赔偿责任

【答案】AC

5. 僵局解除权（非违约方要求继续履行，但此项履行已陷入履行不能）。

《民法典》第 580 条 当事人一方不履行非金钱债务或者履行非金钱债务不符合约定的，对方可以请求履行，但是有下列情形之一的除外：

（一）法律上或者事实上不能履行；

（二）债务的标的不适于强制履行或者履行费用过高；

（三）债权人在合理期限内未请求履行。

有前款规定的除外情形之一，致使不能实现合同目的的，人民法院或者仲裁机构可以根据当事人的请求终止合同权利义务关系，但是不影响违约责任的承担。

例【"新宇"案法院判决说理】部分

履行费用过高，可以根据履约成本是否超过各方所获利益来进行判断。当违约方继续履约所需的财力、物力超过合同双方基于合同履行所能获得的利益时，应该允许违约方解除合同，用赔偿损失来代替继续履行。在本案中，如果让新宇公司继续履行合同，则新宇公司必须以其 6 万余平方米的建筑面积来为冯某某的 22.50 平方米商铺提供服务，支付的履行费用过高；而在 6 万余平方米已失去经商环境和氛围的建筑中经营 22.50 平方米的商铺，事实上也达不到冯某某要求继续履行合同的目的。一审衡平双方当事人利益，判决解除商铺买卖合同，符合法律规定，是正确的。冯某某关于继续履行合同的上诉理由，不能成立。

6. 不定期合同（不定期租赁、不定期保管、不定期物业、不定期合伙、不定期肖像使用）中的任意解除权：双方解除无赔偿。

《民法典》第 730 条 【租赁期限没有约定或约定不明确时的法律后果】当事人对租赁期限没有约定或者约定不明确，依据本法第 510 条的规定仍不能确定的，视为不定期租赁；当事人可以随时解除合同，但是应当在合理期限之前通知对方。

《民法典》第 899 条 【领取保管物】寄存人可以随时领取保管物。

当事人对保管期限没有约定或者约定不明确的，保管人可以随时请求寄存人领取保管物；约定保管期限的，保管人无特别事由，不得请求寄存人提前领取保管物。

《民法典》第 976 条　合伙人对合伙期限没有约定或者约定不明确，依据本法第 510 条的规定仍不能确定的，视为不定期合伙。

合伙期限届满，合伙人继续执行合伙事务，其他合伙人没有提出异议的，原合伙合同继续有效，但是合伙期限为不定期。

合伙人可以随时解除不定期合伙合同，但是应当在合理期限之前通知其他合伙人。

《民法典》第 948 条　物业服务期限届满后，业主没有依法作出续聘或者另聘物业服务人的决定，物业服务人继续提供物业服务的，原物业服务合同继续有效，但是服务期限为不定期。

当事人可以随时解除不定期物业服务合同，但是应当提前 60 日书面通知对方。

《民法典》第 1022 条第 1 款　当事人对肖像许可使用期限没有约定或者约定不明确的，任何一方当事人可以随时解除肖像许可使用合同，但是应当在合理期限之前通知对方。

（二）解除权的期限

法律规定或者当事人约定解除权行使期限，期限届满当事人不行使的，该权利消灭。

法律没有规定或者当事人没有约定解除权行使期限，自解除权人知道或者应当知道解除事由之日起 1 年内不行使，或者经对方催告后在合理期限内不行使的，该权利消灭。

（三）解除与催告的关系

1. 法条依据。

（1）根据《民法典》第 563 条第 1 款第 3 项规定，当事人一方迟延履行主要债务，经催告后在合理期限内仍未履行，对方当事人有权解除合同。

（2）根据《民法典》第 564 条第 2 款规定，法律没有规定或者当事人没有约定解除权行使期限，经对方催告后在合理期限内不行使的，该权利消灭。

2. 要点：

（1）迟延履行——非违约方催告——合理期间——非违约方取得解除权。

（2）违约方催告——合理期间——解除权消灭。

【例题】（2009-3-11）关于合同解除的表述，下列哪一选项是正确的？

A. 赠与合同的赠与人享有任意解除权

B. 承揽合同的承揽人享有任意解除权

C. 没有约定保管期间保管合同的保管人享有任意解除权

D. 居间合同的居间人享有任意解除权

【答案】C

【例题】（2014-3-12）甲公司向乙公司购买小轿车，约定 7 月 1 日预付 10 万元，10 月 1 日预付 20 万元，12 月 1 日乙公司交车时付清尾款。甲公司按时预付第一笔款。乙公司于 9 月 30 日发函称因原材料价格上涨，需提高小轿车价格。甲公司于 10 月 1 日拒绝，等待乙公司答复未果后于 10 月 3 日向乙公司汇去 20 万元。乙公司当即拒收，并称甲公司迟延付款构成违约，要求解除合同，甲公司则要求乙公司继续履行。下列哪一表述是正确的？

A. 甲公司不构成违约

B. 乙公司有权解除合同

C. 乙公司可行使先履行抗辩权

D. 乙公司可要求提高合同价格

【答案】A

二、合同解除的程序

（一）单方解除的程序

1.法定解除不必经对方当事人同意。当事人一方依法主张解除合同的，应当通知对方。

2.具体解除时间包括下列情形：

（1）合同自通知到达对方时解除。

（2）通知载明债务人在一定期限内不履行债务则合同自动解除，债务人在该期限内未履行债务的，合同自通知载明的期限届满时解除。对方对解除合同有异议的，任何一方当事人均可以请求人民法院或者仲裁机构确认解除行为的效力。

（3）当事人一方未通知对方，直接以提起诉讼或者申请仲裁的方式依法主张解除合同，人民法院或者仲裁机构确认该主张的，合同自起诉状副本或者仲裁申请书副本送达对方时解除。

（4）当事人一方以通知方式解除合同，并以对方未在约定的异议期限或者其他合理期限内提出异议为由主张合同已经解除的，人民法院应当对其是否享有法律规定或者合同约定的解除权进行审查。经审查，享有解除权的，合同自通知到达对方时解除；不享有解除权的，不发生合同解除的效力。

（5）当事人一方未通知对方，直接以提起诉讼的方式主张解除合同，撤诉后再次起诉主张解除合同，人民法院经审理支持该主张的，合同自再次起诉的起诉状副本送达对方时解除。但是，当事人一方撤诉后又通知对方解除合同且该通知已经到达对方的除外。

【例题】（2011-3-13）甲公司与乙公司签订并购协议："甲公司以1亿元收购乙公司在丙公司中51%的股权。若股权过户后，甲公司未支付收购款，则乙公司有权解除并购协议。"后乙公司依约履行，甲公司却分文未付。乙公司向甲公司发送一份经过公证的《通知》："鉴于你公司严重违约，建议双方终止协议，贵方向我方支付违约金；或者由贵方提出解决方案。"3日后，乙公司又向甲公司发送《通报》："鉴于你公司严重违约，我方现终止协议，要求你方依约支付违约金。"下列哪一选项是正确的？

A.《通知》送达后，并购协议解除

B.《通报》送达后，并购协议解除

C. 甲公司对乙公司解除并购协议的权利不得提出异议

D. 乙公司不能既要求终止协议，又要求甲公司支付违约金

【答案】B

（二）协议解除的程序

协议解除的实质为原合同当事人之间重新成立一个以解除合同为目的的合同，因此应遵循由要约到承诺的一般缔约程序及其他相关要求，以实现当事人双方意思表示一致。法律、行政法规规定解除合同应当办理批准、登记等手续的，依照其规定。

合同约定的解除条件成就时，守约方以此为由请求解除合同的，人民法院应当审查违约方的违约程度是否显著轻微，是否影响守约方合同目的实现，根据诚实信用原则，确定合同应否解除。违约方的违约程度显著轻微，不影响守约方合同目的实现，守约方请求解除合同的，人民法院不予支持；反之，则依法予以支持。

三、合同解除的效力

（一）一般规定

《民法典》第 566 条第 1 款规定，合同解除后，尚未履行的，终止履行；已经履行的，根据履行情况和合同性质，当事人可以请求恢复原状或者采取其他补救措施，并有权请求赔偿损失。该规定确立了合同解除的两方面效力：一是向将来发生效力，即终止履行；二是合同解除可以产生溯及力（即引起恢复原状的法律后果）。非继续性合同的解除原则上有溯及力，继续性合同的解除原则上无溯及力。

（二）合同解除与损害赔偿

合同解除后，尚未履行的，终止履行；已经履行的，根据履行情况和合同性质，当事人可以请求恢复原状或者采取其他补救措施，并有权请求赔偿损失。

合同因违约解除的，解除权人可以请求违约方承担违约责任，但是当事人另有约定的除外。

（三）部分条款的独立性

1. 主合同解除后，担保人对债务人应当承担的民事责任仍应当承担担保责任，但是担保合同另有约定的除外。

2. 合同的权利义务关系终止，不影响合同中结算和清理条款的效力。

3. 合同不生效、无效、被撤销或者终止的，不影响合同中有关解决争议方法的条款的效力。

4. 违约金条款不一并解除。

第八章 违约责任与缔约过失责任

扫描右侧二维码"听课 + 做题",直达最佳学习效果
1. 在线听课:学习本章节核心考点讲解课程。
2. 在线刷题:点击 🏠 进入题库做章节练习。

📖 本章导读

本章需要考生重点掌握并熟练运用违约责任的构成要件和免责事由,各种违约责任形式的适用条件,缔约过失责任的构成要件和赔偿范围;理解违约行为的概念和主要形态,违约责任的概念、构成要件、免责事由。

💡 知识点

一、违约责任形式

(一)强制履行

1. 构成要件:违约行为(一要件)。

2. 金钱债务一定可以强制履行(《民法典》第 579 条)。

3. 三种情况不适用强制履行:(1)法律上或者事实上不能履行;(2)债务的标的不适于强制履行或者履行费用过高;(3)债权人在合理期限内未要求履行。法律上的履行不能:买卖合同,标的物一物二卖;保管合同,标的物被善意取得。事实上的履行不能:标的物的毁损灭失,当事人的死亡。

4. 强制履行与赔偿损失可以**同时**主张。

《民法典》第 583 条 当事人一方不履行合同义务或者履行合同义务不符合约定的,在履行义务或者采取补救措施后,对方还有其他损失的,应当赔偿损失。

(二)替代履行

《民法典》第 581 条 当事人一方不履行债务或者履行债务不符合约定,根据债务的性质不得强制履行的,对方可以请求其负担由第三人替代履行的费用。

(三)补救措施

《民法典》第 582 条【瑕疵履行违约责任】 履行不符合约定的,应当按照当事人的约定承担违约责任。对违约责任没有约定或者约定不明确,依据本法第 510 条的规定仍不能确定的,受损害方根据标的的性质以及损失的大小,可以合理选择请求对方承担修理、重作、更换、退货、减少价款或者报酬等违约责任。

（四）损害赔偿

1. 构成要件：违约行为、损害后果、因果关系（三要件）。

2. 损害赔偿的类型。

损害赔偿金 ｛ 惩罚性法定损害赔偿金
　　　　　　补偿性法定损害赔偿金 ｛ 实际损失（现实损失）
　　　　　　　　　　　　　　　　　可得利益损失（未来损失）

（1）惩罚性损害赔偿（从略）。

（2）补偿性损害赔偿。

1）**完全赔偿规则**：实际损失＋可得利益（含转售利益）。

违约方对于守约方因违约所遭受的全部损失承担赔偿责任。根据《民法典》第584条的规定，损失赔偿额应当相当于因违约所造成的损失（实际损失），包括合同履行后可以获得的利益（可得利益）。

①违约所导致的实际损失，是指因违约而导致的现有利益的减少，是现实的利益损失。例如，出卖人迟延交付标的物，迟延期间买受人须另行租赁替代标的物，由此支出的租金。又如，律师费、保全费用等。

②违约损害赔偿还包括"合同履行后可以获得的利益（可得利益）"，指的是违约导致守约方基于合同顺利履行本应增加的财产利益没能增加，该可得利益主要表现为生产、经营、转售等情况下的利润损失。例如，在已经签订不动产抵押合同但未办理登记的情况下，债权人可以请求抵押人对债务人不能清偿的债务，以案涉房产折价或者拍卖、变卖时的价值为限承担赔偿责任。具体规则如下：

a. 人民法院依据《民法典》第584条的规定确定合同履行后可以获得的利益时，可以在扣除非违约方为订立、履行合同支出的费用等合理成本后，按照非违约方能够获得的生产利润、经营利润或者转售利润等计算。

b. 非违约方依法行使合同解除权并实施了替代交易，主张按照替代交易价格与合同价格的差额确定合同履行后可以获得的利益的，人民法院依法予以支持；替代交易价格明显偏离替代交易发生时当地的市场价格，违约方主张按照市场价格与合同价格的差额确定合同履行后可以获得的利益的，人民法院应予支持。

c. 非违约方依法行使合同解除权但是未实施替代交易，主张按照违约行为发生后合理期间内合同履行地的市场价格与合同价格的差额确定合同履行后可以获得的利益的，人民法院应予支持。

d. 在以持续履行的债务为内容的定期合同中，一方不履行支付价款、租金等金钱债务，对方请求解除合同，人民法院经审理认为合同应当依法解除的，可以根据当事人的主张，参考合同主体、交易类型、市场价格变化、剩余履行期限等因素确定非违约方寻找替代交易的合理期限，并按照该期限对应的价款、租金等扣除非违约方应当支付的相应履约成本确定合同履行后可以获得的利益。

e. 非违约方主张按照合同解除后剩余履行期限相应的价款、租金等扣除履约成本确定合同履行后可以获得的利益的，人民法院不予支持。但是，剩余履行期限少于寻找替代交易的合理期限的除外。

f.非违约方在合同履行后可以获得的利益难以根据上述规定予以确定的，人民法院可以综合考虑违约方因违约获得的利益、违约方的过错程度、其他违约情节等因素，遵循公平原则和诚信原则确定。

2）**合理预见规则**：违约方的合理预见。

《民法典》第584条【损害赔偿范围】 当事人一方不履行合同义务或者履行合同义务不符合约定，造成对方损失的，损失赔偿额应当相当于因违约所造成的损失，包括合同履行后可以获得的利益；但是，不得超过违约一方订立合同时预见到或者应当预见到的因违约可能造成的损失。

在认定《民法典》第584条规定的"违约一方订立合同时预见到或者应当预见到的因违约可能造成的损失"时，人民法院应当根据当事人订立合同的目的，综合考虑合同主体、合同内容、交易类型、交易习惯、磋商过程等因素，按照与违约方处于相同或者类似情况的民事主体在订立合同时预见到或者应当预见到的损失予以确定。除合同履行后可以获得的利益外，非违约方主张还有其向第三人承担违约责任应当支出的额外费用等其他因违约所造成的损失，并请求违约方赔偿，经审理认为该损失系违约一方订立合同时预见到或者应当预见到的，人民法院应予支持。

3）**减损规则：不真正义务**。

《民法典》第591条【减损规则】 当事人一方违约后，对方应当采取适当措施防止损失的扩大；没有采取适当措施致使损失扩大的，不得就扩大的损失请求赔偿。

当事人因防止损失扩大而支出的合理费用，由违约方负担。

4）**过错相抵规则**。

《民法典》第592条 当事人都违反合同的，应当各自承担相应的责任。当事人一方违约造成对方损失，对方对损失的发生有过错的，可以减少相应的损失赔偿额。

5）**损益同销**。

《买卖合同解释》第23条 买卖合同当事人一方因对方违约而获有利益，违约方主张从损失赔偿额中扣除该部分利益的，人民法院应予支持。

【例题】（2019真题回忆版）某超市经常向郊区的农民采购2年以上老母鸡。采购价为每只100元，市场零售价为每只250元，常年应求。某日，超市与农民李某签订每季度供应20只老母鸡的合同。李某对零售价和采购价无异议。第二季度，超市只采购到10只老母鸡，并对应支付1000元。对尚未交付的10只老母鸡，超市可就下列哪一利益对李某主张损害赔偿？

A.生产利润1500元
B.采购价格1000元
C.转售利润1500元
D.零售价格2500元

【答案】C

（五）违约金与定金

1.构成要件：违约行为、特约条款（二要件）。

2．"三金"（损失赔偿金、违约金、定金）的关系。

（1）定金与损害赔偿金原则上**可以并用**，但不得超过因违约所造成的损失。

《民法典》第588条第2款 定金不足以弥补一方违约造成的损失的，对方可以请求赔偿超过定金数额的损失。

（2）违约金与损失赔偿金**不得并用**（适用违约金，适当调整，《民法典》第585条）。

约定的违约金低于造成的损失的，人民法院或者仲裁机构可以根据当事人的请求予以增加；约定的违约金过分高于造成的损失的，人民法院或者仲裁机构可以根据当事人的请求予以适当减少。

当事人就迟延履行约定违约金的，违约方支付违约金后，还应当履行债务。

当事人主张约定的违约金过分高于违约造成的损失，请求予以适当减少的，人民法院应当以《民法典》第584条规定的损失为基础，兼顾合同主体、交易类型、合同的履行情况、当事人的过错程度、履约背景等因素，遵循公平原则和诚信原则进行衡量，并作出裁判。约定的违约金超过造成损失的30%的，人民法院一般可以认定为过分高于造成的损失。恶意违约的当事人一方请求减少违约金的，人民法院一般不予支持。

当事人一方请求对方支付违约金，对方以合同不成立、无效、被撤销、确定不发生效力、不构成违约或者非违约方不存在损失等为由抗辩，未主张调整过高的违约金的，人民法院应当就若不支持该抗辩，当事人是否请求调整违约金进行释明。第一审人民法院认为抗辩成立且未予释明，第二审人民法院认为应当判决支付违约金的，可以直接释明，并根据当事人的请求，在当事人就是否应当调整违约金充分举证、质证、辩论后，依法判决适当减少违约金。被告因客观原因在第一审程序中未到庭参加诉讼，但是在第二审程序中到庭参加诉讼并请求减少违约金的，第二审人民法院可以在当事人就是否应当调整违约金充分举证、质证、辩论后，依法判决适当减少违约金。

当事人一方通过反诉或者抗辩的方式，请求调整违约金的，人民法院依法予以支持。违约方主张约定的违约金过分高于违约造成的损失，请求予以适当减少的，应当承担举证责任。非违约方主张约定的违约金合理的，也应当提供相应的证据。当事人仅以合同约定不得对违约金进行调整为由主张不予调整违约金的，人民法院不予支持。

▲小结：三种情况。

第一种：约定的违约金低于造成的损失的——予以增加。

第二种：约定的违约金一般高于（不超过30%）造成的损失的——不变。

第三种：约定的违约金过分高于（超过30%）造成的损失的——适当减少。

特别注意：这里的超过不含本数，亦即，如果违约金刚好等于损失的30%，则不作调整。

▲特别注意《买卖合同解释》所规定的法院的释明义务。

《买卖合同解释》第21条 买卖合同当事人一方以对方违约为由主张支付违约金，对方以合同不成立、合同未生效、合同无效或者不构成违约等为由进行免责抗辩而未主张调整过高的违约金的，人民法院应当就法院若不支持免责抗辩，当事人是否需要主张调整违约金进行释明。

一审法院认为免责抗辩成立且未予释明，二审法院认为应当判决支付违约金的，可以直接释明并改判。

（3）定金罚则与违约金不得并用，只能**择一行使**（《民法典》第588条）。

①定金的要点：要式且实践合同，最高20%。

②定金罚则。

《民法典》第586条　当事人可以约定一方向对方给付定金作为债权的担保。定金合同自实际交付定金时成立。

定金的数额由当事人约定；但是，不得超过主合同标的额的20%，超过部分不产生定金的效力。实际交付的定金数额多于或者少于约定数额的，视为变更约定的定金数额。

《民法典》第587条　债务人履行债务的，定金应当抵作价款或者收回。给付定金的一方不履行债务或者履行债务不符合约定，致使不能实现合同目的的，无权请求返还定金；收受定金的一方不履行债务或者履行债务不符合约定，致使不能实现合同目的的，应当双倍返回定金。

③出卖人通过认购、订购、预订等方式向买受人收受定金作为订立商品房买卖合同担保的，如果因当事人一方原因未能订立商品房买卖合同，应当按照法律关于定金的规定处理；因不可归责于当事人双方的事由，导致商品房买卖合同未能订立的，出卖人应当将定金返还买受人。

④如何选择——**就高不就低**。

例　设合同标的额100万元，定金已经支付，卖方违约，对当事人最有利的诉讼请求：

（1）定金10万元，违约金30万元——主张违约金，诉讼请求为40万元（包括原路退回的10万元定金）。

（2）定金30万元，违约金10万元——主张定金，诉讼请求为50万元（20×2＋10＝50）。

（3）定金30万元，违约金30万元——主张违约金，诉讼请求为60万元（包括原路退回的30万元定金）。

（4）定金30万元，违约金30万元，实际损失40万元——主张违约金，诉讼请求为70万元（违约金调整为40万元，加上原路退回的30万元定金）。

二、缔约过失责任（《民法典》第500、501条）

1.基本类型：

（1）恶意磋商导致合同不成立（第500条第1项）。

（2）订约欺诈导致合同归于无效（第500条第2项）。

（3）泄露或不当使用在合同订立中知悉的对方商业秘密（第501条）。

（4）因一方过失致合同无效或被撤销（第508条）——无过失不承担缔约责任。

例　甲、乙同为儿童玩具生产商。六一节前夕，丙与甲商谈进货事宜。乙知道后向丙提出更优惠条件，并指使丁假借订货与甲接洽，报价高于丙以阻止甲与丙签约。丙经比较与乙签约，丁随即终止与甲的谈判，甲因此遭受损失。——丁对甲承担缔约过失责任。

2. 构成要件：

（1）过错责任；

（2）合同生效之前（合同不成立，合同未生效，合同被撤销）；

（3）违反合同前义务（协助、照顾、保护、通知、保密等）。

例 甲公司在与乙公司协商购买某种零件时提出，由于该零件的工艺要求高，只有乙公司先行制造出符合要求的样品后，才能考虑批量购买。乙公司完成样品后，甲公司因经营战略发生重大调整，遂通知乙公司：本公司已不需此种零件，终止谈判。

3. 法律后果：信赖利益的赔偿（缔约谈判成本与履行准备费用）。

三、侵权与违约的责任竞合

1. 三同一：受害方就同一损害对同一责任人享有两项以上的权利。

2. 常考合同类型：医疗合同、运输合同、保管合同、承揽合同、安保义务人侵权责任与违约责任的竞合、产品责任、旅游纠纷。

3. 产品质量责任何时构成责任竞合。

例 大学生甲在寝室复习功课，隔壁寝室的学生乙、丙到甲的寝室强烈要求甲打开电视观看足球比赛，甲只好照办。由于质量问题，电视机突然爆炸，甲、乙、丙三人均受重伤。

（1）非购买者起诉生产者——侵权。

（2）非购买者起诉销售者——侵权。

（3）购买者起诉生产者——侵权。

（4）购买者起诉销售者——侵权、违约竞合。

4. 如何行使：择一行使。

例 赵某从商店购买了一台甲公司生产的家用洗衣机，洗涤衣物时，该洗衣机因技术缺陷发生爆裂，叶轮飞出造成赵某严重人身损害并毁坏衣物。

第二分编　典型合同

第九章　买卖合同

📖 本章导读

　　本章需要考生理解买卖合同的概念和特征，买卖合同的成立及效力；熟练掌握并运用标的物交付和所有权转移，标的物风险负担和孳息归属问题，以及买卖合同的违约责任，所有权保留，特种买卖合同（分期付款买卖、凭样品买卖合同、试用买卖等）。

💡 知识点

一、基本规则

（一）所有权转移

交付主义为原则，两项例外。

▲注意：交付主义的含义是什么？

买卖合同中的所有权转移
- 动产
  - 原则：交付
    - 现实交付：交付标的物
    - 观念交付
      - 简易交付
      - 占有改定
      - 指示交付
  - 拟制交付：交付权利凭证
  - ★例外：所有权保留：支付全部价金所有权转移
- ★不动产：登记

（二）风险分担

1. 何为风险：由于**非可归责**于当事人的原因导致标的物毁损、灭失。

▲要点小结：

①损失——不可归责于双方当事人的标的物毁损、灭失。

②谁承担——法律来分配（有约定的除外），这种分配注定是不公正的。

③结果——必须接受的不公正（法律是一种规则，而非万能守护神）。

④出卖人承担风险——标的物毁损、灭失，出卖人不能获得价金。

⑤买受人承担风险——标的物毁损、灭失，买受人必须支付价金。

⑥就标的物的灭失而言，何为风险，何为责任——可归责，追究责任；不可归责，分配风险（二选一）。

2.交付主义为原则，两项例外。

（1）前提：特定物和特定化的种类物（种类物在特定化之前，风险是出卖人的）。

《买卖合同解释》第11条　当事人对风险负担没有约定，标的物为种类物，出卖人未以装运单据、加盖标记、通知买受人等可识别的方式清楚地将标的物特定于买卖合同，买受人主张不负担标的物毁损、灭失的风险的，人民法院应予支持。

《买卖合同解释》第8条　《民法典》第603条第2款第1项规定的"标的物需要运输的"，是指标的物由出卖人负责办理托运，承运人系独立于买卖合同当事人之外的运输业者的情形。标的物毁损、灭失的风险负担，按照《民法典》第607条第2款的规定处理。

（2）规则。

①**交付主义**。

《民法典》第607条【需要运输的标的物风险负担】　出卖人按照约定将标的物运送至买受人指定地点并交付给承运人后，标的物毁损、灭失的风险由买受人承担。

当事人没有约定交付地点或者约定不明确，依据本法第603条第2款第1项的规定标的物需要运输的，出卖人将标的物交付给第一承运人后，标的物毁损、灭失的风险由买受人承担。

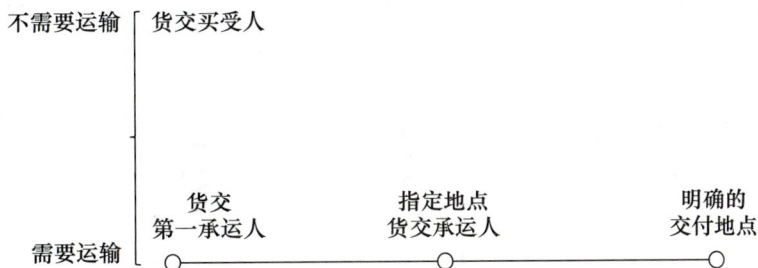

②例外。

《民法典》第605条　因买受人的原因致使标的物未按照约定的期限交付的，买受人应当自违反约定时起承担标的物毁损、灭失的风险。（买方迟延）

《民法典》第608条【买受人不收取标的物的风险负担】　出卖人按照约定或者依据本法第603条第2款第2项的规定将标的物置于交付地点，买受人违反约定没有收取的，标的物毁损、灭失的风险自违反约定时起由买受人承担。（买方迟延）

《民法典》第606条　出卖人出卖交由承运人运输的在途标的物，除当事人另有约定外，毁损、灭失的风险自合同成立时起由买受人承担。（路货买卖）

③电子商务法新增。

《电子商务法》第20条 电子商务经营者应当按照承诺或者与消费者约定的方式、时限向消费者交付商品或者服务，并承担商品运输中的风险和责任。但是，消费者另行选择快递物流服务提供者的除外。

> **应试点睛**
>
> 网购中，卖家指定快递的，运输途中标的物意外毁损、灭失的风险由卖家承担（不同于《民法典》的货交承运人规则）；如果买家指定快递，则运输途中标的物意外毁损、灭失的风险由买家承担。

（三）孳息归属

买卖合同中适用交付主义（没有例外）。

标的物在**交付之前**产生的孳息，归出卖人所有；**交付之后**产生的孳息，归买受人所有。但是，当事人另有约定的除外。

▲小结：基本规则——一交三转四例外。

所有权的移转——例外包括：不动产登记、动产所有权保留。

风险负担的移转——例外包括：路货买卖、买方迟延。

孳息的移转——没有例外。

（四）瑕疵担保责任

1. 瑕疵担保之类型。

《民法典》第612条【出卖人权利瑕疵担保义务】 出卖人就交付的标的物，负有保证第三人对该标的物不享有任何权利的义务，但是法律另有规定的除外。

《民法典》第617条【质量瑕疵担保责任】 出卖人交付的标的物不符合质量要求的，买受人可以依据本法第582条至第584条的规定请求承担违约责任。

2. 异议期限：

（1）异议期限包括约定的检验期限以及无约定情况下法院裁量的合理期限（自收到标的物起算**最长2年**，该2年期限为不变期间，不适用诉讼时效中止、中断或者延长的规定）。

①当事人约定的检验期限过短，根据标的物的性质和交易习惯，买受人在检验期限内难以完成全面检验的，该期限仅视为买受人对标的物的"外观瑕疵"提出异议的期限。买受人对隐蔽瑕疵提出异议的期限，为根据合同的具体情形所确定的"合理期限"

②当事人约定的检验期限或者质量保证期短于法律、行政法规规定期限的，以法律、行政法规规定的期限为准。反之，当事人约定的检验期限或者质量保证期长于法律、行政法规规定的期限的，以当事人约定的检验期限或者质量保证期为准。

（2）在此期间内，须完成检验和通知义务，否则视为标的物符合合同约定，买受人丧失违约责任请求权。如买受人在异议期间提出异议，自提出异议之日起，起算违约责任诉讼时效。

（3）例外情形：出卖人**恶意**不受通知期间之限制。

例 关于买卖合同，下列说法错误的是：

A. 甲公司与乙公司签订了设备买卖合同，合同中约定设备的质量保证期是10年，乙公司收到设备后进行了检验，未发现质量问题，乙公司将设备安装后投入使用，使用至第6年，设备出现质量问题，经仔细检验发现当时合同约定的用铜铸造的零部件，是用合金铸造的，乙公司有权请求甲公司承担违约责任

B. 丙公司与丁公司签订了货物买卖合同，合同约定丙公司交付货物之日起7日内丁公司进行检验并提出异议，丙公司交付货物后，丁公司工作人员由于忙于设备的维修，直到第10日方进行检验，发现货物数量短少，丁公司有权请求丙公司承担违约责任

C. 戊公司从己公司处购买了一套设备，戊公司使用后发现有质量问题，戊公司隐瞒了真实情况，将设备卖给了庚公司，庚公司一直未使用设备，3年后庚公司使用设备时发现质量问题，庚公司有权请求戊公司承担违约责任

D. 辛公司与壬公司签订了设备买卖合同，合同未约定检验期限，壬公司收到设备进行了检验，未发现质量问题，由于市场行情变化，壬公司一直未将设备投入使用，3年后壬公司将设备投入使用时，发现有质量问题，壬公司有权请求辛公司承担违约责任

【答案】BD

【相关法条】

《民法典》第620条【标的物检验】 买受人收到标的物时应当在约定的检验期限内检验。没有约定检验期限的，应当及时检验。

《民法典》第621条【标的物检验】 当事人约定检验期限的，买受人应当在检验期限内将标的物的数量或者质量不符合约定的情形通知出卖人。买受人怠于通知的，视为标的物的数量或者质量符合约定。

当事人没有约定检验期限的，买受人应当在发现或者应当发现标的物的数量或者质量不符合约定的合理期限内通知出卖人。买受人在合理期限内未通知或者自收到标的物之日起2年内未通知出卖人的，视为标的物的数量或者质量符合约定；但是，对标的物有质量保证期的，适用质量保证期，不适用该2年的规定。

出卖人知道或者应当知道提供的标的物不符合约定的，买受人不受前两款规定的通知时间的限制。

《买卖合同解释》第12条 人民法院具体认定《民法典》第621条第2款规定的"合理期限"时，应当综合当事人之间的交易性质、交易目的、交易方式、交易习惯、标的物的种类、数量、性质、安装和使用情况、瑕疵的性质、买受人应尽的合理注意义务、检验方法和难易程度、买受人或者检验人所处的具体环境、自身技能以及其他合理因素，依据诚实信用原则进行判断。

《民法典》第621条第2款规定的"2年"是最长的合理期限。该期限为不变期间，不适用诉讼时效中止、中断或者延长的规定。

《民法典》第622条 当事人约定的检验期限过短，根据标的物的性质和交易习惯，买受人在检验期限内难以完成全面检验的，该期限仅视为买受人对标的物的外观瑕疵提

出异议的期限。

约定的检验期限或者质量保证期短于法律、行政法规规定期限的,应当以法律、行政法规规定的期限为准。

【例题】(2021真题回忆版)甲公司和乙公司签订合同,甲公司提供参数,乙公司提供技术,利用乙公司的锅炉炼制,乙公司在指定地点安装并负责调试。甲公司与乙公司之间是什么合同?

A.买卖合同　　　　　　　　　B.承揽合同

C.技术服务合同　　　　　　　D.建设工程合同

【答案】C

二、特种买卖

(一)所有权保留

《民法典》第641条　当事人可以在买卖合同中约定买受人未履行支付价款或者其他义务的,标的物的所有权属于出卖人。

出卖人对标的物保留的所有权,未经登记,不得对抗善意第三人。

《民法典担保制度解释》第64条　在所有权保留买卖中,出卖人依法有权取回标的物,但是与买受人协商不成,当事人请求参照民事诉讼法"实现担保物权案件"的有关规定,拍卖、变卖标的物的,人民法院应予准许。

出卖人请求取回标的物,符合《民法典》第642条规定的,人民法院应予支持;买受人以抗辩或者反诉的方式主张拍卖、变卖标的物,并在扣除买受人未支付的价款以及必要费用后返还剩余款项的,人民法院应当一并处理。

基本要点:

(1)仅仅适用于动产,不适用不动产。

(2)出卖人仅仅保留所有权,不保留风险。

(3)制度属性:非典型担保。出卖人对标的物保留的所有权,**未经登记,不得对抗善意第三人**。

①如果非经登记,出卖人的所有权不得对抗善意第三人。

例　在约定所有权保留的情况下,买受人A如果将未经登记的标的物出卖于善意第三人D,则D可以善意取得标的物的所有权,此时出卖人B的所有权归于消灭。反之,如果第三人D恶意(知道所有权保留事宜),则D不能善意取得。

②经过登记,出卖人的所有权可以对抗善意第三人。

例　买受人A如果将未经所有权保留登记的租赁物出质于善意第三人D,则D可以善意取得标的物的质押权,此时出卖人B的"具有担保功能的"所有权不得对抗D的质押权(D的质权顺位在先,D先B后)。反之,如果B的所有权已经办理了登记,则B的"具有担保功能"的所有权的顺位优先于D的质押权(B先D后)。

③如果出卖人在交付后10日内完成登记,则享有"超级抵押权"的待遇(后发先至)。

例　甲企业一年前曾经向银行贷款并办理了浮动抵押登记,后来,甲企业向乙企业购入生产设备，因未付全款，乙企业保留了所有权并在交付后 10 日内办理了所有权保留的登记。甲企业在拿到生产设备的次日就将其质押于丙企业用于资金拆借的担保。丙企业保管不善损坏了该机器设备只好拿到丁修理厂去修理，因为没有付修理费用而被留置。请问，银行和乙企业、丙企业、丁修理厂的权利实现顺序如何？

答：丁修理厂、乙企业、银行、丙企业。

（4）制度价值：以出卖人取回权担保合同价款。

《民法典》第 642 条　当事人约定出卖人保留合同标的物的所有权，在标的物所有权转移前，买受人有下列情形之一，造成出卖人损害的，除当事人另有约定外，出卖人有权取回标的物：

（一）未按照约定支付价款，经催告后在合理期限内仍未支付；

（二）未按照约定完成特定条件；

（三）将标的物出卖、出质或者作出其他不当处分。

出卖人可以与买受人协商取回标的物；协商不成的，可以参照适用担保物权的实现程序。

特别注意：行使取回权不代表解除买卖合同。

（5）制度限制：出卖人取回权的两项限制。

买受人已经支付标的物总价款的 75% 以上，出卖人主张取回标的物的，人民法院不予支持。

在《民法典》第 642 条第 1 款第 3 项情形下，第三人依据《民法典》第 311 条的规定已经善意取得标的物所有权或者其他物权，出卖人主张取回标的物的，人民法院不予支持。

（6）回赎（《民法典》第 643 条）。

（7）大结局——清算（《民法典》第 643 条）。

《民法典》第 643 条　出卖人依据前条第 1 款的规定取回标的物后，买受人在双方约定或者出卖人指定的合理回赎期限内，消除出卖人取回标的物的事由的，可以请求回赎标的物。

买受人在回赎期限内没有回赎标的物，出卖人可以以合理价格将标的物出卖给第三人，出卖所得价款扣除买受人未支付的价款以及必要费用后仍有剩余的，应当返还买受人；不足部分由买受人清偿。

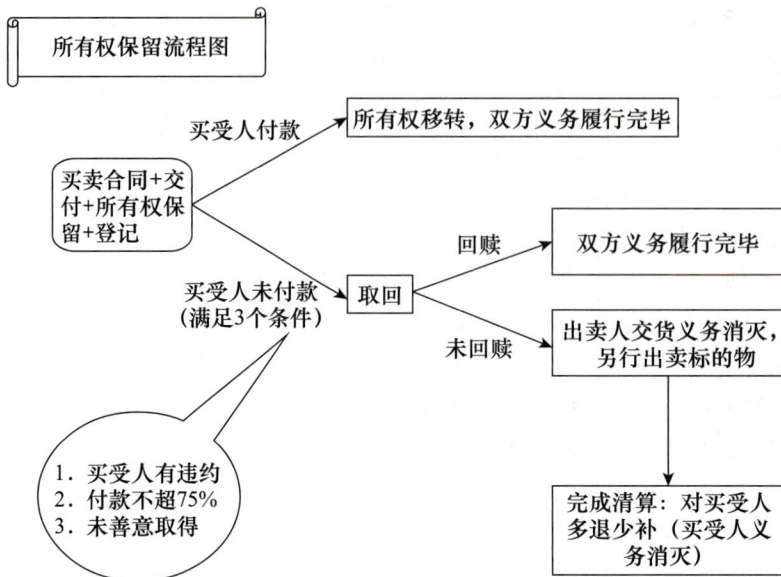

所有权保留流程图

例1　甲、乙签订一批电视机的买卖合同，价金 10 万元，分三期支付（3 万元—3 万元—4 万元），交付加所有权保留，乙如期支付两期价款后，无力支付第三期价款。甲行使取回权并再行出卖，发生各种费用 1 万元。

（1）如再行出卖得款 8 万元，清算结果如何？　8–1–4=3；甲将 3 万元返还给乙，乙承担 3 万元的亏损。

（2）如再行出卖得款 5 万元，清算结果如何？　5–1–4=0；乙承担 6 万元的亏损。

（3）如再行出卖得款 3 万元，清算结果如何？　3–1–4= –2；乙还需补给甲 2 万元。

例2　甲公司借用乙公司的一套设备，在使用过程中不慎损坏一关键部件，于是甲公司提出买下该套设备，乙公司同意出售。双方还口头约定在甲公司支付价款前，乙公司保留该套设备的所有权。不料在支付价款前，甲公司生产车间失火，造成包括该套设备在内的车间所有财物被烧毁。对此，下列哪些选项是正确的？

A. 乙公司已经履行了交付义务，风险责任应由甲公司负担

B. 在设备被烧毁时，所有权属于乙公司，风险责任应由乙公司承担

C. 设备虽然已经被烧毁，但甲公司仍然需要支付原定价款

D. 双方关于该套设备所有权保留的约定应采用书面形式

【答案】AC

（二）分期付款买卖

《民法典》第 634 条　分期付款的买受人未支付到期价款的数额达到全部价款的 1/5，经催告后在合理期限内仍未支付到期价款的，出卖人可以请求买受人支付全部价款或者解除合同。

出卖人解除合同的，可以向买受人请求支付该标的物的使用费。

（三）试用买卖

1. 试用买卖的认定

《买卖合同解释》第 30 条　买卖合同存在下列约定内容之一的，不属于试用买卖。买受人主张属于试用买卖的，人民法院不予支持：

（一）约定标的物经过试用或者检验符合一定要求时，买受人应当购买标的物；

（二）约定第三人经试验对标的物认可时，买受人应当购买标的物；

（三）约定买受人在一定期限内可以调换标的物；

（四）约定买受人在一定期限内可以退还标的物。

2. 同意购买的认定

《民法典》第 638 条【试用买卖的效力】　试用买卖的买受人在试用期内可以购买标的物，也可以拒绝购买。试用期限届满，买受人对是否购买标的物未作表示的，视为购买。

试用买卖的买受人在试用期内已经支付部分价款或者对标的物实施出卖、出租、设立担保物权等行为的，视为同意购买。

3. 使用费的认定

《民法典》第 639 条　试用买卖的当事人对标的物使用费没有约定或者约定不明确的，出卖人无权请求买受人支付。

4. 试用期间的认定

《民法典》第 637 条　试用买卖的当事人可以约定标的物的试用期限。对试用期限没有约定或者约定不明确，依据本法第 510 条的规定仍不能确定的，由出卖人确定。

5. 试用期间风险归谁

《民法典》第 640 条　标的物在试用期内毁损、灭失的风险由出卖人承担。

【例题】（2021 真题回忆版）某商场为了推广炒菜机器人，承诺购买炒菜机器人的均试用 15 天，不满意的可以退还，甲购买一个回家试用，但是第二天就把它出租给一个饭店。但是该机器人在饭店使用期间发生了爆炸。乙也拿了一个回家使用，用过之后不太满意，在试用期满后第二天去归还商场，因此与商场发生纠纷。对于此案，下列说法正确的是：

A. 甲把机器人出租给饭店的行为，视为同意购买了该机器人

B. 乙超期归还视为默示购买

C. 试用期间发生自然灾害卖家承担风险

D. 试用期间发生自然灾害买家承担风险

【答案】ABC

三、一物数卖

（一）一物数卖的基本规则

在不违反《民法典》第 143 条的情况下，一物数卖的数个买卖合同都有效，但是物权只能归属于其中一人（详见下文），没有取得所有权的其他买受人向出卖人主张违约

责任。

（二）三种具体情况

1. 不动产的一物数卖

不动产的一物数卖，物权 归属于登记人或者预告登记的权利人，没有登记的，所有权不转移。

2. 普通动产的一物数卖

出卖人就同一普通动产订立多重买卖合同，在买卖合同均有效的情况下，买受人均要求实际履行合同的，应当按照以下情形分别处理：

（1）先行受领交付的买受人 请求确认所有权已经转移的，人民法院应予支持（确认之诉）；

（2）均未受领交付，先行支付价款的买受人 请求出卖人履行交付标的物等合同义务的，人民法院应予支持（给付之诉）；

（3）均未受领交付，也未支付价款，依法成立在先合同的买受人 请求出卖人履行交付标的物等合同义务的，人民法院应予支持（给付之诉）。

例　甲为出售一台挖掘机分别与乙、丙、丁、戊签订买卖合同，具体情形如下：2016 年 3 月 1 日，甲胁迫乙订立合同，约定货到付款；4 月 1 日，甲与丙签订合同，丙支付 20% 的货款；5 月 1 日，甲与丁签订合同，丁支付全部货款；6 月 1 日，甲与戊签订合同，甲将挖掘机交付给戊。上述买受人均要求实际履行合同，就履行顺序产生争议。关于履行顺序，下列哪一选项是正确的？

A. 戊、丙、丁、乙　　　　　　　　B. 戊、丁、丙、乙

C. 乙、丁、丙、戊　　　　　　　　D. 丁、戊、乙、丙

【答案】A

3. 特殊动产之一物数卖

出卖人就同一船舶、航空器、机动车等特殊动产订立多重买卖合同，在买卖合同均有效的情况下，买受人均要求实际履行合同的，应当按照以下情形分别处理：

（1）先行受领交付的买受人 请求出卖人履行办理所有权转移登记手续等合同义务的，人民法院应予支持；

（2）均未受领交付，先行办理所有权转移登记手续的买受人 请求出卖人履行交付标的物等合同义务的，人民法院应予支持；

（3）均未受领交付，也未办理所有权转移登记手续，依法成立在先合同的买受人 请求出卖人履行交付标的物和办理所有权转移登记手续等合同义务的，人民法院应予支持；

（4）出卖人将标的物交付给买受人之一，又为其他买受人办理所有权转移登记，已受领交付的买受人请求将标的物所有权登记在自己名下的，人民法院应予支持。

《民法典》第 225 条【特殊动产登记的效力】　船舶、航空器和机动车等的物权的设立、变更、转让和消灭，未经登记，不得对抗善意第三人。

第十章　保证合同

扫描右侧二维码"听课 + 做题",直达最佳学习效果
1. 在线听课:学习本章节核心考点讲解课程。
2. 在线刷题:点击⌂进入题库做章节练习。

📖 本章导读

本章需要考生熟练掌握保证合同的成立和效力,保证合同的主要内容及履行规则以及保证责任;理解保证合同的概念和法律特征。

💡 知识点

一、保证概述

(一)保证的定义

保证,是指第三人和债权人约定,当债务人不履行或不能履行其债务时,该第三人按照约定或法律规定履行债务或者承担责任的担保方式。这里的第三人称为保证人;债权人既是主合同中的债权人,又是保证合同中的债权人,保证债权具有从属性,其成立、消灭、效力、移转都从属于主债权。

1. 保证与担保物权的区别

保证:保证人的全部财产承担责任非优先受偿。

担保物权:担保人的担保财产承担责任且优先受偿。

2. 保证与债务加入的区别

【▲司法解释新规】

《民法典担保制度解释》第36条　第三人向债权人提供差额补足、流动性支持等类似承诺文件作为增信措施,具有提供担保的意思表示,债权人请求第三人承担保证责任的,人民法院应当依照保证的有关规定处理。

第三人向债权人提供的承诺文件,具有加入债务或者与债务人共同承担债务等意思表示的,人民法院应当认定为《民法典》第552条规定的债务加入。

前两款中第三人提供的承诺文件难以确定是保证还是债务加入的,人民法院应当将其认定为保证。

第三人向债权人提供的承诺文件不符合前三款规定的情形,债权人请求第三人承担保证责任或者连带责任的,人民法院不予支持,但是不影响其依据承诺文件请求第三人履行约定的义务或者承担相应的民事责任。

（二）一般保证和连带责任保证

1.概念。

一般保证，是指当事人在保证合同中约定，债务人不能履行债务时，由保证人承担保证责任的保证。所谓连带责任保证，是指当事人在保证合同中约定保证人与债务人对债务承担连带责任的保证。这两种保证之间最大的区别在于保证人**是否享有先诉抗辩权**。在一般保证情况下，保证人享有先诉抗辩权，即"一般保证的保证人在主合同纠纷未经审判或者仲裁，并就债务人财产依法强制执行仍不能履行债务前，有权拒绝向债权人承担保证责任"。而在连带责任保证的情况下，保证人不享有先诉抗辩权，即"连带责任保证的债务人不履行到期债务或者发生当事人约定的情形时，债权人可以请求债务人履行债务，也可以请求保证人在其保证范围内承担保证责任"。基于对保证人保护的理念，如果当事人没有明确约定为连带责任保证，原则上推定为一般保证。

《民法典担保制度解释》第25条　当事人在保证合同中约定了保证人在债务人不能履行债务或者无力偿还债务时才承担保证责任等类似内容，具有债务人应当先承担责任的意思表示的，人民法院应当将其认定为一般保证。

当事人在保证合同中约定了保证人在债务人不履行债务或者未偿还债务时即承担保证责任、无条件承担保证责任等类似内容，不具有债务人应当先承担责任的意思表示的，人民法院应当将其认定为连带责任保证。

2.先诉抗辩权的消灭。

一般保证的保证人在主合同纠纷未经审判或者仲裁，并就债务人财产依法强制执行仍不能履行债务前，有权拒绝向债权人承担保证责任，但是有下列情形之一的除外：

（1）债务人下落不明，且无财产可供执行；

（2）人民法院已经受理债务人破产案件；

（3）债权人有证据证明债务人的财产不足以履行全部债务或者丧失履行债务能力；

（4）保证人书面表示放弃先诉抗辩权。

3.诉讼地位。

（1）连带责任保证：可单列任何一人，也可同时列为被告（类似于连带责任）。

（2）一般保证：

①可单列债务人，不可单列保证人（保证人有先诉抗辩权，避免浪费诉讼资源）。

②可列为共同被告。

《民法典担保制度解释》第26条　一般保证中，债权人以债务人为被告提起诉讼的，人民法院应予受理。债权人未就主合同纠纷提起诉讼或者申请仲裁，仅起诉一般保证人的，人民法院应当驳回起诉。

一般保证中，债权人一并起诉债务人和保证人的，人民法院可以受理，但是在作出判决时，除有《民法典》第687条第2款但书规定的情形外，应当在判决书主文中明确，保证人仅对债务人财产依法强制执行后仍不能履行的部分承担保证责任。

债权人未对债务人的财产申请保全，或者保全的债务人的财产足以清偿债务，债权人申请对一般保证人的财产进行保全的，人民法院不予准许。

【例题】（2020真题回忆版）于某因公司周转向汪海银行借款50万元，姜某做连带保证人。两个月后又追加借款20万元。告知姜某，姜某未置可否。关于姜某的保证责任，说法正确的是：

A. 姜某可以向汪海银行行使先诉抗辩权

B. 于某对汪海银行的抗辩权，姜某也可以对银行主张

C. 姜某应为于某70万元承担保证责任

D. 姜某应为于某50万元承担保证责任

【答案】BD

4. 一般保证的保证人在主债务履行期限届满后，向债权人提供债务人可供执行财产的真实情况，债权人放弃或者怠于行使权利致使该财产不能被执行的，保证人在其提供可供执行财产的价值范围内不再承担保证责任。

（三）保证人

保证人须有代为清偿的能力，但不能以保证人不具有代偿能力为由认定保证合同不具有法律效力。

1. 机关法人提供担保的，人民法院应当认定担保合同无效，但是经国务院批准为使用外国政府或者国际经济组织贷款进行转贷的除外。

居民委员会、村民委员会提供担保的，人民法院应当认定担保合同无效，但是依法代行村集体经济组织职能的村民委员会，依照村民委员会组织法规定的讨论决定程序对外提供担保的除外。

2. **以公益为目的的**非营利性学校、幼儿园、医疗机构、养老机构等提供担保的，人民法院应当认定担保合同无效，但是有下列情形之一的除外：

（1）在购入或者以融资租赁方式承租教育设施、医疗卫生设施、养老服务设施和其他公益设施时，出卖人、出租人为担保价款或者租金实现而在该公益设施上保留所有权；

（2）以教育设施、医疗卫生设施、养老服务设施和其他公益设施以外的不动产、动产或者财产权利设立担保物权。

登记为营利法人的学校、幼儿园、医疗机构、养老机构等提供担保，当事人以其不具有担保资格为由主张担保合同无效的，人民法院不予支持。

二、保证合同

1. 保证合同是单务、无偿、要式、诺成合同。

2. 保证合同的形式：保证合同、保证条款、保证人的单方担保书（被接受且无异议）、保证人身份签名或者盖章。

3. 保证人须作出承担保证责任的意思表示。

（1）他人在借据、收据、欠条等债权凭证或者借款合同上签名或者盖章，但是未表明其保证人身份或者承担保证责任，或者通过其他事实不能推定其为保证人，不能认定为保证人。

（2）网络贷款平台的提供者仅提供媒介服务的，并未明示或者没有其他证据证明其

为借贷提供担保的，不承担保证责任。

三、保证的效力

（一）保证的范围

《民法典》第 691 条规定：保证的范围包括主债权及其利息、违约金、损害赔偿金和实现债权的费用。当事人另有约定的，按照其约定。

（二）保证合同的法律关系

1. 保证人与主债权人的关系。

（1）债权人的权利。债权人对保证人享有请求承担保证责任（履行保证债务）的权利。该权利的行使以主债务不履行为前提，以保证责任已届承担期为必要。

（2）保证人的权利。保证合同是单务、无偿合同，保证人对债权人不享有请求给付的权利，所享有的只是抗辩权或其他防御性的权利。具体包括：

第一，保证人有权援引债务人的抗辩权。该抗辩权主要有三类：其一，权利未发生的抗辩权，例如，主合同未成立；其二，权利已消灭的抗辩权，例如，主债权因履行而消灭；其三，拒绝履行的抗辩权，例如，时效完成的抗辩权、同时履行抗辩权、不安抗辩权等。即使债务人放弃上述抗辩权，保证人也有权主张，因为保证人主张主债务人的抗辩权并非代为主张，而是基于保证人的地位而独立行使。

第二，基于保证人的地位特有的抗辩权。基于保证人的地位而特有的抗辩权，即先诉抗辩权，此项抗辩权专属于一般保证的保证人。

第三，基于一般债务人的地位享有的权利。债务人对债权人享有抵销权或者撤销权的，保证人可以在相应范围内拒绝承担保证责任。

★小结：

①保证人放弃自己的抗辩权帮债务人还债，属于"神队友"，可以向债务人追偿（损己利人）。

②保证人放弃债务人的抗辩权去清偿债务的，属于帮债务人倒忙的"猪队友"，不得向债务人追偿（损己不利人）。

③债务人放弃自己的抗辩权[①]，保证人也有权主张。

2. 保证人与主债务人的关系。保证人与主债务人的关系，主要表现为保证人的求偿权。

保证人的求偿权，又称保证人的追偿权，是指保证人承担保证责任后，可以向主债务人请求偿还的权利。保证人承担保证责任后，除当事人另有约定外，有权在其承担保证责任的范围内向债务人追偿，享有债权人对债务人的权利，但是不得损害债权人的利益。

例 债权人 A，债务人 B，债务金额 100 万元，保证人 C 承担 50 万元的保证责任，

---

① 《民法典担保制度解释》第 35 条 保证人知道或者应当知道主债权诉讼时效期间届满仍然提供保证或者承担保证责任，又以诉讼时效期间届满为由拒绝承担保证责任或者请求返还财产的，人民法院不予支持；保证人承担保证责任后向债务人追偿的，人民法院不予支持，但是债务人放弃诉讼时效抗辩的除外。

债务人提供了一套价值 50 万元的房屋抵押。如果保证人 C 主动承担了保证责任，那么可以取得 A 对 B 的债权，同时将取得 A 对 B 的抵押权。此时如果容许 C 向 B 追偿时行使该抵押权，则 A 的另外 50 万元债权将失去抵押权的保护。所以，此时，C 不得行使 A 对 B 的抵押权，此即"不得损害债权人的利益"。

四、保证期间与保证诉讼时效

《民法典》第 692 条　保证期间是确定保证人承担保证责任的期间，不发生中止、中断和延长。

债权人与保证人可以约定保证期间，但是约定的保证期间早于主债务履行期限或者与主债务履行期限同时届满的，视为没有约定；没有约定或者约定不明确的，保证期间为主债务履行期限届满之日起 6 个月。

债权人与债务人对主债务履行期限没有约定或者约定不明确的，保证期间自债权人请求债务人履行债务的宽限期届满之日起计算。

《民法典》第 693 条　一般保证的债权人未在保证期间对债务人提起诉讼或者申请仲裁的，保证人不再承担保证责任。

连带责任保证的债权人未在保证期间请求保证人承担保证责任的，保证人不再承担保证责任。

《民法典》第 694 条　一般保证的债权人在保证期间届满前对债务人提起诉讼或者申请仲裁的，从保证人拒绝承担保证责任的权利消灭之日起，开始计算保证债务的诉讼时效。

连带责任保证的债权人在保证期间届满前请求保证人承担保证责任的，从债权人请求保证人承担保证责任之日起，开始计算保证债务的诉讼时效。

《民法典担保制度解释》第 27 条　一般保证的债权人取得对债务人赋予强制执行效力的公证债权文书后，在保证期间内向人民法院申请强制执行，保证人以债权人未在保证期间内对债务人提起诉讼或者申请仲裁为由主张不承担保证责任的，人民法院不予支持。

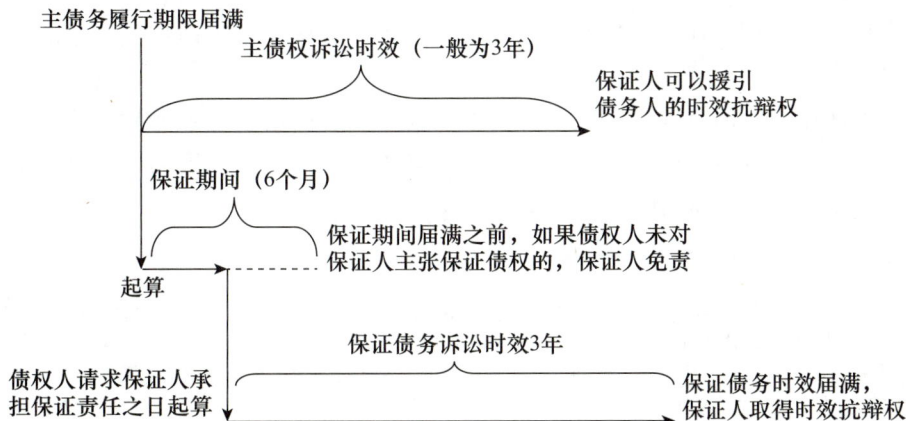

连带责任保证中保证期间与诉讼时效的运行

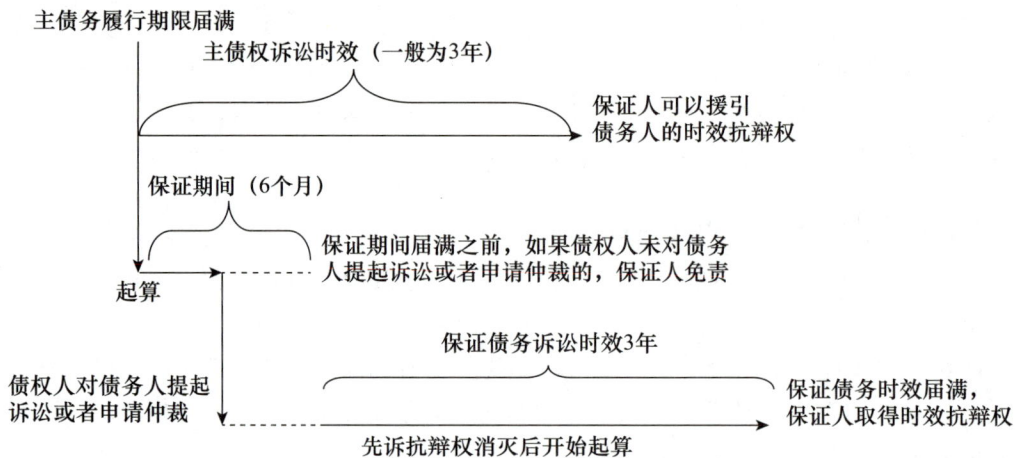

一般保证中保证期间与诉讼时效的运行

（一）保证期间

1. 功能：保证期间是债权人的行权期间，亦即，将保证人"拉下水"的期间，或者说，保证期间是表明是否追究保证责任的一个行权（表态）期间。

（1）未行权（表态）→责权人放弃了追究保证债务的权利[1]。

行权（表态）——→拴住了保证人（保证债务被确定）——→将迎来保证合同（债务）的诉讼时效。

（2）怎样行权（表态）对于一般保证，须向债务人提起诉讼或者申请仲裁；对于连带责任保证，须向保证人主张权利。

①同一债务有两个以上保证人，债权人以其已经在保证期间内依法向部分保证人行使权利为由，主张已经在保证期间内向其他保证人行使权利的，人民法院不予支持。

同一债务有两个以上保证人，保证人之间相互有追偿权，债权人未在保证期间内依法向部分保证人行使权利，导致其他保证人在承担保证责任后丧失追偿权，其他保证人主张在其不能追偿的范围内免除保证责任的，人民法院应予支持。

②一般保证的债权人在保证期间内对债务人提起诉讼或者申请仲裁后，又撤回起诉或者仲裁申请，债权人在保证期间届满前未再行提起诉讼或者申请仲裁，保证人主张不再承担保证责任的，人民法院应予支持。

连带责任保证的债权人在保证期间内对保证人提起诉讼或者申请仲裁后，又撤回起诉或者仲裁申请，起诉状副本或者仲裁申请书副本已经送达保证人的，人民法院应当认定债权人已经在保证期间内向保证人行使了权利。

2. 起算：**主债务履行期限届满之日**。

---

[1] 《民法典担保制度解释》第 34 条　人民法院在审理保证合同纠纷案件时，应当将保证期间是否届满、债权人是否在保证期间内依法行使权利等事实作为案件基本事实予以查明。

债权人在保证期间内未依法行使权利的，保证责任消灭。保证责任消灭后，债权人书面通知保证人要求承担保证责任，保证人在通知书上签字、盖章或者按指印，债权人请求保证人继续承担保证责任的，人民法院不予支持，但是债权人有证据证明成立了新的保证合同的除外。

《民法典担保制度解释》第 33 条　保证合同无效，债权人未在约定或者法定的保证期间内依法行使权利，保证人主张不承担赔偿责任的，人民法院应予支持。

3. 期限：

①有约定的依约定；

②无约定的，主债务履行期限届满之日起 6 个月；

③约定过短——早于或者等于主债务履行期限——→约定无效——→保证期间为 6 个月[①]；

④保证期间不发生中断、中止、延长。

（二）保证期间与主债务诉讼时效、保证债务诉讼时效的关系（三条线）

1. 三条线的起算与承接：

（1）主债务的诉讼时效与保证期间同时起算，都是从主债务履行期限届满之日或者宽限期届满之日起算。

（2）保证期间内，债权人如果作出"表态"，即一般保证中向债务人提起诉讼或者申请仲裁，连带责任保证中向保证人主张权利，那么，保证期间功成身退，将迎来保证债务的诉讼时效。

（3）一般保证的债权人在保证期间届满前对债务人提起诉讼或者申请仲裁的，从保证人的先诉抗辩权消灭之日起，开始计算保证债务的诉讼时效。连带责任保证的债权人在保证期间届满前请求保证人承担保证责任的，从债权人请求保证人承担保证责任之日起，开始计算保证债务的诉讼时效。

例 甲于 2004 年 8 月 9 日向乙借款 5 万元，约定 1 年后还款，由丙作甲的保证人。合同中没有关于丙保证方式的约定，也没有约定丙承担保证责任的期间。后来，甲、乙、丙三人对合同进行了修改，在合同中添加条款说明丙为连带责任保证人，甲的还款时间为 2006 年 1 月 1 日，丙的保证期间至甲偿还完借款本息之日止。对此，下列说法不正确的是：

A. 若甲、乙、丙三人没有对合同进行修改，丙也应承担连带保证责任

B. 若甲、乙、丙三人没有对合同进行修改，丙的保证责任期间应至 2006 年 2 月 9 日

C. 在甲、乙、丙三人对合同进行修改后，丙的保证期间至 2006 年 7 月 1 日

D. 在甲、乙、丙三人对合同进行修改后，丙的保证期间至 2008 年 1 月 1 日

【答案】AD

2. 三条线的作用以及保证人的追偿：

（1）第一条线——主债务的时效届满后，主债务人取得时效抗辩权，保证人必须援引，否则不得追偿。

（2）第二条线——保证期间届满，保证责任消灭，保证人不再是保证人，如果仍然以保证人身份对债权人清偿的，为非债清偿，构成不当得利，保证人可以向债权人请求返还。

（3）第三条线——保证债务的时效届满后，保证人取得时效抗辩权。保证人如放弃

[①] 《民法典担保制度解释》第 32 条 保证合同约定保证人承担保证责任直至主债务本息还清时为止等类似内容的，视为约定不明，保证期间为主债务履行期限届满之日起 6 个月。

保证债务的时效抗辩清偿债务的，可以向债务人追偿。

五、主合同变更对保证责任的影响

1. 债权人和债务人未经保证人书面同意，协商变更主债权债务合同内容，减轻债务的，保证人仍对变更后的债务承担保证责任；加重债务的，保证人对加重的部分不承担保证责任。

债权人和债务人变更主债权债务合同的履行期限，未经保证人书面同意的，保证期间不受影响。

2. 债权人转让全部或者部分债权，未通知保证人的，该转让对保证人不发生效力。

保证人与债权人约定禁止债权转让，债权人未经保证人书面同意转让债权的，保证人对受让人不再承担保证责任。

3. 债权人未经保证人书面同意，允许债务人转移全部或者部分债务，保证人对未经其同意转移的债务不再承担保证责任，但是债权人和保证人另有约定的除外。

第三人加入债务的，保证人的保证责任不受影响。

第十一章　融资租赁合同

📖 本章导读

本章需要考生熟练掌握并运用融资租赁合同的认定及效力，融资租赁合同的主要内容及履行规则，融资租赁合同的解除，融资租赁物的所有权归属；理解融资租赁合同的概念和特征。

💡 知识点

一、融资租赁的判定

融资租赁合同是出租人根据承租人对出卖人、租赁物的选择，向出卖人购买租赁物，提供给承租人使用，承租人支付租金的合同。

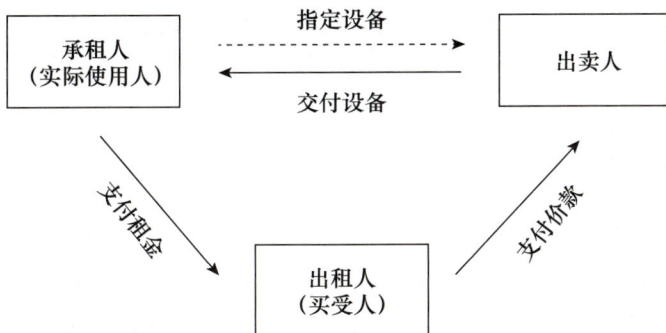

1. 当事人以虚构租赁物方式订立的融资租赁合同无效。

2. 售后回租（A 先卖给 B 再租回来）认定为融资租赁。

3. 融资租赁的特点：（1）承租人指定租赁物；（2）租金总和基本相当于租赁物购买价款及利息及合理利润；（3）租赁期满双方可以约定，承租人有权以象征性价格取得租赁物的所有权。满足这三个条件，某一交易行为就可以直接认定为融资租赁行为。

当事人约定租赁期限届满，承租人仅需向出租人支付象征性价款的，视为约定的租金义务履行完毕后租赁物的所有权归承租人。

4. 合同的形式——采用书面形式。

5. 依照法律、行政法规的规定，对于租赁物的经营使用应当取得行政许可的，出租人未取得行政许可不影响融资租赁合同的效力。

6. 无效的融资租赁原则上返还原物（有约定从约定自不待言）。但有两个例外（物尽其用，保护无过错方）：

（1）返还后会显著降低租赁物效用的，给予合理补偿；

（2）因承租人原因导致合同无效且出租人不请求返还租赁物的，给予合理补偿。

例 甲融资租赁公司与乙公司签订融资租赁合同，约定乙公司向甲公司转让一套生产设备，转让价为评估机构评估的市场价200万元，再租给乙公司使用3年，乙公司向甲公司支付租金300万元。甲公司与乙公司之间构成融资租赁合同关系。

二、融资租赁的法律关系

买卖合同	付款	出租人负担标的物的价金义务（付给出卖人）
	所有权	除非另有约定，否则归出租人（买受人）
	交付	承租人有权从出卖人处直接受领标的物
	瑕疵担保责任	承租人可以依照约定对出卖人直接主张损害赔偿
租赁合同	租金	承租人付给出租人
	使用收益权	承租人享有使用收益权利，出租人不得不当干预
	维修义务	承租人承担
	物件侵权责任	承租人承担
	风险承担	承租人承担标的物意外毁损、灭失的风险
	转让债的关系	出租人得自由转让合同中的权利义务（买卖不破融资租赁）
租赁物的无权处分		出租人对租赁物享有的所有权，未经登记，不得对抗善意第三人 承租人未经出租人同意，将租赁物转让、抵押、质押、投资入股或者以其他方式处分的，出租人可以解除融资租赁合同

例1 甲公司请求乙融资租赁公司和丙订立买卖合同，由乙公司购买设备，然后按照约定将设备出租给甲公司，他们之间的协议约定，乙公司直接支付价款，而甲公司负责受领租赁物。则：

（1）甲公司受领标的物时，所有权转移给乙公司；

（2）如果受领的标的物不符合约定，甲公司可直接向丙主张权利；

（3）丙迟延履行，甲公司催告并且设定了合理的催告期限，丙仍不履行的，甲公司可以拒绝受领标的物；

（4）如果甲公司在使用过程中，机器设备不慎掉落零件，砸伤了前来参观的王某，由甲公司进行赔偿。

例2 甲让乙融资租赁公司向丙购买设备，出租给甲15年，15年后所有权归甲。丙向甲交付，略有瑕疵，甲受领后设备因地震损毁。则下列说法正确的有：

A. 因地震甲可以解除受领

B. 甲仍需支付租金

C. 因有瑕疵丙承担风险

D. 该设备存在瑕疵，乙应承担修复责任

【答案】B

三、融资租赁的担保功能

《民法典》第745条　出租人对租赁物享有的所有权，未经登记，不得对抗善意第三人。

《民法典担保制度解释》第65条第1款　在融资租赁合同中，承租人未按照约定支付租金，经催告后在合理期限内仍不支付，出租人请求承租人支付全部剩余租金，并以拍卖、变卖租赁物所得的价款受偿的，人民法院应予支持；当事人请求参照民事诉讼法"实现担保物权案件"的有关规定，以拍卖、变卖租赁物所得价款支付租金的，人民法院应予准许。

1. 非经登记，出租人的所有权不得对抗善意第三人。

例　承租人A如果将未经融资租赁登记的租赁物出卖于善意第三人D，则D可以善意取得标的物的所有权，此时出租人B的所有权归于消灭。反之，如果第三人D恶意，即知道该标的物属于B，则D不能善意取得。

同理，如果该融资租赁物已经完成登记，则出租人的所有权受到登记的保护，第三人同样不能善意取得。

2. 经过登记，出租人对标的物的所有权具有担保功能且可以对抗善意第三人，此时和标的物上的其他担保物权适用先来后到规则。

例　承租人A如果将未经融资租赁登记的租赁物出质于善意第三人D，则D可以善意取得标的物的质押权，此时出租人B的所有权不得对抗D的质押权（D的质权顺位在先，D先B后）。反之，如果B的所有权已经办理了登记，则B的"具有担保功能"的所有权的顺位优先于D的质押权（B先D后）。

3. 如果出租人在交付后10日内完成登记，则享有"超级抵押权"的待遇（后发先至）。

例　甲企业一年前曾经向银行贷款并办理了浮动抵押登记，后来，甲企业通过融资租赁的方式租下了乙企业的一套生产设备，并完成了登记。甲企业在拿到生产设备的次日就将其质押于丙企业用于资金拆借的担保。丙企业保管不善损坏了该机器设备只好拿到丁修理厂去修理，因为没有付修理费用而被留置。请问，银行和乙企业、丙企业、丁修理厂的权利实现顺序如何？

答：丁修理厂、乙企业、银行、丙企业。

四、出租人的义务和责任

1. 协助索赔的义务。

出租人、出卖人、承租人可以约定，出卖人不履行买卖合同义务的，由承租人行使索赔的权利。承租人行使索赔权利的，出租人应当协助。

承租人对出卖人行使索赔权利，不影响其履行支付租金的义务。但是，承租人依赖出租人的技能确定租赁物或者出租人干预选择租赁物的，承租人可以请求减免相应租金。

出租人有下列情形之一，致使承租人对出卖人行使索赔权利失败的，承租人有权请求出租人承担相应的责任：

（1）明知租赁物有质量瑕疵而不告知承租人；

（2）承租人行使索赔权利时，未及时提供必要协助。

出租人怠于行使只能由其对出卖人行使的索赔权利，造成承租人损失的，承租人有权请求出租人承担赔偿责任。

租赁物不符合约定或者不符合使用目的的，出租人不承担责任。但是，承租人依赖出租人的技能确定租赁物或者出租人干预选择租赁物的除外。

2.出租人应当保证承租人对租赁物的占有和使用。

出租人有下列情形之一的，承租人有权请求其赔偿损失：

（1）无正当理由收回租赁物；

（2）无正当理由妨碍、干扰承租人对租赁物的占有和使用；

（3）因出租人的原因致使第三人对租赁物主张权利；

（4）不当影响承租人对租赁物占有和使用的其他情形。

五、承租人的义务与责任

1.物件侵权责任。

承租人占有租赁物期间，租赁物造成第三人人身损害或者财产损失的，出租人不承担责任。

2.保管与维修义务。

承租人应当妥善保管、使用租赁物。

承租人应当履行占有租赁物期间的维修义务。

3.风险责任。

承租人占有租赁物期间，租赁物毁损、灭失的，出租人有权请求承租人继续支付租金，但是法律另有规定或者当事人另有约定的除外。

4.支付租金的义务。

承租人应当按照约定支付租金。承租人经催告后在合理期限内仍不支付租金的，出租人可以请求支付全部租金；也可以解除合同，收回租赁物。

5.不得无权处分的义务。

承租人未经出租人同意，将租赁物转让、抵押、质押、投资入股或者以其他方式处分的，出租人可以解除融资租赁合同。

六、融资租赁合同的履行和转让

（一）融资租赁合同的履行

1.两种情形下可以拒绝受领标的物：

（1）标的物严重不符合约定；

（2）未按照约定交付标的物，经承租人或者出租人催告后在合理期限内仍未交付。

2.承租人拒收的，有通知义务。

3. 承租人无正当理由拒领，造成出租人损失的，出租人可以诉承租人损害赔偿。

（二）融资租赁合同的转让

1. 融资租赁的承租人可以主张买卖不破融资租赁（承租人可以向受让人继续主张融资租赁的权利）。

2. 买卖不破融资租赁性质上属于债权让与，通知生效（通知前后，租金给付的对象不同）。

3. 融资租赁的承租人没有优先购买权。

例　甲公司通过乙融资租赁公司承租从丙公司购得的电信设备（设备完成了融资租赁登记），租期3年，每月月末支付租金，则：

（1）在租赁期限内，甲公司将租赁物转让给第三人的行为属于无权处分，因设备完成了融资租赁登记，第三人主张善意取得的不予支持；

（2）在租赁期限内，乙公司将合同中的权利转让给他人，属于有权处分，此时甲公司可以主张买卖不破融资租赁，但不得主张优先购买权；

（3）租期届满后，电信设备的所有权归属于乙公司。

七、租赁物补偿规则

1. 租赁物因意外事件毁损、灭失，风险由承租人承担。

2. 产生合同解除权（不可抗力解除权）：

（1）合同解除，承租人仅仅以折旧情况进行补偿——租赁物自身的价值（一次性付）。

（2）合同不解除，承租人继续支付租金（承租人承担租赁物意外毁损、灭失的风险）——租赁物自身的价值＋利润（分期付）。

例　甲公司与乙融资租赁公司签订融资租赁合同，乙公司出资购买一套生产线，然后出租给甲公司。租赁期限，因为地震该套生产线全部损毁，则甲公司有权解除合同，乙公司可以请求甲公司按照租赁物折旧情况给予补偿，若未解除合同，甲公司应继续支付租金。此即甲公司承担风险的表现。

八、融资租赁合同的解除

有下列情形之一的，出租人或者承租人可以解除融资租赁合同：

（1）出租人与出卖人订立的买卖合同解除、被确认无效或者被撤销，且未能重新订立买卖合同；

（2）租赁物因不可归责于当事人的原因毁损、灭失，且不能修复或者确定替代物；

（3）因出卖人的原因致使融资租赁合同的目的不能实现。

承租人未经出租人同意，将租赁物转让、抵押、质押、投资入股或者以其他方式处分的，出租人可以解除融资租赁合同。

第十二章 保理合同

本章导读

本章需要考生熟练掌握保理合同的主要内容及履行规则。

知识点

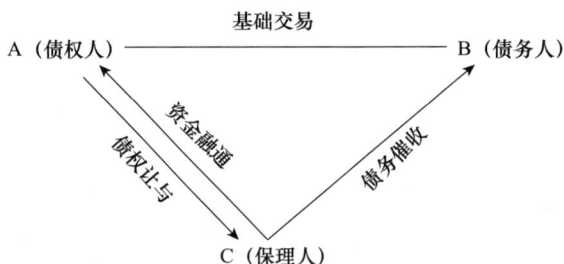

1. 保理合同是应收账款债权人将现有的或者将有的应收账款转让给保理人，保理人提供资金融通、应收账款管理或者催收、应收账款债务人付款担保等服务的合同。

2. 保理合同应当采用书面形式。

3. 应收账款债权人与债务人虚构应收账款作为转让标的，与保理人订立保理合同的，应收账款债务人不得以应收账款不存在为由对抗保理人，但是保理人明知虚构的除外。

4. 保理人向应收账款债务人发出应收账款转让通知的，应当表明保理人身份并附有必要凭证。

5. 应收账款债务人接到应收账款转让通知后，应收账款债权人与债务人无正当理由协商变更或者终止基础交易合同，对保理人产生不利影响的，对保理人不发生效力。

6. 当事人约定有追索权保理的，保理人可以向应收账款债权人主张返还保理融资款本息或者回购应收账款债权，也可以向应收账款债务人主张应收账款债权。保理人向应收账款债务人主张应收账款债权，在扣除保理融资款本息和相关费用后有剩余的，剩余部分应当返还给应收账款债权人。

7. 当事人约定无追索权保理的，保理人应当向应收账款债务人主张应收账款债权，保理人取得超过保理融资款本息和相关费用的部分，无需向应收账款债权人返还。

8. 应收账款债权人就同一应收账款订立多个保理合同，致使多个保理人主张权利的，已经登记的先于未登记的取得应收账款；均已经登记的，按照登记时间的先后顺序取得应收账款；均未登记的，由最先到达应收账款债务人的转让通知中载明的保理人取得应收账款；既未登记也未通知的，按照保理融资款或者服务报酬的比例取得应收账款（《民法典》第768条）。

9.同一应收账款同时存在保理、应收账款质押和债权转让，当事人主张参照《民法典》第768条的规定确定优先顺序的，人民法院应予支持。

第十三章　物业服务合同

扫描右侧二维码"听课+做题"，直达最佳学习效果

1. 在线听课：学习本章节核心考点讲解课程。
2. 在线刷题：点击  进入题库做章节练习。

本章导读

本章要求考生熟练掌握并运用物业服务合同的主要内容及履行规则；理解物业服务合同的概念和法律特征。

知识点

一、物业服务合同概述

物业服务合同是物业服务人在物业服务区域内，为业主提供建筑物及其附属设施的维修养护、环境卫生和相关秩序的管理维护等物业服务，业主支付物业费的合同。

物业服务人包括物业服务企业和其他管理人。

物业服务合同的内容一般包括服务事项、服务质量、服务费用的标准和收取办法、维修资金的使用、服务用房的管理和使用、服务期限、服务交接等条款。

物业服务人公开作出的有利于业主的服务承诺，为物业服务合同的组成部分。

物业服务合同应当采用书面形式。

建设单位依法与物业服务人订立的前期物业服务合同，以及业主委员会与业主大会依法选聘的物业服务人订立的物业服务合同，对业主具有法律约束力。

建设单位依法与物业服务人订立的前期物业服务合同约定的服务期限届满前，业主委员会或者业主与新物业服务人订立的物业服务合同生效的，前期物业服务合同终止。

二、物业服务法律关系

（一）物业服务人的义务

1. 物业服务人将物业服务区域内的部分专项服务事项委托给专业性服务组织或者其他第三人的，应当就该部分专项服务事项向业主负责。

物业服务人**不得将其应当提供的全部物业服务转委托给第三人**，或者将全部物业服务支解后分别转委托给第三人。

2. 物业服务人应当按照约定和物业的使用性质，妥善维修、养护、清洁、绿化和经营管理物业服务区域内的业主共有部分，维护物业服务区域内的基本秩序，采取合理措

施保护业主的人身、财产安全。

对物业服务区域内违反有关治安、环保、消防等法律法规的行为，物业服务人应当及时采取合理措施制止、向有关行政主管部门报告并协助处理。

3. 物业服务人应当定期将服务的事项、负责人员、质量要求、收费项目、收费标准、履行情况，以及维修资金使用情况、业主共有部分的经营与收益情况等以合理方式向业主公开并向业主大会、业主委员会报告。

（二）业主的义务

1. 业主应当按照约定向物业服务人支付物业费。物业服务人已经按照约定和有关规定提供服务的，业主不得以未接受或者无需接受相关物业服务为由拒绝支付物业费。

业主违反约定逾期不支付物业费的，物业服务人可以催告其在合理期限内支付；合理期限届满仍不支付的，物业服务人可以提起诉讼或者申请仲裁。

2. 业主装饰装修房屋的，应当事先告知物业服务人，遵守物业服务人提示的合理注意事项，并配合其进行必要的现场检查。

业主转让、出租物业专有部分、设立居住权或者依法改变共有部分用途的，应当及时将相关情况告知物业服务人。

（三）物业服务合同的解除

1. 解聘物业服务人，应当由专有部分面积占比 2/3 以上的业主且人数占比 2/3 以上的业主参与表决，且应当经参与表决专有部分面积过半数的业主且参与表决人数过半数的业主同意。

2. 业主依照法定程序共同决定解聘物业服务人的，可以解除物业服务合同。决定解聘的，应当提前 60 日书面通知物业服务人，但是合同对通知期限另有约定的除外。

依据上述规定解除合同造成物业服务人损失的，除不可归责于业主的事由外，业主应当赔偿损失。

（四）物业服务合同的届满与续聘

1. 物业服务期限届满前，业主依法共同决定续聘的，应当与原物业服务人在合同期限届满前续订物业服务合同。

物业服务期限届满前，物业服务人不同意续聘的，应当在合同期限届满前 90 日书面通知业主或者业主委员会，但是合同对通知期限另有约定的除外。

2. 物业服务期限届满后，业主没有依法作出续聘或者另聘物业服务人的决定，物业服务人继续提供物业服务的，原物业服务合同继续有效，但是服务期限为不定期。

当事人可以随时解除不定期物业服务合同，但是应当提前 60 日书面通知对方。

3. 物业服务合同终止后，在业主或者业主大会选聘的新物业服务人或者决定自行管理的业主接管之前，原物业服务人应当继续处理物业服务事项，并可以请求业主支付该期间的物业费。

第十四章　合伙合同

本章导读

本章需要考生熟练掌握并运用合伙财产、合伙事务，合伙利润分配与债务承担以及合伙合同的终止；理解合伙合同的概念和特征。

知识点

一、概述

合伙合同是两个以上合伙人为了共同的事业目的，订立的共享利益、共担风险的协议。

合伙人应当按照约定的出资方式、数额和缴付期限，履行出资义务。

二、合伙财产

合伙人的出资、因合伙事务依法取得的收益和其他财产，属于合伙财产。

合伙合同终止前，合伙人不得请求分割合伙财产。

三、合伙事务执行

合伙人就合伙事务作出决定的，除合伙合同另有约定外，应当经全体合伙人一致同意。

合伙事务由全体合伙人共同执行。按照合伙合同的约定或者全体合伙人的决定，可以委托一个或者数个合伙人执行合伙事务；其他合伙人不再执行合伙事务，但是有权监督执行情况。

合伙人分别执行合伙事务的，执行事务合伙人可以对其他合伙人执行的事务提出异议；提出异议后，其他合伙人应当暂停该项事务的执行。

合伙人不得因执行合伙事务而请求支付报酬，但是合伙合同另有约定的除外。

四、合伙的利润分配和亏损分担

合伙的利润分配和亏损分担，按照合伙合同的约定办理；合伙合同没有约定或者约定不明确的，由合伙人协商决定；协商不成的，由合伙人按照实缴出资比例分配、分担；无法确定出资比例的，由合伙人平均分配、分担。

五、合伙债务

合伙人对合伙债务承担连带责任。清偿合伙债务超过自己应当承担份额的合伙人，有权向其他合伙人追偿。

六、合伙份额

除合伙合同另有约定外，合伙人向合伙人以外的人转让其全部或者部分财产份额的，须经其他合伙人一致同意。

合伙人的债权人不得代位行使合伙人依照《民法典》第 27 章规定和合伙合同享有的权利，但是合伙人享有的利益分配请求权除外。

七、合伙期限

合伙人对合伙期限没有约定或者约定不明确，依据《民法典》第 510 条的规定仍不能确定的，视为不定期合伙。

合伙期限届满，合伙人继续执行合伙事务，其他合伙人没有提出异议的，原合伙合同继续有效，但是合伙期限为不定期。

合伙人可以随时解除不定期合伙合同，但是应当在合理期限之前通知其他合伙人。

八、合伙终止

合伙人死亡、丧失民事行为能力或者终止的，合伙合同终止；但是，合伙合同另有约定或者根据合伙事务的性质不宜终止的除外。

第十五章 　租赁合同

扫描右侧二维码"听课＋做题"，直达最佳学习效果
1. 在线听课：学习本章节核心考点讲解课程。
2. 在线刷题：点击 ⌂ 进入题库做章节练习。

📚 本章导读

本章要求考生熟练掌握并运用租赁合同的主要内容及履行规则、买卖不破租赁的相关法律规定，房屋租赁合同；理解租赁合同的概念、特征和种类。

💡 知识点

一、租赁合同的效力

（一）无效的法定事由

违法建筑出租的，合同无效——违法建筑包括：（1）未取得建设工程规划许可证或者未按照建设工程规划许可证的规定建设的房屋；（2）未经批准或者未按照批准内容建设的临时建筑；（3）租赁期限超过临时建筑的使用期限，超过部分无效。

（二）无效租赁合同之补正

一审法庭辩论终结之前，取得建设工程规划许可证或者经主管部门批准建设或者经主管部门批准延长使用期限的，合同有效。

（三）关于租赁合同登记备案的效力认定

登记备案并非租赁合同的法定有效要件。当事人未按照法律、行政法规规定办理租赁合同登记备案手续的，不影响合同的效力。

（四）房屋租赁合同无效的后果

1. 承租人支付房屋占有使用费——在性质上属于不当得利。
2. 双方根据过错分担合同无效造成的损失——此为缔约过失责任。

例　下列关于租赁合同的效力，说法正确的有：
A. 以没有取得规划许可证的房屋出租的，租赁合同绝对无效，不可补正
B. 前述租赁合同必须在举证责任期限届满之前取得规划许可证，才视为有效
C. 房屋租赁合同以备案登记为要件，未经备案登记，租赁合同无效
D. 如果一方当事人履行主要义务，对方接受的，即使没有进行备案登记，也应当视

为合同有效

E.房屋租赁合同无效的，当事人有权主张房屋占有使用费并请求有过错的对方当事人承担违约责任

【答案】D

二、一房数租

《最高人民法院关于审理城镇房屋租赁合同纠纷案件具体应用法律若干问题的解释》（简称《城镇房屋租赁合同解释》）第5条规定：出租人就同一房屋订立数份租赁合同，在合同均有效的情况下，承租人均主张履行合同的，人民法院按照下列顺序确定履行合同的承租人：（1）已经合法占有租赁房屋的；（2）已经办理登记备案手续的；（3）合同成立在先的。不能取得租赁房屋的承租人请求解除合同、赔偿损失的，依照民法典的有关规定处理。亦即，一房数租的数个租赁合同都有效，最终何人承租按照"占有—登记—合同"的规则确定，不能取得租赁房屋的承租人有权请求解除合同、赔偿损失——此责任为违约责任。

【例题】（2021真题回忆版）将一套房租给了四个人，都没交付，但收了首月的租金，四承租人均主张履行合同的，则房子给：

A.最先给付租金的

B.先登记备案的

C.最先签订租赁合同的

D.租金定价最高的

【答案】B

三、租赁合同当事人的权利义务

（一）出租人的义务

1.适租义务——不适租者，承租方有解除权，具体包括：

（1）租赁物被司法机关或者行政机关依法查封、扣押；

（2）租赁物权属有争议；

（3）租赁物具有违反法律、行政法规关于使用条件的强制性规定情形。

2.维修义务。出租人应当履行租赁物的维修义务，但是当事人另有约定的除外。承租人在租赁物需要维修时可以请求出租人在合理期限内维修。出租人未履行维修义务的，承租人可以自行维修，维修费用由出租人负担。因维修租赁物影响承租人使用的，应当相应减少租金或者延长租期。因承租人的过错致使租赁物需要维修的，出租人不承担上述的维修义务。

3.权利瑕疵担保责任。

当租赁物有瑕疵或存在权利瑕疵致使承租人不能依约使用、收益时，承租人有权解除合同，承租人因此所受损失，出租人应负赔偿责任，但承租人订约时明知有瑕疵的除外。

（二）承租人的义务

1. **交付租金**——如违反，出租人有解除权。

2. **按照约定的方法或者根据租赁物的性质使用租赁物**——如违反，出租人有解除权并得请求赔偿损失。承租人按照约定的方法或者根据租赁物的性质使用租赁物，致使租赁物受到损耗的，不承担赔偿责任。

3. **妥善保管义务**。承租人应以善良管理人的注意妥善保管租赁物，未尽妥善保管义务，造成租赁物毁损、灭失的，应当承担赔偿责任。

4. **不得擅自改建或者增设他物**——如违反，出租人得请求恢复原状或者损害赔偿。此外，承租人擅自变动房屋建筑主体和承重结构或者扩建，在出租人要求的合理期限内仍不予恢复原状，出租人还可以请求解除合同并要求赔偿损失。

5. **返还租赁物**。租赁合同终止时，承租人应将租赁物返还出租人。

（三）租金

1. 支付期限。

承租人应当按照约定的期限支付租金。对支付租金的期限没有约定或者约定不明确，依据《民法典》第510条的规定仍不能确定，租赁期限不满1年的，应当在租赁期限届满时支付；租赁期限1年以上的，应当在每届满1年时支付，剩余期限不满1年的，应当在租赁期限届满时支付。

2. 欠付租金的解除权。

承租人无正当理由未支付或者迟延支付租金的，出租人可以请求承租人在合理期限内支付；承租人逾期不支付的，**出租人可以解除合同**。

3. 第三人主张权利。

因第三人主张权利，致使承租人不能对租赁物使用、收益的，承租人可以请求减少租金或者不支付租金。

第三人主张权利的，承租人应当及时通知出租人。

4. 代偿请求权。

承租人拖欠租金的，次承租人**可以代承租人**支付其欠付的租金和违约金，但是转租合同对出租人不具有法律约束力的除外。

次承租人代为支付的租金和违约金，可以充抵次承租人应当向承租人支付的租金；超出其应付的租金数额的，可以向承租人追偿。

四、转租

承租人经**出租人同意**，可以将租赁物转租给第三人。承租人转租的，承租人与出租人之间的租赁合同继续有效；第三人造成租赁物损失的，承租人应当赔偿损失。

承租人未经出租人同意转租的，出租人可以解除合同。

承租人经出租人同意将租赁物转租给第三人，转租期限超过承租人剩余租赁期限的，超过部分的约定对出租人不具有法律约束力，但是出租人与承租人另有约定的除外。

出租人知道或者应当知道承租人转租，但是在6个月内未提出异议的，视为出租人同意转租。

例 甲将自己的一套房屋租给乙住，乙又擅自将房屋租给丙住。丙是个飞镖爱好者，因练飞镖将房屋的墙面损坏。下列哪些选项是正确的？

A. 甲有权在 6 个月之内请求解除与乙的租赁合同

B. 甲有权请求乙赔偿墙面损坏造成的损失

C. 甲有权请求丙支付租金

D. 甲有权在 1 年之内宣告乙、丙之间的合同无效

E. 甲有权请求丙赔偿墙面损坏造成的损失

F. 如甲解除合同，丙应当腾房返还于甲

G. 如丙逾期腾房，则应向甲支付逾期腾房占有使用费

【答案】ABEFG

【例题】（2016-3-60）居民甲将房屋出租给乙，乙经甲同意对承租房进行了装修并转租给丙。丙擅自更改房屋承重结构，导致房屋受损。对此，下列哪些选项是正确的？

A. 无论有无约定，乙均有权于租赁期满时请求甲补偿装修费用

B. 甲可请求丙承担违约责任

C. 甲可请求丙承担侵权责任

D. 甲可请求乙承担违约责任

【答案】CD

五、租赁期限

租赁期限 6 个月以上的，应当采用书面形式。当事人未采用书面形式，无法确定租赁期限的，视为不定期租赁。

租赁期限届满，承租人继续使用租赁物，出租人没有提出异议的，原租赁合同继续有效，但是租赁期限为不定期。

不定期租赁合同当事人都有权随时解除合同，但是应当在合理期限之前通知对方。

承租人在房屋租赁期限内死亡的，与其生前共同居住的人或者共同经营人可以按照原租赁合同租赁该房屋。

租赁期限届满，承租人应当返还租赁物。返还的租赁物应当符合按照约定或者根据租赁物的性质使用后的状态。

租赁期限届满，房屋承租人享有以同等条件优先承租的权利。

六、买卖不破租赁

租赁物在承租人按照租赁合同占有期限内发生所有权变动的，**不影响**租赁合同的效力。

七、租房人的优先购买权

（一）适用范围

仅仅限于房屋租赁且不得对抗房屋的按份共有人和近亲属 [①]。

（二）通知期间

（1）出租人出卖租赁房屋的，应当在出卖之前的**合理期限内**通知承租人。

（2）出租人委托拍卖人拍卖租赁房屋的，应当在**拍卖 5 日前**通知承租人。承租人未参加拍卖的，视为放弃优先购买权。

（三）行使期间

出租人履行通知义务后，承租人在 **15 日**内未明确表示购买的，视为承租人放弃优先购买权。

（四）侵害优先购买权之救济

（1）出租人出卖租赁房屋未在合理期限内通知承租人或者存在其他侵害承租人优先购买权情形，承租人有权请求出租人承担**赔偿**责任。

（2）出租人与第三人签订的房屋买卖合同的效力不受影响。

例 甲将房屋租给乙，在租赁期限内未通知乙就把房屋出卖并过户给不知情的丙。乙得知后劝丙退出该交易，丙拒绝。关于乙可以采取的民事救济措施，下列哪一选项是正确的？

A. 请求解除租赁合同，因甲出卖房屋未通知乙，构成重大违约

B. 请求法院确认买卖合同无效

C. 主张由丙承担侵权责任，因丙侵犯了乙的优先购买权

D. 主张由甲承担赔偿责任，因甲出卖房屋未通知乙而侵犯了乙的优先购买权

【答案】D

八、继续租赁权（法定承受）

承租人在房屋租赁期限内死亡的，与其**生前共同居住的人或者共同经营人**可以按照原租赁合同租赁该房屋。

---

① 《民法典》第 726 条第 1 款 出租人出卖租赁房屋的，应当在出卖之前的合理期限内通知承租人，承租人享有以同等条件优先购买的权利；但是，房屋按份共有人行使优先购买权或者出租人将房屋出卖给近亲属的除外。

九、租赁合同中的解除权

1. 出租人法定解除权（违约解除权）：

（1）承租人未按照约定的方法或者未根据租赁物的性质使用租赁物；

（2）承租人擅自变动房屋建筑主体和承重结构或者扩建；

（3）责任转租；

（4）承租人未付或延付租金。

2. 承租人法定解除权（违约解除权）：

（1）出租人拒不交付租赁房屋；

（2）租赁物因意外部分或者全部毁损、灭失；

（3）一房数租时，未能取得租赁房屋的承租人享有解除权。

3. 不定期租赁之任意解除权。

4. 租赁物危及承租人安全或健康时的随时解除权。

十、租赁物意外毁损、灭失的风险

因**不可归责于**承租人的事由，致使租赁物部分或者全部毁损、灭失的，承租人可以请求减少租金或者不支付租金；因租赁物部分或者全部毁损、灭失，致使不能实现合同目的的，承租人可以解除合同。

十一、租赁合同中涉及装修装饰问题的分析

《城镇房屋租赁合同解释》第7条　承租人经出租人同意装饰装修，租赁合同无效时，未形成附合的装饰装修物，出租人同意利用的，可折价归出租人所有；不同意利用的，可由承租人拆除。因拆除造成房屋毁损的，承租人应当恢复原状。

已形成附合的装饰装修物，出租人同意利用的，可折价归出租人所有；不同意利用的，由双方各自按照导致合同无效的过错分担现值损失。

《城镇房屋租赁合同解释》第8条　承租人经出租人同意装饰装修，租赁期间届满或者合同解除时，除当事人另有约定外，未形成附合的装饰装修物，可由承租人拆除。因拆除造成房屋毁损的，承租人应当恢复原状。

《城镇房屋租赁合同解释》第9条　承租人经出租人同意装饰装修，合同解除时，双方对已形成附合的装饰装修物的处理没有约定的，人民法院按照下列情形分别处理：

（一）因出租人违约导致合同解除，承租人请求出租人赔偿剩余租赁期内装饰装修残值损失的，应予支持；

（二）因承租人违约导致合同解除，承租人请求出租人赔偿剩余租赁期内装饰装修残值损失的，不予支持。但出租人同意利用的，应在利用价值范围内予以适当补偿；

（三）因双方违约导致合同解除，剩余租赁期内的装饰装修残值损失，由双方根据各自的过错承担相应的责任；

（四）因不可归责于双方的事由导致合同解除的，剩余租赁期内的装饰装修残值损失，由双方按照公平原则分担。法律另有规定的，适用其规定。

《城镇房屋租赁合同解释》第 10 条　承租人经出租人同意装饰装修，租赁期间届满时，承租人请求出租人补偿附合装饰装修费用的，不予支持。但当事人另有约定的除外。

《城镇房屋租赁合同解释》第 11 条　承租人未经出租人同意装饰装修或者扩建发生的费用，由承租人负担。出租人请求承租人恢复原状或者赔偿损失的，人民法院应予支持。

第十六章　建设工程施工合同

📖 本章导读

本章重点需要考生熟练掌握并运用建设工程合同的订立和效力，建设工程合同的主要内容及履行规则，建设工程合同的违约责任；理解建设工程合同的概念和特征。

💡 知识点

一、建设工程合同的转包与分包

1. 发包人可以与总承包人订立建设工程合同，也可以分别与勘察人、设计人、施工人订立勘察、设计、施工承包合同。发包人不得将应当由一个承包人完成的建设工程支解成若干部分发包给数个承包人。

2. 总承包人或者勘察、设计、施工承包人经发包人同意，可以将自己承包的部分工作交由第三人完成。第三人就其完成的工作成果与总承包人或者勘察、设计、施工承包人向发包人承担连带责任。承包人不得将其承包的全部建设工程转包给第三人或者将其承包的全部建设工程支解以后以分包的名义分别转包给第三人。

3. 禁止承包人将工程分包给不具备相应资质条件的单位。禁止分包单位将其承包的工程再分包。建设工程主体结构的施工必须由承包人自行完成。

二、建设工程合同的效力

1. 建设工程施工合同具有下列情形之一的，应当依据《民法典》第153条第1款的规定，认定**无效**：

（1）承包人未取得建筑业企业资质或者超越资质等级的；

（2）没有资质的实际施工人借用有资质的建筑施工企业名义的；

（3）建设工程必须进行招标而未招标或者中标无效的。

2. 承包人因转包、违法分包建设工程与他人签订的建设工程施工合同，应当依据《民法典》第153条第1款及第791条第2款、第3款的规定，认定无效。

3. 招标人和中标人另行签订的建设工程施工合同约定的工程范围、建设工期、工程质量、工程价款等实质性内容，与中标合同不一致，一方当事人请求按照中标合同确定权利义务的，人民法院应予支持。

4. 招标人和中标人在中标合同之外就明显高于市场价格购买承建房产、无偿建设住房配套设施、让利、向建设单位捐赠财物等另行签订合同，变相降低工程价款，一方当事人以该合同背离中标合同实质性内容为由请求确认无效的，人民法院应予支持。

5. 当事人以发包人未取得建设工程规划许可证等规划审批手续为由，请求确认建设工程施工合同无效的，人民法院应予支持，但发包人在起诉前取得建设工程规划许可证等规划审批手续的除外。

发包人能够办理审批手续而未办理，并以未办理审批手续为由请求确认建设工程施工合同无效的，人民法院不予支持。

6. 承包人超越资质等级许可的业务范围签订建设工程施工合同，在建设工程竣工前取得相应资质等级，当事人请求按照无效合同处理的，人民法院不予支持。

7. 具有劳务作业法定资质的承包人与总承包人、分包人签订的劳务分包合同，当事人请求确认无效的，人民法院依法不予支持。

8. 建设工程施工合同无效，一方当事人请求对方赔偿损失的，应当就对方过错、损失大小、过错与损失之间的因果关系承担举证责任。

三、建设工程合同的效力与工程款

1. 建设工程施工合同无效，但是建设工程**经验收合格的**，可以参照合同关于工程价款的约定折价补偿承包人。

建设工程施工合同无效，且建设工程经验收不合格的，按照以下情形处理：

（1）修复后的建设工程经验收合格的，发包人可以请求承包人承担修复费用；

（2）修复后的建设工程经验收不合格的，承包人无权请求参照合同关于工程价款的约定折价补偿。

发包人对因建设工程不合格造成的损失有过错的，应当承担相应的责任。

2. 当事人就同一建设工程订立的数份建设工程施工合同均无效，但建设工程质量合格，一方当事人请求参照实际履行的合同关于工程价款的约定折价补偿承包人的，人民法院应予支持。

实际履行的合同难以确定，当事人请求参照最后签订的合同关于工程价款的约定折价补偿承包人的，人民法院应予支持。

四、违约责任与过错相抵

1. 因施工人的原因致使建设工程质量不符合约定的，发包人有权请求施工人在合理期限内无偿修理或者返工、改建。经过修理或者返工、改建后，造成逾期交付的，施工人应当承担违约责任。

2. 发包人具有下列情形之一，造成建设工程质量缺陷，应当承担过错责任：

（1）提供的设计有缺陷；

（2）提供或者指定购买的建筑材料、建筑构配件、设备不符合强制性标准；

（3）直接指定分包人分包专业工程。

承包人有过错的，也应当承担相应的过错责任。

五、建设工程合同的解除

1. 承包人将建设工程**转包、违法分包**的，发包人可以解除合同。

2. 发包人提供的主要建筑材料、建筑构配件和设备不符合强制性标准或者不履行协助义务，致使承包人无法施工，**经催告后**在合理期限内仍未履行相应义务的，承包人可以解除合同。

3. 合同解除后，已经完成的建设工程质量合格的，发包人应当按照约定支付相应的工程价款；已经完成的建设工程质量不合格的，参照《民法典》第793条的规定处理。

六、建设工程款优先权

1. 发包人未按照约定支付价款的，承包人可以催告发包人在合理期限内支付价款。发包人逾期不支付的，除根据建设工程的性质不宜折价、拍卖外，承包人可以与发包人协议将该工程折价，也可以请求人民法院将该工程依法拍卖。建设工程的价款就该工程折价或者拍卖的价款优先受偿。

2. 与发包人订立建设工程施工合同的承包人，依据《民法典》第807条的规定请求其承建工程的价款就工程折价或者拍卖的价款优先受偿的，人民法院应予支持。

3. 承包人根据《民法典》第807条规定享有的建设工程价款优先受偿权优于抵押权和其他债权。

4. 装饰装修工程具备折价或者拍卖条件，**装饰装修工程的承包人**请求工程价款就该装饰装修工程折价或者拍卖的价款优先受偿的，人民法院应予支持。

5. 建设工程质量合格，承包人请求其承建工程的价款就工程折价或者拍卖的价款优先受偿的，人民法院应予支持。

6. 未竣工的建设工程**质量合格**，承包人请求其承建工程的价款就其承建工程部分折价或者拍卖的价款**优先受偿**的，人民法院应予支持。

7. 承包人建设工程价款优先受偿的范围依照国务院有关行政主管部门关于建设工程价款范围的规定确定。

承包人就逾期支付建设工程价款的利息、违约金、损害赔偿金等主张优先受偿的，人民法院不予支持。

8. 承包人应当在合理期限内行使建设工程价款优先受偿权，但最长不得超过18个月，自发包人应当给付建设工程价款之日起算。

9. 发包人与承包人约定放弃或者限制建设工程价款优先受偿权，损害建筑工人利益，发包人根据该约定主张承包人不享有建设工程价款优先受偿权的，人民法院不予支持。

七、诉讼当事人

1. 因建设工程质量发生争议的，发包人可以以总承包人、分包人和实际施工人为共同被告提起诉讼。

2. 实际施工人以转包人、违法分包人为被告起诉的，人民法院应当依法受理。

实际施工人以发包人为被告主张权利的，人民法院应当追加转包人或者违法分包人为本案第三人，在查明发包人欠付转包人或者违法分包人建设工程价款的数额后，判决发包人在欠付建设工程价款范围内对实际施工人承担责任。

八、垫资

当事人对垫资和垫资利息有约定，承包人请求按照约定返还垫资及其利息的，人民法院应予支持，但是约定的利息计算标准高于垫资时的同类贷款利率或者同期贷款市场报价利率的部分除外。

当事人对垫资没有约定的，按照工程欠款处理。

当事人对垫资利息没有约定，承包人请求支付利息的，人民法院不予支持。

第三分编　准合同

第十七章　无因管理

📖 本章导读

本章需要考生熟练掌握并运用无因管理的成立要件，无因管理之债的内容；理解无因管理的概念。

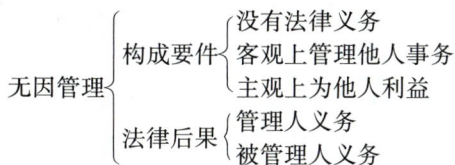

$$
无因管理
\begin{cases}
构成要件
\begin{cases}
没有法律义务 \\
客观上管理他人事务 \\
主观上为他人利益
\end{cases} \\
法律后果
\begin{cases}
管理人义务 \\
被管理人义务
\end{cases}
\end{cases}
$$

💡 知识点

一、无因管理的构成要件

（一）管理人没有法律上的义务

法律上的义务，既包括法定义务，也包括约定义务。管理人在没有法律上的义务的情况下，对被管理人的事务加以管理，方才构成无因管理。否则，无因管理不能成立。

（1）**法定的义务**：父母对未成年子女的抚养、监护义务；财产代管人对失踪人财产的管理义务；破产管理人对破产财产的管理义务；警察的救助义务；消防员的救火义务。

（2）**约定的义务**如涉他合同不构成无因管理：如甲与乙的合同中规定甲为丙修理房屋，甲为丙修理房屋的行为对丙便不构成无因管理。

（3）涉他合同无效后如何处理？如甲（保证人）受乙（债务人）委托而为保证，对丙（债权人）为清偿，甲清偿后，发现委托合同不成立，甲可以向乙主张不当得利请求权，请求乙返还因甲的清偿行为所受的利益。

结论：第三人代为履行如有有效合同则为履行合同义务，不构成无因管理和不当得利；如该合同无效则可以向债务人主张不当得利；如不存在合同，则属于对债务人的无因管理。

例 甲聘请乙负责照看小孩，丙聘请丁做家务。甲和丙为邻居，乙和丁为好友。一日，甲突生急病昏迷不醒，乙联系不上甲的亲属，急将甲送往医院，并将甲的小孩委托给丁临时照看。丁疏于照看，致甲的小孩在玩耍中受伤。则产生如下法律关系：

（1）乙将甲送往医院的行为无法定和约定义务，属于无因管理。

（2）丁受托照看小孩的行为不属于无因管理，承担受托人义务。

（3）情况紧急下的转委托无须委托人同意，因此甲、乙、丁的转委托有效，丁对甲的小孩的医疗费承担赔偿责任，乙无须承担甲的小孩的医疗费。

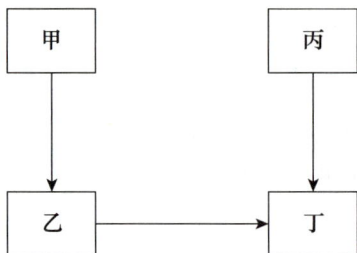

（二）无因管理的客观要件：管理他人事务

1. 所管理的事务可以为法律行为，亦可为事实行为；可以为经济性事务，亦可为非经济性事务。前者如为他人利益出租其房屋，后者如修缮房屋、照顾孩童、收取果实、救火救灾等。

2. 特别注意：**三不可：违法行为不可**（隐匿赃物），不作为不可，专属行为（结婚、董事会投票）不可。

3. 管理人所为的法律行为既可以以自己的名义为之，也可以以本人的名义为之。在以本人名义为之时，涉及无权代理问题，如甲有一房屋，有意出租，后因病入院无法处理，乙为甲的利益，以甲的名义出租于第三人，在这里乙的出租房屋的行为构成无权代理，但不妨碍甲与乙之间成立无因管理关系。管理的行为也不限于单纯的管理，保存行为、改良行为、利用行为及处分行为也包括在内。

（三）无因管理的主观要件：为他人利益的意思

为他人利益的意思，又称管理意思，是指管理人知道他所管理的是他人的事务，并欲使管理事务所生利益归于本人，即通过自己的管理行为增加本人利益或避免本人发生损失的主观意思。无因管理的阻却违法性的效力就源于管理人的管理意思符合社会的善良道德。

另有两种特殊情况：

第一，为本人履行法定或者公益债务之行为，**即使违反本人意思**，也构成无因管理（如缴纳税款、赡养老人等）。

第二，本人意思如**违反善良风俗**，则即使违反本人意思，也构成无因管理（如救助自杀者）。

例1 甲见邻居房屋失火，前往救助，后查明该房屋系乙所有，出租于丙，抵押于丁，投保于戊，并已经出卖于庚（未过户）——对乙、丙可以构成无因管理。

例2 甲见友人乙驾车撞伤路人丙，遂送丙就医——对乙、丙可以构成无因管理。

> **应试点睛1**
>
> 管理意思须符合他人明示或者可推知的意思，否则须承担相应责任。

例1 把他人院中的名贵花草当作杂草拔掉不构成无因管理，须承担赔偿责任

例2 替他人偿还已过诉讼时效的债务不构成无因管理，不得向债务人追偿。

> **应试点睛2**
>
> 特别注意：以下特例——主观为他人，客观为他人。

（1）**主观为自己，客观为别人**——误信他人事务为自己事务（误信管理）——不构成无因管理——成立不当得利。

如甲误把乙的牛当作自己的牛予以饲养——乙须向甲返还不当得利。

如甲误把乙的孩子当作自己的孩子予以抚养——乙须向甲返还不当得利。

（2）**主观为他人，客观为自己**——误把自己事务当作他人事务（假想管理）——不构成无因管理，不产生法律关系。

如甲误把自己的牛当作他人的牛予以饲养。

（3）**主观为张三，客观为李四**——构成无因管理。

如甲误把李四的牛当作张三的牛予以饲养——甲和李四成立无因管理。

（4）**主观为大家，客观为大家**（不特定多数人）——不构成无因管理，不产生法律关系。

【例题】（2013-3-21）下列哪一情形会引起无因管理之债？

A. 甲向乙借款，丙在明知诉讼时效已过后擅自代甲向乙还本付息

B. 甲在自家门口扫雪，顺便将邻居乙的小轿车上的积雪清扫干净

C. 甲与乙结婚后，乙生育一子丙，甲抚养丙5年后才得知丙是乙和丁所生

D. 甲拾得乙遗失的牛，寻找失主未果后牵回暂养。因地震致屋塌牛死，甲出卖牛皮、牛肉获价款若干

【答案】D

二、无因管理的法律效果

（一）管理人的义务

1. 适当管理义务。管理人自管理承担时起，就应依本人明示或可推知的意思，以利于本人的方法为管理。管理人是否尽到善良管理人应尽的注意义务，应结合管理人的管理能力或水平、管理事务性质、社会通常管理常识综合判断，如果管理人因未尽善良管

理人的注意义务而违反了适当管理义务，造成了本人的损害，管理人应承担债务不履行的损害赔偿责任。但是如果管理人所管理事务处于紧迫状态，不迅速处理就会使本人遭受损失时，管理人除有恶意或重大过失外，对不适当管理，不应承担责任，如救助遭遇车祸的人，非因恶意或重大过失致其随身物品遗失，对此管理人不负赔偿责任。

2.继续管理的义务。

3.报告、计算及移交管理成果的义务。

（二）管理人的权利

1.请求偿还必要费用。管理人为管理本人事务而支出的必要费用，本人应当予以偿还，并应同时偿还自支出时起的利息。

2.请求清偿必要债务。管理人为管理事务，而以自己名义向第三人负担的必要债务，管理人有权请求本人清偿。在此种场合，本人并不直接向第三人负担债务，第三人的债务人仍是管理人，此即债的相对性，管理人先向债权人清偿，然后再向本人追偿。

3.损害赔偿请求权。管理人因管理事务受有损害的，得向本人请求损害赔偿。

应试点睛

无因管理的三个需要注意的考点：

▲注意1：不要求有实际受益的后果（如救火未救灭，修房子没修好）。

▲注意2：既为他人利益，又为自己利益——构成无因管理（城门失火，殃及池鱼）。

▲注意3：无因管理之债的管理人无报酬请求权。

【例题】（2014-3-20）甲的房屋与乙的房屋相邻。乙把房屋出租给丙居住，并为该房屋在 A 公司买了火灾保险。某日甲见乙的房屋起火，唯恐大火蔓延自家受损，遂率家人救火，火势得到及时控制，但甲被烧伤住院治疗。下列哪一表述是正确的？

A.甲主观上为避免自家房屋受损，不构成无因管理，应自行承担医疗费用

B.甲依据无因管理只能向乙主张医疗费赔偿，因乙是房屋所有人

C.甲依据无因管理只能向丙主张医疗费赔偿，因丙是房屋实际使用人

D.甲依据无因管理不能向 A 公司主张医疗费赔偿，因甲欠缺为 A 公司的利益实施管理的主观意思

【答案】D

第十八章　不当得利

📚 本章导读

　　本章需要考生熟练掌握不当得利的成立要件，不当得利的基本类型，不当得利之债的内容；理解不当得利的概念以及相关法律规定。

💡 知识点

一、不当得利的概念

　　不当得利是指无法律上的原因而受利益，致使他人受损失的事实。不当得利既可以基于一方当事人的法律行为而发生，如基于合同而占有另一方当事人的财产，合同被宣告无效或撤销后，依据合同而取得的财产权便成为不当得利；也可以基于自然事实而发生，如邻家池塘的鱼跳入己家池塘，这也构成不当得利。因此，不当得利本质上是一种事件，不以得利人有行为能力或识别能力为前提。

二、不当得利的构成要件

（一）不当得利的构成要件概述

1. 得利人获得利益。

　　（1）财产或利益的积极增加。①取得财产权或其他财产利益，包括所有权、用益物权、债权、担保物权、知识产权以及占有。②财产权的扩张或效力的加强，受益人在原有权利的基础上扩张了行使权利标的范围或效力范围，也属受有利益。如因第一次序抵押权消失而使后次序抵押权依次上升。③权利或利益上的限制或负担消灭，如存在于所有物上的抵押权消灭，对所有人也属一种得利。

　　（2）财产或利益的消极增加。①债务的减少或消灭。②本应设定的权利负担未设定。③劳务或物的使用（节约了不该节约的钱）。如甲雇人耕田，雇工误耕了乙的数亩待耕之田；再如甲在饭店吃饭，服务员误把乙点的菜送到了甲的餐桌并被甲吃掉。

　　特别注意：占有虽非一种权利，但通说认为占有是一种具有财产利益性质的法律上的地位，通过占有亦可获得财产上的利益，故可因占有而成立不当得利。

2. 受损人遭受损失。

仅仅有一方受有财产上的利益，而未给他人带来任何损失，不成立不当得利。如甲投资兴建广场，邻近的乙的房屋价值剧增，乙获有利益但未给甲带来损失，乙对甲而言不成立不当得利。

3. 得利与受损之间，有因果关系。

4. 得利与受损，均没有法律依据。

各种不同类型的不当得利有其存在的不同基础，大体可以分为给付型不当得利和非给付型不当得利两类。对于给付型不当得利，无法律上的原因是指欠缺给付目的（原因）；而非给付型不当得利，无法律上的原因，是指无法律上的权利。

（二）不当得利的分类

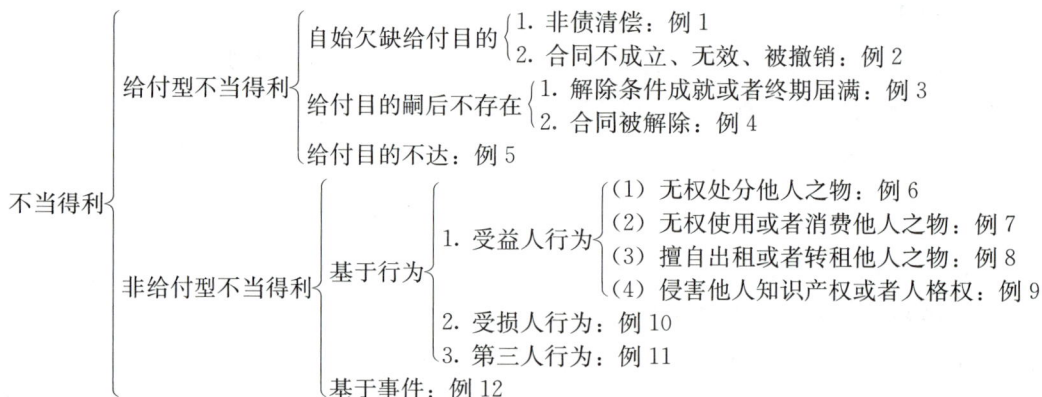

```
                        ┌自始欠缺给付目的┌1. 非债清偿：例1
            给付型不当得利┤               └2. 合同不成立、无效、被撤销：例2
            │           │给付目的嗣后不存在┌1. 解除条件成就或者终期届满：例3
            │           │               └2. 合同被解除：例4
            │           └给付目的不达：例5
不当得利 ───┤                          ┌(1) 无权处分他人之物：例6
            │                          │(2) 无权使用或者消费他人之物：例7
            │           ┌基于行为┌1. 受益人行为┤(3) 擅自出租或者转租他人之物：例8
            │           │       │            └(4) 侵害他人知识产权或者人格权：例9
            非给付型不当得利┤       │2. 受损人行为：例10
                        │       └3. 第三人行为：例11
                        └基于事件：例12
```

1. 给付型不当得利

给付型不当得利，指受益人受领他人基于给付行为而移转的财产或利益，因欠缺给付目的而发生的不当得利。这种欠缺给付目的既可以是自始欠缺给付目的，也可以是给付目的嗣后不存在，或者是给付目的不达。这里的给付目的，即给付的原因。给付者给予财产总有一定目的或原因，或为债务的消灭，或为债权的发生，或为赠与，这里的目的或原因就成了受领给付者受取利益的法律上的根据。如果由于某种原因，给付目的（原因）不存在或不能达到，那么受领给付者的受有利益便会因为无法律上的根据而成为不当得利。

（1）自始欠缺给付目的。这是指给付之时即不具有给付的原因，其典型为非债清偿及作为给付的原因（合同关系）不成立、无效或被撤销。非债清偿是指没有任何法律上的债务而以清偿目的为一定给付的行为。如甲对于其已清偿的欠乙的债务疏于注意又进行清偿，乙所受的第二次清偿，便构成非债清偿的不当得利。

例1 甲雇人耕田，雇工误耕了乙的数亩待耕之田。

例2 某公司向某甲出售了月球上的一块土地，售价300万元。

（2）给付目的嗣后不存在。这是指给付时虽有法律上的原因，但其后该原因不存在，因一方的给付而发生不当得利。属于这种不当得利的主要有：附解除条件或终期的法律行为，条件成就或期限届满，当事人一方因该民事法律行为受有另一方的给付；依双务合同交付财产后，因不可归责于双方当事人的事由致一方不能为对待给付，该方所受的给付;合同解除后因先前生效合同而受领的给付。

例3 甲赠与乙汽车一辆,约定以乙出国为该赠与合同之解除条件,后乙出国。

例4 甲、乙达成买卖小鸡的合同,甲先付款,约定次日交货,当晚大火烧死小鸡。

(3)给付目的不达。为实现将来某种目的而为给付,但因种种障碍,给付目的不能按照给付意图实现的,受领给付欠缺保有给付利益的正当性,因而构成不当得利。如预期条件的成就而为附条件债务的履行,结果条件不成就,因而不达给付的目的。

例5-1 甲、乙约定,如乙通过司法考试,将赠送乙图书一本,即时交付,但乙未考过。

例5-2 当事人请求返还按照习俗给付的彩礼的,如果查明属于以下情形,人民法院应当予以支持:(1)双方未办理结婚登记手续的;(2)双方办理结婚登记手续但确未共同生活的;(3)婚前给付并导致给付人生活困难的。

2. 非给付型不当得利

非给付型不当得利,是指基于给付以外的事由而发生的不当得利,包括人的行为、自然事件以及法律规定。人的行为,又可分为受益人的行为、受损人的行为和第三人的行为。基于这些事由构成不当得利的原因,是受益者无受其利益的权利,所以,非给付型不当得利的"无法律上的原因"即为受益者无权利而受有利益。

(1)基于受益人的行为。基于受益人的行为而发生的不当得利,主要指侵害他人权益而发生的不当得利,在司法实践中,基于受益人的行为而发生的不当得利主要有:

①无权处分他人之物。

例6-1 张三将一幅画交给李四保管,李四将其出售给了不知情的王五,完成了交付——此时王五善意取得,张三向李四主张不当得利。

例6-2 张三将一幅画交给李四保管,李四将其出售给了知情的王五,完成了交付——此时王五不能善意取得,张三可以向王五请求返还原物,或者请求李四返还不当得利。

②无权使用或者消费他人之物。如擅自在他人墙壁上张贴广告牌,未经他人同意使用他人的度假屋等。

例7 甲久别归家,误把乙的鸡当成自家的鸡吃掉/某广告公司未经同意在金某的院墙上刷写了一条广告。

③擅自出租或者转租他人之物。如甲与乙签订的房屋租赁合同到期后,承租人甲未返还房屋给出租人乙,而是将其转租给丙,由此获得的租金构成不当得利,乙可以向其主张不当得利的返还。

例8 甲的房屋委托乙照看并叮嘱不要出租,乙擅自转租于丙,获利3 000元。

④侵害他人知识产权或者人格权。如无权使用他人知识产权因使用而获得利益的,可以构成不当得利,权利人可以请求返还;再如未经他人同意擅自使用他人的姓名或名称而获得利益的,对权利人也构成不当得利。

受益者的上述行为在有故意或过失时通常也构成侵权行为,如未经他人同意使用他人的名称构成了对权利人人格权的侵犯,受损人也由此享有对受益人的侵权损害赔偿请求权,产生了不当得利请求权与侵权损害赔偿请求权的竞合,受损人可择一行使。

例9 甲未经同意在商品包装上印刷了乙的头像以促进销售，销量大增。

（2）基于受损人的行为。这种不当得利以误信管理最为典型，如误将他人的家畜当作自己的家畜饲养，误以他人事务为自己的事务而管理。

例10 甲误将乙家的牛当作自家的牛喂养了1个月。

（3）基于第三人的行为。基于第三人的行为的不当得利主要有：债权的让与人在让与通知前，债务人对让与人清偿，致债权的受让人有损害；第三人将甲的肥料施于乙的田地中。

例11 甲家施工，雇工乙误把丙的水泥当作甲家的水泥使用在了甲的房子上。

（4）基于事件。因附合、混合而获取被添附物所有权时，允许被添附物原所有人向受益人依据不当得利请求权主张以被添附物价值相当的利益返还。

例12 因天降暴雨，甲家的鱼跳入了乙家的鱼塘；甲饲养的家禽吃掉乙的饲料。

三、不当得利的排除

在以下情形中，虽没有给付原因，但排除不当得利的成立：

1. **履行道德义务而为**给付。基于道德上的义务为给付行为符合社会道德观念，一旦给付，即不得依不当得利请求返还。如对无抚养义务的亲属误以为有抚养义务而予以抚养，对被抚养的亲属不得依据不当得利要求返还支出的抚养费。是否为道德义务，应依一般社会观念及当事人之间的关系、给付标的物的价值等情况认定。

2. **为履行未到期债务**而清偿。债务人放弃期限利益提前清偿的，债权人有权受领，不构成不当得利。

3. **明知无债务**而为清偿。给付人明知无给付义务而任意为给付，不发生不当得利。

4. **因不法原因**而为给付。不法原因是指给付原因违反国家的强行法规范以及违反社会公共利益，如为清偿赌债、行贿受贿而为的给付。但不法原因仅存在于受领人一方时，不阻却不当得利的发生，如给绑匪的赎金。

5. **强迫得利**不产生不当得利。

强迫得利指受损人违反受益人的意思而使受益人受有利益。对于强迫得利可以从两个角度分析：

（1）从无因管理的角度：不符合本人明示或者可推知的意思，不能成立无因管理。

（2）从不当得利的角度：以主观化的标准，得利人没有受益，不能产生不当得利。

例1 王先生驾车前往某酒店就餐，将轿车停在酒店停车场内。饭后驾车离去时，停车场工作人员称："已经给你洗了车，请付洗车费5元。"王先生表示"我并未让你们帮我洗车"，双方发生争执。

例2 甲请装修队装修新房，结果却误装了甲的邻居乙的新房。

6. 反射利益不构成不当得利。

反射利益指仅仅有一方受有财产上的利益，而未给他人带来任何损失，不成立不当得利。如甲投资兴建广场，邻近的乙的房屋价值剧增，乙获有利益但未给甲带来损失，乙对甲而言不成立不当得利。

应试点睛

非债清偿相关问题总结：

（1）不知无债务而误以为是自己债务去偿还者，为非债清偿，构成不当得利。

（2）明知无债务，仍然作为自己的债务去偿还者，视为赠与，不构成不当得利。

（3）明知为他人债务，且该债务无抗辩权，为债务人利益而代为清偿者，构成无因管理。

（4）明知为他人债务，且该债务有抗辩权，依然代为清偿者，不得向债务人追偿。

【例题】（2013-3-20）下列哪一情形产生了不当得利之债？

A. 甲欠乙款超过诉讼时效后，甲向乙还款

B. 甲欠乙款，提前支付全部利息后又在借期届满前提前还款

C. 甲向乙支付因前晚打麻将输掉的 2 000 元现金

D. 甲在乙银行的存款账户因银行电脑故障多出 1 万元

【答案】D

四、不当得利的法律后果

第一种情况：不当得利没有灭失——无论受益人是否恶意，都需要返还所受利益。

第二种情况：不当得利部分或者全部灭失——如果受益人善意，返还现存利益。

第三种情况：不当得利部分或者全部灭失——如果受益人恶意，返还所受利益。

第四编　人格权

扫描右侧二维码"听课+做题",直达最佳学习效果
1. 在线听课:学习本章节核心考点讲解课程。
2. 在线刷题:点击⌂进入题库做章节练习。

📖 **本编导读**

本编要求考生熟练掌握人格要素的适用(许可适用、合理使用),人格权延伸保护,各个具体人格权的保护,新增的个人信息权与隐私权的区分,人格权请求权与诉讼时效,违约责任与人格权保护,人格权侵权责任的认定;理解人格权的概念与特征,人格权与身份权的区分,人格权的分类,各个具体人格权的概念。

💡 **知识点**

一、民事权利的分类

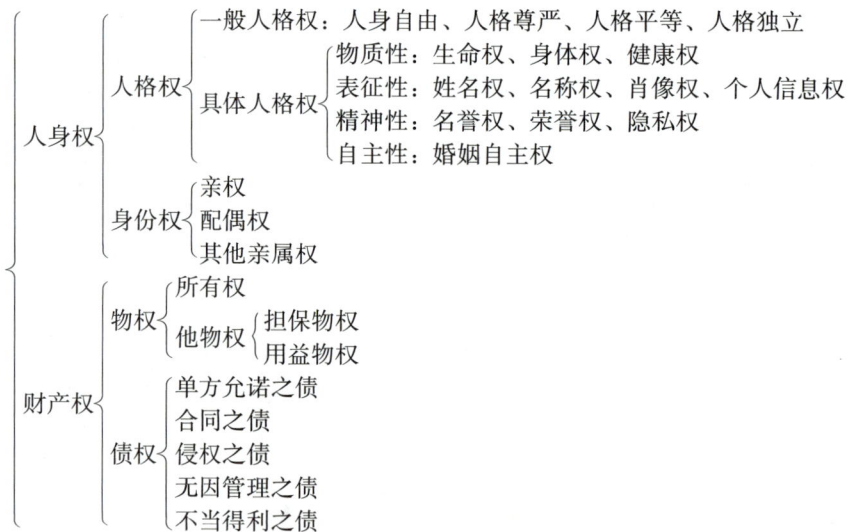

```
                          ┌ 一般人格权:人身自由、人格尊严、人格平等、人格独立
                    ┌ 人格权 ┤        ┌ 物质性:生命权、身体权、健康权
                    │        │        │ 表征性:姓名权、名称权、肖像权、个人信息权
        ┌ 人身权 ┤        └ 具体人格权 ┤ 精神性:名誉权、荣誉权、隐私权
        │           │                 └ 自主性:婚姻自主权
        │           │        ┌ 亲权
        │           └ 身份权 ┤ 配偶权
        │                    └ 其他亲属权
        │           ┌ 物权 ┤ 所有权
        │           │      │      ┌ 担保物权
        └ 财产权 ┤      └ 他物权 ┤
                    │             └ 用益物权
                    │        ┌ 单方允诺之债
                    │        │ 合同之债
                    └ 债权 ┤ 侵权之债
                             │ 无因管理之债
                             └ 不当得利之债
```

二、人格权概述

1. 概念。

人格权是民事主体享有的生命权、身体权、健康权、姓名权、名称权、肖像权、名誉权、荣誉权、隐私权等权利。

此外,自然人享有基于人身自由、人格尊严产生的其他人格权益。

2. 特点:人格权具有**专属性**,不得放弃、转让或者继承。

3. 人格权的商品化。

民事主体可以将自己的姓名、名称、肖像等许可他人使用,但是依照法律规定或者根据其性质不得许可的除外。

4. 死者人格利益保护。

死者的姓名、肖像、名誉、荣誉、隐私、遗体等受到侵害的，其配偶、子女、父母有权依法请求行为人承担民事责任；死者没有配偶、子女且父母已经死亡的，其他近亲属有权依法请求行为人承担民事责任。

5. 人格侵权。

（1）因当事人一方的违约行为，损害对方人格权并造成严重精神损害，受损害方选择请求其承担违约责任的，不影响受损害方**请求精神损害赔偿**。（例如，美容合同、医疗合同、摄影服务合同等）

（2）民事主体有证据证明行为人正在实施或者即将实施侵害其人格权的违法行为，不及时制止将使其合法权益受到难以弥补的损害的，有权依法向人民法院申请采取责令行为人停止有关行为的措施。

（3）认定行为人承担侵害除生命权、身体权和健康权外的人格权的民事责任，应当考虑行为人和受害人的职业、影响范围、过错程度，以及行为的目的、方式、后果等因素。

（4）为公共利益实施新闻报道、舆论监督等行为的，可以合理使用民事主体的姓名、名称、肖像、个人信息等；使用不合理侵害民事主体人格权的，应当依法承担民事责任。

（5）行为人因侵害人格权承担消除影响、恢复名誉、赔礼道歉等民事责任的，应当与行为的具体方式和造成的影响范围相当。

行为人拒不承担上述民事责任的，人民法院可以采取在报刊、网络等媒体上发布公告或者公布生效裁判文书等方式执行，产生的费用由行为人负担。

《民法典》第 995 条　人格权受到侵害的，受害人有权依照本法和其他法律的规定请求行为人承担民事责任。受害人的停止侵害、排除妨碍、消除危险、消除影响、恢复名誉、赔礼道歉请求权，不适用诉讼时效的规定。

三、人格权分述

（一）生命权

生命权是法律赋予自然人的以生命维持和生命安全为内容的权利。《民法典》第 1002 条规定：自然人享有生命权。自然人的生命安全和生命尊严受法律保护。任何组织或者个人不得侵害他人的生命权。

（1）活的权利，但不包括**死的权利**（阻止他人自杀不侵犯生命权）。

（2）生命权与人身权优于财产权。

【例题】（2016-3-22）下列哪一情形构成对生命权的侵犯？

A. 甲女视其长发如生命，被情敌乙尽数剪去

B. 丙应丁要求，协助丁完成自杀行为

C. 戊为报复欲置己于死地，结果将己打成重伤

D. 庚医师因误诊致辛出生即残疾，辛认为庚应对自己的错误出生负责

【答案】B

（二）健康权、身体权

1. 身体权是指自然人对其肢体、器官和其他组织的完整依法享有的权利。

《民法典》第 1003 条　自然人享有身体权。自然人的身体完整和行动自由受法律保护。任何组织或者个人不得侵害他人的身体权。

2. 健康权是自然人依法享有的以保持其自身及其器官以至身体整体的功能安全为内容的人格权。

《民法典》第 1004 条　自然人享有健康权。自然人的身心健康受法律保护。任何组织或者个人不得侵害他人的健康权。

3. 注意三种特殊情况：

（1）侵犯身体权同时侵犯健康权：如手术误摘他人肾脏。

（2）侵犯身体权但不侵犯健康权：如强行剪去他人长发，殴打他人且未影响生理机能。

（3）侵犯健康权但不侵犯身体权：如注射艾滋病毒。

4. 身体权涉及对人体组成部分的处分，需注意以下几点：

（1）完全民事行为能力人有权依法自主决定无偿捐献其人体细胞、人体组织、人体器官、遗体。任何组织或者个人不得强迫、欺骗、利诱其捐献。

完全民事行为能力人依据上述规定同意捐献的，应当采用书面形式，也可以订立遗嘱。

自然人生前未表示不同意捐献的，该自然人死亡后，其配偶、成年子女、父母可以共同决定捐献，决定捐献应当采用书面形式。

（2）禁止以任何形式买卖人体细胞、人体组织、人体器官、遗体。

违反上述规定的买卖行为无效。

（3）为研制新药、医疗器械或者发展新的预防和治疗方法，需要进行临床试验的，应当依法经相关主管部门批准并经伦理委员会审查同意，向受试者或者受试者的监护人告知试验目的、用途和可能产生的风险等详细情况，并经其书面同意。

进行临床试验的，不得向受试者收取试验费用。

（4）从事与人体基因、人体胚胎等有关的医学和科研活动，应当遵守法律、行政法规和国家有关规定，不得危害人体健康，不得违背伦理道德，不得损害公共利益。

（三）肖像权

1. 肖像权的概念。

（1）肖像权是指公民通过各种形式在客观上再现自己形象而享有的专有权。

《民法典》第 1018 条　自然人享有肖像权，有权依法制作、使用、公开或者许可他人使用自己的肖像。

肖像是通过影像、雕塑、绘画等方式在一定载体上所反映的特定自然人可以被识别的外部形象。

（2）作为肖像权客体的肖像一定要具有可识别性，即能够与权利主体建立连接，故：①仅仅使用部分面部特征（如鼻子、嘴巴），不具有可识别性的，不属于肖像侵权；②演员剧照（表演形象）如果与演员本人肖像相差较大，不受肖像权的保护。

2. 肖像侵权的方式（《民法典》第 1019 条）。

（1）以**丑化、污损**，或者利用信息技术手段**伪造**等方式侵害他人的肖像权。

（2）未经肖像权人同意，**制作、使用、公开肖像权人**的肖像，但是法律另有规定的除外。

（3）未经肖像权人同意，肖像作品权利人**以发表、复制、发行、出租、展览等方式使用或者公开肖像权人的肖像**。

▲规则：拍摄谁，谁肖像；谁创作，谁版权；无许可，则侵权；交付谁，谁物权。

3. 肖像权的合理使用（《民法典》第 1020 条）。

合理实施下列行为的，可以不经肖像权人同意：

（1）为个人学习、艺术欣赏、课堂教学或者科学研究，在必要范围内使用肖像权人已经公开的肖像；

（2）为实施新闻报道，不可避免地制作、使用、公开肖像权人的肖像；

（3）为依法履行职责，国家机关在必要范围内制作、使用、公开肖像权人的肖像；

（4）为展示特定公共环境，不可避免地制作、使用、公开肖像权人的肖像；

（5）为维护公共利益或者肖像权人合法权益，制作、使用、公开肖像权人的肖像的其他行为。

小结：肖像权的合理使用（无须许可 + 无须付费）包括：教学科研、新闻报道、履行职责、公共环境、正当利益。

4. 肖像使用许可合同（《民法典》第 1021、1022 条）。

（1）当事人对肖像许可使用合同中关于肖像使用条款的理解有争议的，应当作出有利于肖像权人的解释。

（2）肖像使用许可合同的解除：

不定期的使用许可合同，肖像权人**直接解除**，无须理由，没有赔偿责任。

定期的使用许可合同，**肖像权人依然有解除权**，但是须合理理由且有赔偿责任，但不可归责于肖像权人的事由无须赔偿。

例　下列情况构成肖像侵权的有：

A. 照相馆遗失甲的结婚照及底片，甲主张肖像侵权并请求精神损害赔偿

B. 乙根据《阿 Q 正传》绘制阿 Q 形象用于其产品的外包装，鲁迅先生的儿子起诉主张死者肖像利益被侵害

C. 丙以硫酸报复情敌致其毁容

D. 丁整容为琛琛老师的形象为法考机构做宣传

E. 画家戊应邀为模特拍摄裸照，然后根据照片创作油画并拍卖

【答案】E

解析：A 项中，照相馆遗失甲的结婚照及底片，仅仅侵犯财产权，不侵犯当事人的肖像权。

B 项中，阿 Q 是虚构的小说人物，无法与现实生活中的人物构成本质上的联系，不存在侵权问题。

C项中，丙以硫酸报复情敌的行为是对其健康权的侵害，虽致其毁容，但不符合肖像侵权的构成要件。

D项中，肖像不具有专属性和排他性，丁虽整容成琛琛老师的形象，但他并不是以琛琛老师为载体，而是以他自己为载体为法考机构做宣传，故丁未构成肖像侵权。

E项中，画家戊未经模特同意擅自公开其裸体画像，已侵犯该模特的肖像权及隐私权。

【例题】（2020真题回忆版）张某为唐山大地震孤儿，仅有一张与父母的合影。张某为留作纪念，将照片交给某照相馆修复，不料照相馆晚上意外发生火灾，遭受重大财产损失，张某的照片也被损毁。据此，下列选项说法正确的是：

A. 照相馆侵犯了张某的肖像权

B. 张某可请求精神损害赔偿

C. 照相馆侵犯了张某的隐私权

D. 照相馆不承担侵权责任

【答案】B

（四）姓名权与名称权

1. 概述。

《民法典》第1012条　自然人享有姓名权，有权依法决定、使用、变更或者许可他人使用自己的姓名，但是不得违背公序良俗。

《民法典》第1013条　法人、非法人组织享有名称权，有权依法决定、使用、变更、转让或者许可他人使用自己的名称。

《民法典》第1016条　自然人决定、变更姓名，或者法人、非法人组织决定、变更、转让名称的，应当依法向有关机关办理登记手续，但是法律另有规定的除外。

民事主体变更姓名、名称的，变更前实施的民事法律行为对其具有法律约束力。

《民法典》第1017条　具有一定社会知名度，被他人使用足以造成公众混淆的笔名、艺名、网名、译名、字号、姓名和名称的简称等，参照适用姓名权和名称权保护的有关规定。

2. 根据《民法典》第1015条的规定，公民可以选择的姓氏包括：（1）父姓；（2）母姓；（3）其他直系长辈血亲的姓氏；（4）扶养人姓氏；（5）不违背公序良俗的其他正当理由的姓氏。

3. 侵犯姓名权有三种方式：冒用、盗用、干涉他人使用。例如：医院网站未经他人许可使用他人姓名。任何组织或者个人不得以干涉、盗用、假冒等方式侵害他人的姓名权或者名称权。

4. 概念对比。

（1）冒用他人姓名和无权代理的区别：

①A对B说，我是C——此为冒名顶替；

②A对B说，我是C的代理人——此为无权代理。

（2）姓名权与署名权。

署名权：是否署名，署谁名字，署名顺序，排除他人。

例：A 的作品：

①A 署了 A 的名字——不侵权。

②A 署了 B 的名字——行使 A 的署名权，侵犯 B 的姓名权。

③B 署了 A 的名字——侵犯 A 的署名权和姓名权。

④B 署了 B 的名字——行使 B 的姓名权，侵犯 A 的署名权。

（五）名誉权、荣誉权和隐私权

	名誉权	荣誉权	隐私权
概念	名誉权是自然人或法人对自己在社会生活中获得的社会评价、人格尊严享有的不可侵犯的权利。	荣誉权，是指自然人、法人或非法人组织所享有的，因自己的突出贡献或特殊劳动成果而获得光荣称号或其他荣誉的权利。	隐私权又称个人生活秘密权，是指自然人不愿公开或让他人知悉个人秘密信息的权利。①保护之范围：隐私是自然人的私人生活安宁和不愿为他人知晓的私密空间、私密活动、私密信息。②限制之界限：公共利益与公众兴趣（行业相关）。
	名誉权：社会评价，可好可坏，人兼有之。荣誉权：组织评价，一定正面，人或有之。		
侵权认定	侮辱：贬损他人人格。诽谤：捏造虚假事实。	非法侵占、剥夺、贬损他人荣誉。	非法获取和披露他人隐私。
权利限制	公众人物的人格利益在法律保护上应当适当克减。公众人物对他人的批评和指责应有一定的宽容度量，以保证公民在涉及公共事务的辩论中享有充分的言论自由。作为公众人物，享受了较多的公众关注及相关便利，对来自他人的负面评价也应负有一定的容忍义务。		

1.关于名誉侵权，注意以下数点（《民法典》第 1025—1029 条）：

（1）行为人为公共利益实施新闻报道、舆论监督等行为，影响他人名誉的，不承担民事责任，但是有下列情形之一的除外：

①捏造、歪曲事实；

②对他人提供的严重失实内容未尽到合理核实义务；

③使用侮辱性言辞等贬损他人名誉。

（2）认定行为人是否尽到上述第 2 项规定的合理核实义务，应当考虑下列因素：

①内容来源的可信度；

②对明显可能引发争议的内容是否进行了必要的调查；

③内容的时限性；

④内容与公序良俗的关联性；

⑤受害人名誉受贬损的可能性；

⑥核实能力和核实成本。

例　余某某状告某杂志社编辑肖某某侵害其名誉权一案一审词节选：

法院认为，被告肖某某所写文中所涉"深圳送别墅"内容，是其未经核实即采用的传言；肖某某受评论性文章的时限性、评论文章作者调查的非强制性等诸多种因素限制，加上余某某对深圳文化的褒扬，使得被告肖某某对这一信息的真实性未产生怀疑而予以使用的说法合乎事理，因此，不能认定这是被告故意凭空捏造的。

在原告并不否认该文主旨是进行文化批评的前提下，通观文章全篇，被告使用这一信息，只是加强其某一论点的说服力。尽管被告文章中"深圳送别墅"的言辞令原告产生不快，但在社会变革、价值取向多元化的今天，在利益行为与法不悖的情况下，并未超越时代的主流观念，不会使余某某应有的社会评价降低，不能认定其具有贬低、损害原告名誉的性质。

（3）行为人发表的文学、艺术作品**以真人真事或者特定人为描述对象**，含有侮辱、诽谤内容，侵害他人名誉权的，受害人有权依法请求该行为人承担民事责任。行为人发表的文学、艺术作品**不以特定人为描述对象**，仅其中的情节与该特定人的情况相似的，不承担民事责任。

（4）民事主体有证据证明报刊、网络等媒体报道的内容失实，侵害其名誉权的，有权请求该媒体及时采取更正或者删除等必要措施。

（5）民事主体可以依法查询自己的信用评价；发现信用评价不当的，有权提出异议并请求采取更正、删除等必要措施。信用评价人应当及时核查，经核查属实的，应当及时采取必要措施。

2. 以下行为均认定为隐私侵权（《民法典》第 1033 条）：

（1）以电话、短信、即时通讯工具、电子邮件、传单等方式侵扰他人的私人生活安宁；

（2）进入、拍摄、窥视他人的住宅、宾馆房间等私密空间；

（3）拍摄、窥视、窃听、公开他人的私密活动；

（4）拍摄、窥视他人身体的私密部位；

（5）处理他人的私密信息；

（6）以其他方式侵害他人的隐私权。

3. 国家机关、承担行政职能的法定机构及其工作人员对于履行职责过程中知悉的自然人的隐私和个人信息，应当予以保密，不得泄露或者向他人非法提供。

4. 关于隐私侵权，注意以下几点（《民法典》第 1010、1011 条）：

（1）违背他人意愿，以言语、文字、图像、肢体行为等方式对他人实施性骚扰的，受害人有权依法请求行为人承担民事责任。机关、企业、学校等单位应当采取合理的预防、受理投诉、调查处置等措施，防止和制止利用职权、从属关系等实施性骚扰。

（2）以非法拘禁等方式剥夺、限制他人的行动自由，或者非法搜查他人身体的，受害人有权依法请求行为人承担民事责任。

（六）个人信息权

1. 概述。

自然人的个人信息受法律保护。个人信息是以电子或者其他方式记录的能够单独或者与其他信息结合识别特定自然人的各种信息，包括自然人的姓名、出生日期、身份证件号码、生物识别信息、住址、电话号码、电子邮箱、健康信息、行踪信息等。

个人信息中的私密信息，适用有关隐私权的规定；没有规定的，适用有关个人信息保护的规定。

2. 个人信息权和隐私权的区别在于：

第一，隐私主要体现的是人格利益，侵害隐私权也主要导致的是精神损害。而个人信息权既包括了精神价值，也包括了财产价值。

第二，隐私权强调私密性，而个人信息权强调身份识别性以及对个人信息的支配和自主决定。对个人信息权的侵害主要体现为未经许可而收集和利用个人信息，比如非法搜集、非法利用、非法存储、非法加工或非法倒卖个人信息等行为形态。

第三，隐私权是一种消极的、防御性的权利，在该权利遭受侵害之前，个人无法积极主动地行使权利，而只能在遭受侵害的情况下请求他人排除妨碍、赔偿损失等。个人信息权并不完全是一种消极地排除他人使用的权利。权利人除了被动防御第三人的侵害之外，还可以对其进行积极利用。个人信息权作为一种积极的权利，在他人未经许可收集、利用其个人信息时，权利人有权请求行为人更改或者删除其个人信息，以排除他人的非法利用行为或者使个人信息恢复到正确的状态。

例　某公司为了获得消费者信息，宣布其网站商品半价出售，并在买卖合同上写明卖家发货合同成立，大量顾客购买后被退单，之后甲公司利用其获得的信息，向消费者发送其他广告。本案中，某公司搜集他人信息群发广告的行为，侵犯了公民的个人信息权，须承担侵权责任。

3. 个人信息的收集与处理。

（1）处理个人信息的，应当遵循合法、正当、必要原则，不得过度处理，并符合下列条件：

①征得该自然人或者其监护人同意，但是法律、行政法规另有规定的除外；

②公开处理信息的规则；

③明示处理信息的目的、方式和范围；

④不违反法律、行政法规的规定和双方的约定。

个人信息的处理包括个人信息的收集、存储、使用、加工、传输、提供、公开等。

（2）自然人可以依法向信息处理者查阅或者复制其个人信息；发现信息有错误的，有权提出异议并请求及时采取更正等必要措施。自然人发现信息处理者违反法律、行政法规的规定或者双方的约定处理其个人信息的，有权请求信息处理者及时删除。

（3）处理个人信息，有下列情形之一的，行为人不承担民事责任：

①在该自然人或者其监护人同意的范围内合理实施的行为；

②合理处理该自然人自行公开的或者其他已经合法公开的信息，但是该自然人明确拒绝或者处理该信息侵害其重大利益的除外；

③为维护公共利益或者该自然人合法权益，合理实施的其他行为。

（4）信息处理者不得泄露或者篡改其收集、存储的个人信息；未经自然人同意，不得向他人非法提供其个人信息，但是经过加工无法识别特定个人且不能复原的除外。信息处理者应当采取技术措施和其他必要措施，确保其收集、存储的个人信息安全，防止信息泄露、篡改、丢失；发生或者可能发生个人信息泄露、篡改、丢失的，应当及时采取补救措施，按照规定告知自然人并向有关主管部门报告。

4. 个人信息的侵权责任。

《个人信息保护法》第 69 条　处理个人信息侵害个人信息权益造成损害，个人信息处理者不能证明自己没有过错的，应当承担损害赔偿等侵权责任。

前款规定的损害赔偿责任按照个人因此受到的损失或者个人信息处理者因此获得的利益确定；个人因此受到的损失和个人信息处理者因此获得的利益难以确定的，根据实际情况确定赔偿数额。

5.关于人脸识别的特别规定：

（1）信息处理者处理人脸信息有下列情形之一的，人民法院应当认定属于侵害自然人人格权益的行为：

①在宾馆、商场、银行、车站、机场、体育场馆、娱乐场所等经营场所、公共场所违反法律、行政法规的规定使用人脸识别技术进行人脸验证、辨识或者分析；

②未公开处理人脸信息的规则或者未明示处理的目的、方式、范围；

③基于个人同意处理人脸信息的，未征得自然人或者其监护人的单独同意，或者未按照法律、行政法规的规定征得自然人或者其监护人的书面同意；

④违反信息处理者明示或者双方约定的处理人脸信息的目的、方式、范围等；

⑤未采取应有的技术措施或者其他必要措施确保其收集、存储的人脸信息安全，致使人脸信息泄露、篡改、丢失；

⑥违反法律、行政法规的规定或者双方的约定，向他人提供人脸信息；

⑦违背公序良俗处理人脸信息；

⑧违反合法、正当、必要原则处理人脸信息的其他情形。

（2）有下列情形之一，信息处理者以已征得自然人或者其监护人同意为由抗辩的，人民法院不予支持：

①信息处理者要求自然人同意处理其人脸信息才提供产品或者服务的，但是处理人脸信息属于提供产品或者服务所必需的除外；

②信息处理者以与其他授权捆绑等方式要求自然人同意处理其人脸信息的；

③强迫或者变相强迫自然人同意处理其人脸信息的其他情形。

（3）有下列情形之一，信息处理者主张其不承担民事责任的，人民法院依法予以支持：

①为应对突发公共卫生事件，或者紧急情况下为保护自然人的生命健康和财产安全所必需而处理人脸信息的；

②为维护公共安全，依据国家有关规定在公共场所使用人脸识别技术的；

③为公共利益实施新闻报道、舆论监督等行为在合理的范围内处理人脸信息的；

④在自然人或者其监护人同意的范围内合理处理人脸信息的；

⑤符合法律、行政法规规定的其他情形。

（4）物业服务企业或者其他建筑物管理人以人脸识别作为业主或者物业使用人出入物业服务区域的唯一验证方式，不同意的业主或者物业使用人请求其提供其他合理验证方式的，人民法院依法予以支持。

（5）信息处理者采用格式条款与自然人订立合同，要求自然人授予其无期限限制、不可撤销、可任意转授权等处理人脸信息的权利，该自然人依据《民法典》第497条请求确认格式条款无效的，人民法院依法予以支持。

【个人信息保护小案例】

案例1

A是微博的用户，微博开放接口给脉脉后，脉脉未取得A的同意便将其信息收集使用，并展示在脉脉软件之中。据此，法院认定脉脉违反三重授权，违反了诚实信用原则与公认的商业道德，确属无误。

目前，法律实务界、学术界和行业认识公认的规则就是"三重授权原则"，包括"用户授权＋平台方/公司授权＋用户授权"，即开放平台方直接收集、使用用户数据需获得用户授权，第三方开发者通过开放平台Open API接口间接获得用户数据，需获得用户授权和平台方授权。需要注意的是，该原则之所以叫作"三重授权"，意味着"用户授权＋平台方/公司授权＋用户授权"需同时满足，缺少任何一方授权，都是违反"三重授权原则"。

案例2

微信读书隐私权纠纷案：

微信好友列表和读书信息属于个人信息，但不能笼统地纳入符合社会一般合理认知的隐私范畴，需要结合实际进行判断。

法院认为：

第一，"微信读书"获取原告的微信好友列表属于收集个人信息的行为，其收集信息的内容、获取用户同意的方式不违反法律规定，且获取通讯录好友列表行为并未达到私密程度，不构成对隐私权的侵害。

第二，"微信读书"向原告共同使用该应用的通讯录好友默认公开原告读书信息的行为，未以合理的"透明度"获得有效的知情同意，用户隐私协议的表述存在规避个人信息或隐私风险的嫌疑，因此侵害了原告个人信息权益，但原告的信息未达到私密性标准，不构成隐私权侵权。

第三，"微信读书"为原告自动关注共同使用该应用的通讯录好友，进而使得关注好友可以查看原告的读书信息的行为，未向用户显著提示并获得用户同意，因此侵犯原告的个人信息权益，但原告不满足侵害隐私权的责任构成要件，不构成对隐私权的侵害。

案例3

庞某某与某信息技术有限公司等隐私权纠纷案：

法院认为，本案中，如果诈骗分子仅仅知道庞某某的姓名或手机号，则无法发送关于航班取消的诈骗短信；如果诈骗分子仅仅知道庞某某的行程信息，则亦无法发送关于航班取消的诈骗短信。

而恰恰是诈骗分子掌握了庞某某的姓名、手机号和行程信息，从而形成了一定程度上的整体信息，所以才能够成功发送诈骗短信。

因此，本案中，即使单纯的庞某某的姓名和手机号不构成隐私信息，但当姓名、手机号和庞某某的行程信息（隐私信息）结合在一起时，结合之后的整体信息也因包含了隐私信息（行程信息）而整体上成为隐私信息。

案例4

关于顺丰公司将尾号3433的电话号码与刘某某身份证号绑定一节是否构成侵权：

法院认为，个人信息的收集、存储、使用应当遵循合法、正当、必要原则，不得过度处理，除法律、行政法规另有规定外，应征得该自然人同意。

刘某某曾在以尾号3433的电话号码下单寄送快递时向顺丰公司出示过其身份证，且通过与顺丰公司达成的电子运单契约条款同意顺丰公司对该号码及身份证号进行保存，故此时顺丰公司收集刘某某的个人身份证号信息并与该电话号码在其系统中关联存储并不构成对刘某某个人信息的侵权。

但是，后刘某某已经通过客服电话明确向顺丰公司表示不同意将其身份证号与该电话号码绑定，顺丰公司未予处理。

后刘某某就此正式发送律师函，通知顺丰公司解除上述关联储存并删除系统中刘某某的个人信息，顺丰公司对此仍未及时采取合理措施，此时顺丰公司继续存储刘某某身份证号的行为已经侵害了刘某某对其个人信息的控制权。

关于顺丰公司以刘某某身份信息寄送涉诉三单快递是否构成侵权：

涉诉三单快递寄件人为严某，顺丰公司未履行查验寄件人身份信息的义务，将寄件人登记为刘某某的身份证号等信息，构成对刘某某个人信息的非法使用，侵害了刘某某的权益。

其中一单快递寄递时严某明知顺丰公司使用刘某某的身份信息但未予以制止，亦存在一定过错，因刘某某明确放弃要求严某主张侵权责任，法院不持异议，顺丰公司在其过错范围内承担相应责任。

关于顺丰公司就其侵权行为给刘某某造成的损害承担何种民事侵权责任：

法律规定，承担侵权责任的方式可以单独适用，也可以合并适用。各种责任形式的适用均旨在保护受害人的利益，是否存在侵权责任聚合，应当结合侵权行为、损害后果等因素进行综合判断，只有当一种责任形式不足以保护受害人时，才可以同时适用其他的责任形式予以合并保护。

刘某某向顺丰公司客服投诉未果后通过发送律师函主张权利，为此支出维权费10 000元。该律师费属于其维权的合理开支，顺丰公司应在其过错范围内予以赔偿。

刘某某在得知自己的身份信息被顺丰公司非法使用后，通过客服投诉及发送律师函的方式维权，但均未得到顺丰公司的回应，显然会使刘某某因个人信息失控而产生精神困扰，故顺丰公司应就自己的行为向刘某某赔礼道歉并赔偿一定数额的精神损害抚慰金。

案例5

张某某等村民与村委会隐私权纠纷案：

法院认为，本案中，涉案统计表包含张某某等村民的姓名、身份证号、银行卡号等信息。其中，身份证号在日常民事交往中发挥着身份识别的重要作用，属于自然人的个人信息。银行卡号涉及个人财产情况和财产安全，为从事特定民事活动所用，根据社会习惯和合理标准，一般人显然不愿意自己的银行卡号被无关人员知晓，故该信息具备隐私性。

同时，公民的姓名、身份证号和银行卡号三者结合起来成为整体信息，这些整体信息一旦被泄露和扩散，个人的财产安全将面临一定风险。即使涉案统计表属于村委会财务公开范围，其公开过程亦应符合相应的规范，不能随意泄露个人隐私信息。

综上，本院确认涉案统计表中姓名、身份证号和银行卡号结合起来的整体信息属于个人隐私信息。

案例 6

任某某与百度公司侵权纠纷案：

法院认为，本案争议的焦点问题是百度公司"相关搜索"服务显示的涉及任某某的检索词是否侵犯了任某某的姓名权、名誉权及任某某主张的一般人格权中的所谓"被遗忘权"。

关于姓名权：

姓名权是公民享有的依法决定、使用和依法变更自己姓名的权利。

一般而言，侵害姓名权的行为主要有：

第一，干涉他人行使其姓名权。主要包括干涉他人命名、干涉他人合法使用其姓名、干涉他人改名等行为。

第二，应使用而不使用他人姓名。主要包括在使用他人作品时应标明作者而未标明、特定场合应称呼他人姓名而未称呼，以及特定场合以谐音或起绰号方式恶意不使用他人姓名等行为。

第三，非法使用他人姓名。主要包括盗用他人姓名和假冒他人姓名的行为。

第四，故意混同使用他人姓名。主要包括恶意使用与他人姓名在外观上和发音上相类似的姓名，恶意对某物命名与他人姓名相同的名称等行为。

本案中，百度公司相关搜索服务显示涉及任某某的检索词显然不符合上述第一、第二、第四种情形。就第三种情形即"非法使用他人姓名"而言，相关检索词的出现虽然未经任某某本人允许，但检索词本身系网络用户在搜索引擎中键入的指令，搜索结果中的"检索词"也只是动态反映过去特定时间内网络用户使用检索词的客观情况，并为当前用户的信息检索提供参考指引。即"任某某"是百度搜索引擎经过相关算法的处理过程后显示的客观存在网络空间的字符组合，并非百度公司针对"任某某"这个特定人名的盗用或假冒。故百度公司并未侵犯任某某的姓名权。原审法院认定正确。

关于"被遗忘权"：

被遗忘权是欧盟法院通过判决正式确立的概念，虽然我国学术界对被遗忘权的本土化问题进行过探讨，但我国现行法律中并无对"被遗忘权"的法律规定，亦无"被遗忘权"的权利类型。

任某某依据一般人格权主张其被遗忘权应属一种人格利益，该人格利益若想获得保护，任某某必须证明其在本案中的正当性和应予保护的必要性，但任某某并不能证明上述正当性和必要性。故原审法院认定正确。

在百度公司不构成侵权的前提下，原审法院驳回任某某对百度公司赔偿其相关损失及精神损害抚慰金的诉讼请求亦是正确的。

案例 7

2016 年，酷车易美公司与数据提供方签订了《补充协议》，就汽车数据达成资源分享与合作。

余某某分别于 2020 年 12 月 18 日、2021 年 2 月 21 日在酷车易美公司运营的查博士 App 输入案涉车辆的车架号，付费获得案涉历史车况报告。案涉历史车况报告涉及车架号、基本行驶数据、维保数据、碰撞数据、评分项目及具体评分，包括年均行驶里程、年均保养次数、最后保养时间、维保项目等信息。

余某某诉请法院判令酷车易美公司停止侵犯余某某的隐私权、个人信息权益，立即删除酷车易美公司属下查博士App中未经余某某同意披露的汽车基本行驶数据、维保数据等信息，并赔偿经济损失3000元。

法院生效判决认为经有效脱敏化处理的历史车况信息不能关联到车辆所有人等特定自然人，不属于个人信息或隐私，提供历史车况信息查询的行为不构成对个人信息权益或隐私权的侵犯，故判决驳回余某某的全部诉讼请求。

案例8

微博发帖揭发儿童受虐实情隐私权纠纷案：

法院认为，为保护未成年人利益和揭露可能存在的犯罪行为，发帖人在其微博中发未成年人受伤害信息，所发微博的内容与客观事实基本一致的，符合社会公共利益原则和儿童利益最大化原则，该网络举报行为不构成侵权。本案中，被告在原告1受伤害后，为保护未成年人的生命健康利益，在其微博中披露了相关信息，符合社会公共利益原则和儿童利益最大化原则。在个人信息处理过程中，被告对相关信息的披露是节制的，对相关照片进行了模糊处理，没有暴露受害儿童的真实面容，也没有披露原告1的姓名和家庭住址，其目的是揭露可能存在的犯罪行为。被告所发微博的内容虽出现收养的词语，但微博文字与照片结合后，第三人不能明显识别出微博中的受害儿童即为原告1。被告的网络举报行为未侵犯原告1的肖像权、名誉权、隐私权，未侵犯原告2、3的名誉权、隐私权。原告的诉讼请求于法无据，不予支持。本案系法院在《民法典》颁布施行前作出的判决，因而其基本思路仍然是建立在肖像权、隐私权等传统人格权路径下。

（七）一般人格权

人格权是法律赋予民事主体以人格利益为内容的，作为一个独立的法律人格所必须享有且与其主体人身不可分离的权利。人格权包括一般人格权和具体人格权。

一般人格权，指自然人享有的概括人格平等、人格独立、人格自由、人格尊严全部内容的一般人格利益，并由此产生和规定具体人格权的基本权利。一般人格权专属于自然人，法人、非法人组织不享有一般人格权。规定一般人格权的意义在于：即使加害人的行为尚未侵犯自然人的具体人格权，只要严重侵害了自然人的人格平等、人格独立、人格自由、人格尊严，受害人即可以一般人格权受侵害为由，请求加害人停止侵害并承担精神损害赔偿。

人身自由，是指公民依法享有的人身不受侵犯和自主行为的权利。

人格尊严是指民事主体作为"人"所应有的最基本社会地位、社会评价，并得到最起码尊重的权利。

人格独立指民事主体的人格由自己支配，其存在不依赖任何外在力量，其意志不受任何外部势力的干预与强制。

人格平等指民事主体间地位平等，不存在人身依附与从属关系，任何一方不得将自己的意志强加给另一方。人格平等意味着民事主体享有平等的资格和机会。

第五编 婚姻家庭

第一章　结婚

扫描右侧二维码"听课 + 做题"，直达最佳学习效果
1. 在线听课：学习本章节核心考点讲解课程。
2. 在线刷题：点击🏠进入题库做章节练习。

📖 本章导读

本章需要考生掌握结婚的条件，无效婚姻、可撤销婚姻的基本规则；理解结婚的概念。

💡 知识点

一、结婚的概念和特征

结婚，又称婚姻的成立，是指男女双方依照法律规定的条件和程序，确立夫妻关系的民事法律行为。结婚行为的主体必须是男女双方，同性别的人之间不能结婚；结婚行为的法律后果是确立夫妻关系。

二、结婚的条件

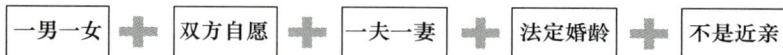

一男一女 ➕ 双方自愿 ➕ 一夫一妻 ➕ 法定婚龄 ➕ 不是近亲

1. 结婚应当男女双方完全自愿，禁止任何一方对另一方加以强迫，禁止任何组织或者个人加以干涉。
2. 结婚年龄，男不得早于 22 周岁，女不得早于 20 周岁。
3. 直系血亲或者三代以内的旁系血亲禁止结婚。

三、结婚登记机关和程序

要求结婚的男女双方应当亲自到婚姻登记机关申请结婚登记。符合民法典规定的，予以登记，发给结婚证。完成结婚登记，即确立婚姻关系。未办理结婚登记的，应当补办登记。

登记结婚后，按照男女双方约定，女方可以成为男方家庭的成员，男方可以成为女方家庭的成员。

登记程序瑕疵不得申请宣告婚姻无效，只能申请行政复议或者提起行政诉讼。

例　大伟与小伟系双胞胎兄弟，长相颇为相似，大伟与芳芳系情侣，去民政局登记结婚的路上大伟遇车祸被送往医院，因不想错过领证时间，便叫小伟冒充其身份与芳芳

办理结婚登记手续。大伟在医院治疗期间与护士小冯互生好感,大伟遂向法院起诉以非本人登记结婚为由请求确认其与芳芳的婚姻关系无效。则下列说法正确的有:

A. 登记结婚是身份行为,不能代理,登记无效

B. 大伟没有亲自去登记结婚,无效

C. 此种主张无效的理由不是民法中规定的婚姻无效事由

D. 大伟可以以登记程序瑕疵为由申请行政复议或者提起行政诉讼

【答案】D

四、无效婚姻

无效婚姻,是指不符合结婚的实质条件的男女两性结合,在法律上不具有合法效力的婚姻。

(一)无效婚姻的情形

有下列情形之一的,婚姻无效:

(1)重婚的;(绝对无效)

(2)有禁止结婚的亲属关系;(绝对无效)

(3)未到法定婚龄。(可以补正)

(二)无效婚姻的法律后果

无效的或者被撤销的婚姻自始没有法律约束力,当事人不具有夫妻的权利和义务。同居期间所得的财产,由当事人协议处理;协议不成的,由人民法院根据照顾无过错方的原则判决。对重婚导致的无效婚姻的财产处理,不得侵害合法婚姻当事人的财产权益。当事人所生的子女,适用民法典关于父母子女的规定。

婚姻无效或者被撤销的,无过错方有权请求损害赔偿。

(三)起诉主体

有权依据《民法典》第1051条规定向人民法院就已办理结婚登记的婚姻请求确认婚姻无效的主体,包括婚姻当事人及利害关系人。其中,利害关系人包括:

(1)以重婚为由的,为当事人的近亲属及基层组织;

(2)以未到法定婚龄为由的,为未到法定婚龄者的近亲属;

(3)以有禁止结婚的亲属关系为由的,为当事人的近亲属。

【例题】(2011-3-22)甲与乙登记结婚3年后,乙向法院请求确认该婚姻无效。乙提出的下列哪一理由可以成立?

A. 乙登记结婚的实际年龄离法定婚龄相差2年

B. 甲婚前谎称是海归博士且有车有房,乙婚后发现上当受骗

C. 甲与乙是表兄妹关系

D. 甲以揭发乙父受贿为由胁迫乙结婚

【答案】C

五、可撤销婚姻

可撤销的婚姻，是指已成立的婚姻关系，因欠缺结婚的真实意思，受胁迫的一方当事人可依法向人民法院请求撤销该婚姻。可撤销婚姻在撤销前，现存婚姻具有法律效力，一旦被撤销则自始不发生法律效力。

（一）胁迫

因胁迫结婚的，受胁迫的一方可以向人民法院请求撤销婚姻。

请求撤销婚姻的，应当自胁迫行为终止之日起1年内提出。

被非法限制人身自由的当事人请求撤销婚姻的，应当自恢复人身自由之日起1年内提出。

（二）隐瞒重大疾病

一方患有重大疾病的，应当在结婚登记前如实告知另一方；**不如实告知的**，另一方可以向人民法院请求撤销婚姻。

请求撤销婚姻的，应当自知道或者应当知道撤销事由之日起1年内提出。

【例题】（2019真题回忆版）甲男（60周岁）与乙女（25周岁）约定："如乙好好照顾甲，婚后甲就将自己名下唯一一套住房赠送给乙。"乙表示同意。婚后，甲如约将房屋过户到乙名下。乙对甲却态度冷漠，将甲赶出家门。下列哪项是正确的？

A. 甲可向法院主张撤销该婚姻

B. 甲和乙之间的婚姻无效

C. 甲可以撤销对乙的赠与

D. 甲的赠与是合法自愿的，不能撤销

【答案】C

第二章　离婚

📖 本章导读

本章要求考生熟练掌握协议离婚和诉讼离婚的基本规则，离婚的法律后果；理解离婚的概念。

💡 知识点

一、协议离婚

夫妻双方自愿离婚的，应当签订书面离婚协议，并亲自到婚姻登记机关申请离婚登记。

离婚协议应当载明双方自愿离婚的意思表示和对子女抚养、财产以及债务处理等事项协商一致的意见。

自婚姻登记机关收到离婚登记申请之日起 30 日内，任何一方不愿意离婚的，可以向婚姻登记机关撤回离婚登记申请。

上述规定期限届满后 30 日内，双方应当亲自到婚姻登记机关申请发给离婚证；未申请的，视为撤回离婚登记申请。

婚姻登记机关查明双方确实是自愿离婚，并已经对子女抚养、财产以及债务处理等事项协商一致的，予以登记，发给离婚证。

例　甲与乙离婚，甲、乙的子女均已成年，与乙一起生活。甲与丙再婚后购买了一套房屋，登记在甲的名下。后甲因中风不能自理，常年卧床。丙见状离家出走达 3 年之久。甲、乙的子女和乙想要回房屋，进行法律咨询。下列哪些意见是错误的？

A. 因房屋登记在甲的名下，故属于甲个人房产

B. 丙在甲中风后未尽妻子责任和义务，不能主张房产份额

C. 甲、乙的子女可以申请宣告丙失踪

D. 甲本人向法院提交书面意见后，甲、乙的子女可代理甲参与甲与丙的离婚诉讼

【答案】ABC

二、诉讼离婚

诉讼离婚，是指夫妻双方对离婚、离婚后子女抚养或遗产分割等问题不能达成协议，由一方向人民法院起诉，人民法院依诉讼程序审理后，调解或判决解除婚姻关系的法律制度。

（一）法定离婚事由

人民法院审理离婚案件，有下列情形之一，调解无效的，应当准予离婚：

（1）重婚或者与他人同居（有配偶者与婚外异性，不以夫妻名义，持续、稳定地共同居住）；

（2）实施家庭暴力或者虐待、遗弃家庭成员（持续性、经常性的家庭暴力，可以认定为"虐待"）；

（3）有赌博、吸毒等恶习屡教不改；

（4）因感情不和分居满2年；

（5）一方被宣告失踪；

（6）夫以妻擅自中止妊娠侵犯其生育权为由请求损害赔偿的，人民法院不予支持；夫妻双方因是否生育发生纠纷，致使感情确已破裂，一方请求离婚的，人民法院经调解无效，应依照《民法典》第1079条第3款第5项的规定处理。

▲经人民法院判决不准离婚后，**双方又分居满1年**，一方再次提起离婚诉讼的，应当准予离婚。

完成离婚登记，或者离婚判决书、调解书生效，即解除婚姻关系。

（二）女方的特殊保护

女方在怀孕期间、**分娩后1年内或者终止妊娠后6个月内**，男方不得请求离婚；但是，女方提出离婚或者人民法院认为确有必要受理男方离婚请求的除外。

（三）现役军人的特殊保护

现役军人的配偶要求离婚，应当征得军人同意，但是军人一方有重大过错的除外。

例　高甲患有精神病，其父高乙为监护人。2009年高甲与陈小美经人介绍认识，同年12月陈小美以其双胞胎妹妹陈小丽的名义与高甲登记结婚，2011年生育一子高小甲。2012年高乙得知儿媳的真实姓名为陈小美，遂向法院起诉。诉讼期间，陈小美将一直由其抚养的高小甲户口迁往自己原籍，并将高小甲改名为陈龙，高乙对此提出异议。下列哪一选项是正确的？

A.高甲与陈小美的婚姻属无效婚姻

B.高甲与陈小美的婚姻属可撤销婚姻

C.陈小美为高小甲改名的行为侵害了高小甲的合法权益

D.陈小美为高小甲改名的行为未侵害高甲的合法权益

【答案】D

【例题】（2021真题回忆版）甲男和乙女协议离婚，协议中约定孩子由乙女抚养，甲男一次性给付抚养费若干，孩子改随乙女姓。离婚后乙女发现甲男隐瞒 100 万元财产，于是诉至法院请求分割，此外还发现婚姻期间甲男因打牌欠了 50 万元债务。对于本案，下列说法正确的是：

A. 协议中有关孩子改随乙女姓的约定有效

B. 乙女有权请求重新分割 100 万元财产

C. 乙女需要承担 25 万元债务

D. 协议中有关甲男一次性给付抚养费的约定有效

【答案】ABD

三、离婚时的财产处理

如果夫妻双方以书面形式约定婚姻关系存续期间所得财产归个人所有，则在离婚时不发生夫妻共有财产的分割问题。如果在婚姻存续期间，夫妻所有财产实行法定财产制及夫妻双方约定为共同所有或部分各自所有、部分共同所有，在离婚时则须对共同共有财产部分进行分割。

1. 婚姻存续时分割共同财产（《民法典》第 1066 条）

婚姻关系存续期间，有下列情形之一的，夫妻一方可以向人民法院请求分割共同财产：

（1）一方有隐藏、转移、变卖、毁损、挥霍夫妻共同财产或者伪造夫妻共同债务等严重损害夫妻共同财产利益的行为；

（2）一方负有法定扶养义务的人患重大疾病需要医治，另一方不同意支付相关医疗费用。

2. 离婚时请求分割夫妻共同财产

（1）离婚时，夫妻的共同财产由双方协议处理；协议不成的，由人民法院根据财产的具体情况，按照照顾子女、女方和无过错方权益的原则判决。对夫或者妻在家庭土地承包经营中享有的权益等，应当依法予以保护。

（2）夫妻一方隐藏、转移、变卖、毁损、挥霍夫妻共同财产，或者伪造夫妻共同债务企图侵占另一方财产的，在离婚分割夫妻共同财产时，对该方可以少分或者不分。离婚后，另一方发现有上述行为的，可以向人民法院提起诉讼，请求再次分割夫妻共同财产。诉讼时效期间为 3 年，从当事人发现之日起计算。

（▲离婚时唯一可以少分或不分的情形）

3. 离婚后请求再次分割夫妻共同财产

（1）离婚后，一方以尚有夫妻共同财产未处理为由向人民法院起诉请求分割的，经审查该财产确属离婚时未涉及的夫妻共同财产，人民法院应当依法予以分割。

（2）婚姻关系存续期间，夫妻一方作为继承人依法可以继承的遗产，在继承人之间尚未实际分割，起诉离婚时另一方请求分割的，人民法院应当告知当事人在继承人之间实际分割遗产后另行起诉。

例　乙起诉离婚时，才得知丈夫甲此前已着手隐匿并转移财产。关于甲、乙离婚的财产分割，下列哪一选项是错误的？

A. 甲隐匿转移财产，分割财产时可少分或不分

B. 就履行离婚财产分割协议事宜发生纠纷，乙可再起诉

C. 离婚后发现甲还隐匿其他共同财产，乙可另诉再次分割财产

D. 离婚后因发现甲还隐匿其他共同财产，乙再行起诉不受诉讼时效限制

【答案】D

四、抚养义务与探望权

1. 父母与子女间的关系，不因父母离婚而消除。离婚后，子女无论由父或者母直接抚养，仍是父母双方的子女。

离婚后，父母对于子女仍有抚养、教育、保护的权利和义务。

离婚后，不满2周岁的子女，以**由母亲直接抚养**为原则。已满2周岁的子女，父母双方对抚养问题协议不成的，由人民法院根据双方的具体情况，按照最有利于未成年子女的原则判决。子女已满8周岁的，应当尊重其真实意愿。

《最高人民法院关于适用〈中华人民共和国民法典〉婚姻家庭编的解释（一）》（简称《民法典婚姻家庭编解释（一）》）第44条　离婚案件涉及未成年子女抚养的，对不满2周岁的子女，按照《民法典》第1084条第3款规定的原则处理。母亲有下列情形之一，父亲请求直接抚养的，人民法院应予支持：

（一）患有久治不愈的传染性疾病或者其他严重疾病，子女不宜与其共同生活；

（二）有抚养条件不尽抚养义务，而父亲要求子女随其生活；

（三）因其他原因，子女确不宜随母亲生活。

《民法典婚姻家庭编解释（一）》第45条　父母双方协议不满2周岁子女由父亲直接抚养，并对子女健康成长无不利影响的，人民法院应予支持。

《民法典婚姻家庭编解释（一）》第46条　对已满2周岁的未成年子女，父母均要求直接抚养，一方有下列情形之一的，可予优先考虑：

（一）已做绝育手术或者因其他原因丧失生育能力；

（二）子女随其生活时间较长，改变生活环境对子女健康成长明显不利；

（三）无其他子女，而另一方有其他子女；

（四）子女随其生活，对子女成长有利，而另一方患有久治不愈的传染性疾病或者其他严重疾病，或者有其他不利于子女身心健康的情形，不宜与子女共同生活。

2. 离婚后，子女由一方直接抚养的，另一方应当负担部分或者全部抚养费。负担费用的多少和期限的长短，由双方协议；协议不成的，由人民法院判决。

上述规定的协议或者判决，不妨碍子女在必要时向父母任何一方提出超过协议或者判决原定数额的合理要求。

3. 离婚后，不直接抚养子女的父或者母，有探望子女的权利，另一方有协助的义务。

行使探望权利的方式、时间由当事人协议；协议不成的，由人民法院判决。

父或者母探望子女，不利于子女身心健康的，由人民法院依法中止探望；中止的事由消失后，应当恢复探望。

【例题】（2021真题回忆版）甲、乙离婚，孩子由乙抚养，甲、乙约定甲一个月可

以探望孩子两次。但离婚后乙不让甲看望孩子，甲遂起诉乙。对于本案，下列说法正确的是：

    A. 法院可以对乙罚款

    B. 法院可以拘留乙

    C. 乙可以指定地点让甲看

    D. 法院可以要求乙让甲到乙家看望孩子

【答案】D

五、离婚救济

（一）离婚困难帮助请求权

离婚时，如果一方生活困难，有负担能力的另一方应当给予适当帮助。具体办法由双方协议；协议不成的，由人民法院判决。

（二）离婚经济补偿权

夫妻一方因抚育子女、照料老年人、协助另一方工作等**负担较多义务**的，离婚时有权向另一方请求补偿，另一方应当给予补偿。具体办法由双方协议；协议不成的，由人民法院判决。

（三）离婚损害赔偿请求权

1. 主体：**无过错方诉过错方**。（排除双方都有过错情形）

2. 事由：（1）重婚；（2）与他人同居；（3）实施家庭暴力；（4）虐待、遗弃家庭成员；（5）有其他重大过错。（不忠和暴力）

3. 程序要求：离婚损害赔偿请求权以判决准予离婚为前提条件。

（1）如果人民法院判决不准离婚，对于当事人提出的损害赔偿请求，不予支持。

（2）在婚姻关系存续期间，当事人不起诉离婚而单独提起损害赔偿请求的，人民法院"不予受理"。

4.《民法典婚姻家庭编解释（一）》第86条规定：《民法典》第1091条规定的"损害赔偿"，包括物质损害赔偿和精神损害赔偿。涉及精神损害赔偿的，适用《最高人民法院关于确定民事侵权精神损害赔偿责任若干问题的解释》的有关规定。

【例题】（2016-3-19）钟某性情暴躁，常殴打妻子柳某，柳某经常找同村未婚男青年杜某诉苦排遣，日久生情。现柳某起诉离婚，关于钟、柳二人的离婚财产处理事宜，下列哪一选项是正确的？

    A. 针对钟某家庭暴力，柳某不能向其主张损害赔偿

    B. 针对钟某家庭暴力，柳某不能向其主张精神损害赔偿

    C. 如柳某婚内与杜某同居，则柳某不能向钟某主张损害赔偿

    D. 如柳某婚内与杜某同居，则钟某可以向柳某主张损害赔偿

【答案】C

第三章　夫妻关系

扫描右侧二维码"听课 + 做题"，直达最佳学习效果

1. 在线听课：学习本章节核心考点讲解课程。

2. 在线刷题：点击 ✿ 进入题库做章节练习。

📖 本章导读

本章需要考生掌握夫妻之间日常家事代理权，法定夫妻财产制（夫妻共同财产、夫妻一方个人财产、夫妻共同债务）、约定夫妻财产制，婚内夫妻财产分割请求权。

💡 知识点

一、夫妻人身关系

1. 夫妻在婚姻家庭中地位平等。夫妻双方都有各自使用自己姓名的权利。

2. 夫妻双方都有参加生产、工作、学习和社会活动的自由，一方不得对另一方加以限制或者干涉。

3. 夫妻双方平等享有对未成年子女抚养、教育和保护的权利，共同承担对未成年子女抚养、教育和保护的义务。

4. 夫妻有相互扶养的义务。需要扶养的一方，在另一方不履行扶养义务时，有要求其给付扶养费的权利。

5. 对亲子关系有异议且有正当理由的，父或者母可以向人民法院提起诉讼，请求确认或者否认亲子关系。对亲子关系有异议且有正当理由的，**成年子女**可以向人民法院提起诉讼，请求确认亲子关系。

二、夫妻财产关系

（一）夫妻共同财产的认定

1. 夫妻在婚姻关系存续期间所得的下列财产，为夫妻的共同财产，归夫妻共同所有：

（1）工资、奖金、劳务报酬；

（2）生产、经营、投资的收益；

（3）知识产权的收益；

（4）继承或者受赠的财产，但是《民法典》第 1063 条第 3 项规定的除外；

（5）其他应当归共同所有的财产。

夫妻对共同财产，有平等的处理权。

2. 下列财产为夫妻一方的**个人财产**：

（1）一方的婚前财产；

（2）一方因受到人身损害获得的赔偿或者补偿；

（3）遗嘱或者赠与合同中确定只归一方的财产；

（4）一方专用的生活用品；

（5）其他应当归一方的财产。

3. 男女双方可以约定婚姻关系存续期间所得的财产以及婚前财产归各自所有、共同所有或者部分各自所有、部分共同所有。约定应当采用书面形式。

夫妻对婚姻关系存续期间所得的财产以及婚前财产的约定，对双方具有法律约束力。夫妻对婚姻关系存续期间所得的财产约定归各自所有，夫或者妻一方对外所负的债务，相对人知道该约定的，以夫或者妻一方的个人财产清偿。

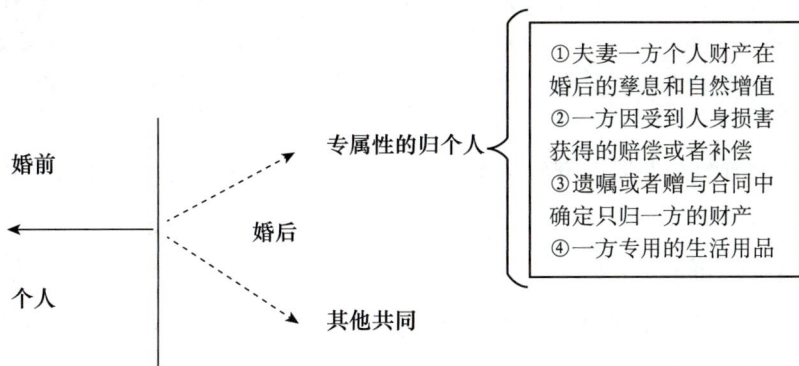

《民法典婚姻家庭编解释（一）》第 25 条 婚姻关系存续期间，下列财产属于《民法典》第 1062 条规定的"其他应当归共同所有的财产"：

（一）一方以个人财产投资取得的收益；

（二）男女双方实际取得或者应当取得的住房补贴、住房公积金；

（三）男女双方实际取得或者应当取得的基本养老金、破产安置补偿费。

《民法典婚姻家庭编解释（一）》第 26 条 夫妻一方个人财产在婚后产生的收益，除孳息和自然增值外，应认定为夫妻共同财产。

《民法典婚姻家庭编解释（一）》第 27 条 由一方婚前承租、婚后用共同财产购买的房屋，登记在一方名下的，应当认定为夫妻共同财产。

《民法典婚姻家庭编解释（一）》第 30 条 军人的伤亡保险金、伤残补助金、医药生活补助费属于个人财产。

（二）夫妻共同财产的处理

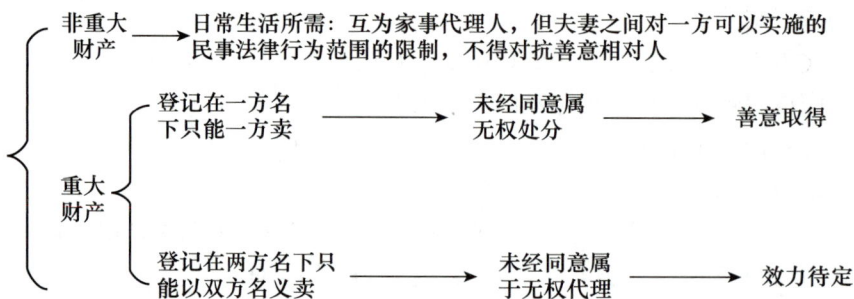

```
        ┌ 非重大 ──→ 日常生活所需：互为家事代理人，但夫妻之间对一方可以实施的
        │  财产        民事法律行为范围的限制，不得对抗善意相对人
        │
        │         ┌ 登记在一方名 ──→ 未经同意属 ──→ 善意取得
        │         │ 下只能一方卖      无权处分
   ┤    │
        │  重大 ─┤
        │  财产  │
        │         │ 登记在两方名下只 ──→ 未经同意属 ──→ 效力待定
        └         └ 能以双方名义卖        于无权代理
```

《民法典》第 1060 条　夫妻一方因家庭日常生活需要而实施的民事法律行为，对夫妻双方发生效力，但是夫妻一方与相对人另有约定的除外。

夫妻之间对一方可以实施的民事法律行为范围的限制，不得对抗善意相对人。

《民法典婚姻家庭编解释（一）》第 28 条　一方未经另一方同意出售夫妻共同所有的房屋，第三人善意购买、支付合理对价并已办理不动产登记，另一方主张追回该房屋的，人民法院不予支持。

夫妻一方擅自处分共同所有的房屋造成另一方损失，离婚时另一方请求赔偿损失的，人民法院应予支持。

（三）夫妻共同债务

1. 婚前一方所欠债务的归属规则是：原则上，该债务为个人债务；该债务用于婚后共同生活的，为共同债务。

2. 婚后负债：

有明示的认定为共同债务如签名或者追认；

无明示但在家事代理范围之内（小额）的继续认定为共同债务；

无明示且超越家事代理（大额）原则上认定为个人债务，但债权人举证证明是共同债务（夫妻共同生活或者共同经营）的除外。

3. 非法债务不受保护：

（1）夫妻一方在从事赌博、吸毒等违法犯罪活动中所负债务。

（2）夫妻一方与第三人串通，虚构债务。

离婚时，夫妻共同债务应当共同偿还。共同财产不足清偿或者财产归各自所有的，由双方协议清偿；协议不成的，由人民法院判决。

例　A、B 夫妻一起租住单位的公房，后妻子 B 去世，A 请了保姆 C 照顾，产生感情，A、C 领结婚证。婚后 A 领退休金 10 万元，买了先前租用的公房并进行了房产登记，后 A 去世。本案中，该房属于 A、C 的夫妻共同财产。

【例题】（2017-3-18）刘男按当地习俗向戴女支付了结婚彩礼现金 10 万元及金银首饰数件，婚后不久刘男即主张离婚并要求返还彩礼。关于该彩礼的返还，下列哪一选项是正确的？

A. 因双方已办理结婚登记，故不能主张返还

B. 刘男主张彩礼返还，不以双方离婚为条件

C. 已办理结婚登记，未共同生活的，可主张返还

D. 已办理结婚登记，并已共同生活的，仍可主张返还

【答案】C

第六编　继承

扫描右侧二维码"听课+做题",直达最佳学习效果

1. 在线听课:学习本章节核心考点讲解课程。
2. 在线刷题:点击 🏠 进入题库做章节练习。

📖 本编导读

本编需要考生掌握继承权的取得、放弃、丧失以及保护,法定继承权的使用条件,继承人的范围与顺序,代位继承的适用条件,法定继承中的遗产分配的基本规则,遗嘱的形式及其效力规则,遗嘱的法律特征及其效力规则,遗产分割和债务清偿的基本规则,无人继承又无人受遗赠的遗产处理规则;理解继承、法定继承、遗嘱继承、遗赠的概念和适用条件,遗产管理人的概念、确定及其职责。

💡 知识点

一、遗产与遗产管理人

1. 遗产和债务的范围,注意三点:第一,夫妻共同财产要分开。第二,有限继承原则,即,仅以继承的遗产份额为限承担债务。第三,死亡赔偿金不属于遗产。

2. 遗产管理人。

(1)继承开始后,遗嘱执行人为遗产管理人;没有遗嘱执行人的,继承人应当及时推选遗产管理人;继承人未推选的,由继承人共同担任遗产管理人;没有继承人或者继承人均放弃继承的,由被继承人生前住所地的民政部门或者村民委员会担任遗产管理人。

(2)对遗产管理人的确定有争议的,利害关系人可以向人民法院申请指定遗产管理人。

(3)遗产管理人应当依法履行职责,因故意或者重大过失造成继承人、受遗赠人、债权人损害的,应当承担民事责任。

(4)遗产管理人可以依照法律规定或者按照约定获得报酬。

3. 继承开始于死亡,具体包括以下情况:

(1)自然死亡。

(2)宣告死亡。

被宣告死亡的人,人民法院宣告死亡的判决作出之日视为其死亡的日期;因意外事件下落不明宣告死亡的,意外事件发生之日视为其死亡的日期。

(3)推定死亡。

相互有继承关系的数人在同一事件中死亡,难以确定死亡时间的,推定没有其他继承人的人先死亡。都有其他继承人,辈份不同的,推定长辈先死亡;辈份相同的,推定同时死亡,相互不发生继承。

二、遗嘱继承

1. 遗嘱的效力。

（1）遗嘱的形式要求。

①代书、录音录像、口头、打印遗嘱须见证人，见证人要求两名以上，有行为能力，无利害关系。

②遗嘱人**在危急情况下**，可以立口头遗嘱。口头遗嘱应当有两个以上见证人在场见证。危急情况消除后，遗嘱人能够以书面或者录音录像形式立遗嘱的，所立的口头遗嘱无效。

③代书遗嘱应当有两个以上见证人在场见证，由其中一人代书，并由遗嘱人、代书人和其他见证人签名，注明年、月、日。

④打印遗嘱应当有两个以上见证人在场见证。遗嘱人和见证人应当在遗嘱每一页签名，注明年、月、日。

⑤以录音录像形式立的遗嘱，应当有两个以上见证人在场见证。遗嘱人和见证人应当在录音录像中记录其姓名或者肖像，以及年、月、日。

【例题】（2014–3–24）甲有乙、丙和丁三个女儿。甲于2013年1月1日亲笔书写一份遗嘱，写明其全部遗产由乙继承，并签名和注明年月日。同年3月2日，甲又请张律师代书一份遗嘱，写明其全部遗产由丙继承。同年5月3日，甲因病被丁送至医院急救，甲又立口头遗嘱一份，内容是其全部遗产由丁继承，在场的赵医生和李护士见证。甲病好转后出院休养，未立新遗嘱。如甲死亡，下列哪一选项是甲遗产的继承权人？

A. 乙　　　　　　　　　　　　B. 丙

C. 丁　　　　　　　　　　　　D. 乙、丙、丁

【答案】A

（2）无效遗嘱的情况：①无民事行为能力人或者限制民事行为能力人所立的遗嘱无效；②受欺诈、胁迫所立的遗嘱无效；③伪造的遗嘱无效；④遗嘱被篡改的，篡改的内容无效。

（3）遗嘱人未保留缺乏劳动能力又没有生活来源的继承人的遗产份额，遗产处理时，应当为该继承人留下必要的遗产，所剩余的部分，才可参照遗嘱确定的分配原则处理——这并不意味着遗嘱无效。

（4）遗嘱效力的变更和撤回。

①在后的有效遗嘱**变更**在先的有效遗嘱。

②遗嘱人生前的行为与遗嘱的意思表示相反，而使遗嘱处分的财产在继承开始前灭失、部分灭失或所有权转移、部分转移的，遗嘱视为被撤回或部分被撤回。

a. 遗嘱人将财产毁损的，**视为撤回遗嘱**。

b. 遗嘱人将财产出卖于他人，仅仅签订买卖合同没有完成交付或者登记的，遗嘱依然有效。

c. 遗嘱人将财产出卖于他人，签订买卖合同并且完成交付或者登记的，视为撤回遗嘱。

【例题】（2015-3-21）老夫妇王冬与张霞有一子王希、一女王楠，王希婚后育有一子王小力。王冬和张霞曾约定，自家的门面房和住房属于王冬所有。2012年8月9日，王冬办理了公证遗嘱，确定门面房由张霞和王希共同继承。2013年7月10日，王冬将门面房卖给他人并办理了过户手续。2013年12月，王冬去世，不久王希也去世。关于住房和出售门面房价款的继承，下列哪一说法是错误的？

A. 张霞有部分继承权

B. 王楠有部分继承权

C. 王小力有部分继承权

D. 王小力对住房有部分继承权、对出售门面房的价款有全部继承权

【答案】D

（5）遗赠扶养协议。

①非继承人才能签订遗赠扶养协议。

②拒不履行扶养协议中的义务的，协议可以解除。

③其效力优于遗赠、遗嘱继承和法定继承。

【例题】（2012-3-24）甲与保姆乙约定：甲生前由乙照料，死后遗产全部归乙。乙一直细心照料甲。后甲的女儿丙回国，与乙一起照料甲，半年后甲去世。丙认为自己是第一顺序继承人，且尽了义务，主张甲、乙约定无效。下列哪一表述是正确的？

A. 遗赠扶养协议有效

B. 协议部分无效，丙可以继承甲的一半遗产

C. 协议无效，应按法定继承处理

D. 协议有效，应按遗嘱继承处理

【答案】A

2. 遗嘱继承人（是否活着、是否放弃继承权、是否丧失继承权）。

（1）丧失继承权的情况[①]：①故意杀害被继承人；②为争夺遗产而杀害其他继承人；③遗弃被继承人，或者虐待被继承人情节严重；④伪造、篡改、隐匿或者销毁遗嘱，情节严重；⑤以欺诈、胁迫手段迫使或者妨碍被继承人设立、变更或者撤回遗嘱，情节严重。

继承人有上述第3项至第5项行为，确有悔改表现，被继承人表示宽恕或者事后在遗嘱中将其列为继承人的，该继承人不丧失继承权。

【例题】（2008-3-14）甲立下一份公证遗嘱，将大部分财产留给儿子乙，少部分的存款留给女儿丙。后乙因盗窃而被判刑，甲伤心至极，在病榻上当着众亲友的面将遗嘱

---

① 相关法条：《最高人民法院关于适用〈中华人民共和国民法典〉继承编的解释（一）》

第6条 继承人是否符合《民法典》第1125条第1款第3项规定的"虐待被继承人情节严重"，可以从实施虐待行为的时间、手段、后果和社会影响等方面认定。

虐待被继承人情节严重的，不论是否追究刑事责任，均可确认其丧失继承权。

第7条 继承人故意杀害被继承人的，不论是既遂还是未遂，均应当确认其丧失继承权。

第8条 继承人有《民法典》第1125条第1款第1项或者第2项所列之行为，而被继承人以遗嘱将遗产指定由该继承人继承的，可以确认遗嘱无效，并确认该继承人丧失继承权。

第9条 继承人伪造、篡改、隐匿或者销毁遗嘱，侵害了缺乏劳动能力又无生活来源的继承人的利益，并造成其生活困难的，应当认定为《民法典》第1125条第1款第4项规定的"情节严重"。

烧毁，不久去世。乙出狱后要求按照遗嘱的内容继承遗产。对此，下列哪一选项是正确的？

A. 乙有权依据遗嘱的内容继承遗产

B. 乙只能依据法定继承的规定继承遗产

C. 乙无权继承任何遗产

D. 可以分给乙适当的遗产

【答案】A

（2）继承开始后，继承人放弃继承的，应当在遗产处理前，以书面形式作出放弃继承的表示；没有表示的，视为接受继承。

受遗赠人应当在知道受遗赠后 60 日内，作出接受或者放弃受遗赠的表示；到期没有表示的，视为放弃受遗赠。

（3）遗嘱继承转为法定继承的五种情形：①遗嘱继承人放弃继承或者受遗赠人放弃受遗赠；②遗嘱继承人丧失继承权或者受遗赠人丧失受遗赠权；③遗嘱继承人、受遗赠人"先于"遗嘱人死亡或者终止；④遗嘱无效部分所涉及的遗产；⑤遗嘱未处分的遗产。

【例题】（2012–3–66）甲育有二子乙和丙。甲生前立下遗嘱，其个人所有的房屋死后由乙继承。乙与丁结婚，并有一女戊。乙因病先于甲死亡后，丁接替乙赡养甲。丙未婚。甲死亡后遗有房屋和现金。下列哪些表述是正确的？

A. 戊可代位继承

B. 戊、丁无权继承现金

C. 丙、丁为第一顺序继承人

D. 丙无权继承房屋

【答案】AC

【例题】（2021真题回忆版）张甲公证遗嘱两套房，X 房有产权证，Y 房无产权证，由儿子张乙继承。后女儿张丙因生意失败，张甲将 X 房过户给了张丙，张乙不满意，对张甲言语辱骂，张甲遂自书遗嘱将 Y 房改为让侄子继承，则下列说法正确的是：

A. 张乙不因辱骂行为丧失继承权

B. 两套房屋由张乙继承

C. 张丙可以取得 X 房的所有权

D. Y 房由侄子继承

【答案】ACD

三、法定继承

1. 法定继承人的范围。

（1）第一顺位继承人的范围实际**不仅仅限于配偶、父母、子女**。

①子女、父母均包括"亲生的""收养的""有扶养关系的"三种情况——但养子女与生父母不再互为继承人。

②丧偶女婿、丧偶儿媳对被继承人尽了主要赡养义务的，作为第一顺序继承人。

③遗产分割时，应当保留胎儿的继承份额。

④如果被代位的继承人为第一顺位继承人，则代位继承人也要参加第一顺位继承。

【例题】（2014-3-65）甲（男）与乙（女）结婚，其子小明 20 周岁时，甲与乙离婚。后甲与丙（女）再婚，丙子小亮 8 周岁，随甲、丙共同生活。小亮成年成家后，甲与丙甚感孤寂，收养孤儿小光为养子，视同己出，未办理收养手续。丙去世，其遗产的第一顺序继承人有哪些？

A. 小明   B. 小亮

C. 甲   D. 小光

【答案】BC

（2）第二顺位继承人：兄弟姐妹、祖父母、外祖父母。

继承开始后，由第一顺位继承人继承，第二顺位继承人不继承；没有第一顺位继承人继承的，由第二顺位继承人继承。

（3）分配规则：三多一少。

同一顺序继承人继承遗产的份额，一般应当均等。对生活有特殊困难又缺乏劳动能力的继承人，分配遗产时，应当予以照顾。对被继承人尽了主要扶养义务或者与被继承人共同生活的继承人，分配遗产时，可以多分。有扶养能力和有扶养条件的继承人，不尽扶养义务的，分配遗产时，应当不分或者少分。

2. 适当分得遗产人。

（1）对继承人以外的依靠被继承人扶养的人，或者继承人以外的对被继承人扶养较多的人，可以分给适当的遗产（如，有事实上收养关系但没有办理收养登记的养父母和养子女）。

被收养人对养父母尽了赡养义务，同时又对生父母扶养较多的，除可以继承养父母的遗产外，还可以分得生父母适当的遗产。

（2）适当意味着可多可少。

【例题】（2006-3-67）唐某有甲、乙、丙成年子女三人，于 2002 年收养了孤儿丁，但未办理收养登记。甲生活条件较好但未对唐某尽赡养义务，乙丧失劳动能力又无其他生活来源，丙长期和唐某共同生活。2004 年 5 月唐某死亡，因分配遗产发生纠纷。下列哪些说法是正确的？

A. 甲应当不分或者少分遗产

B. 乙应当多分遗产

C. 丙可以多分遗产

D. 丁可以分得适当的遗产

【答案】ABCD

3. 法定继承人（是否活着、是否放弃继承权、是否丧失继承权）。

【例题】（2011-3-23）下列哪一行为可引起放弃继承权的后果？

A. 张某口头放弃继承权，本人承认

B. 王某在遗产分割后放弃继承权

C. 李某以不再赡养父母为前提，书面表示放弃其对父母的继承权

D. 赵某与父亲共同发表书面声明断绝父子关系

【答案】A

4.代位继承与转继承。

	代位继承（继承人先死亡然后发生继承）	转继承（继承人先继承遗产然后死亡）
本质	继承权的转移	两次继承
发生时间	继承人先于被继承人死亡	继承开始后遗产分割前继承人死亡
适用范围	法定继承	法定继承、遗嘱继承、遗赠
权利主体	被继承人子女的晚辈直系血亲或者被继承人的兄弟姐妹的子女	继承人的法定继承人和受遗赠人
单向与双向［张大（爷爷）——张三（爸爸）——张小三（儿子）］	● 张三先死，张大后死，张小三代位继承 ● 张三先死，张小三后死，张大不能代位继承	● 张大先死，张三后死，张小三转继承 ● 张小三先死，张三后死，张大转继承

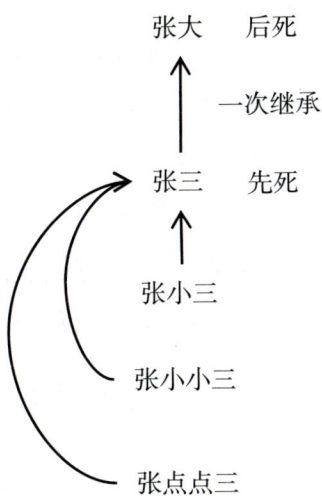

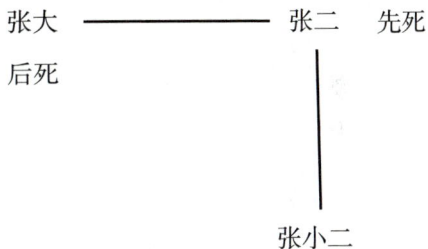

```
张大    后死
  ↑
       一次继承
  ↑
张三    先死
  ↑
张小三
张小小三
张点点三
```

```
张大 ──────── 张二    先死
后死
              │
              │
           张小二
```

晚辈先死，长辈后死，晚晚辈代位继承

兄弟姐妹之A（张二）先死

兄弟姐妹之B（张大）后死且无第一顺位继承

A的子女可以参加第二顺位代位继承

【例题】（2013–3–66）甲自书遗嘱将所有遗产全部留给长子乙，并明确次子丙不能继承。乙与丁婚后育有一女戊、一子己。后乙、丁遇车祸，死亡先后时间不能确定。甲悲痛成疾，不久去世。丁母健在。下列哪些表述是正确的？

A.甲、戊、己有权继承乙的遗产

B.丁母有权转继承乙的遗产

C.戊、己、丁母有权继承丁的遗产

D.丙有权继承、戊和己有权代位继承甲的遗产

【答案】ACD

例 徐老头有一独生子英年早逝，儿媳与他共同生活并照顾他。后儿媳与田某再婚，三年前生下儿子小田，一年前儿媳不幸逝世，半年前田某也相继离世。若日后徐老头死亡发生继承，则小田：

A.可以代位继承

B.可以转继承

C. 无继承权

D. 可适当分得遗产

【答案】C

5. 无人继承也无人受遗赠的，遗产归国家。

第七编　侵权责任

第一章 侵权责任概述

扫描右侧二维码"听课 + 做题",直达最佳学习效果
1. 在线听课:学习本章节核心考点讲解课程。
2. 在线刷题:点击 🔲 进入题库做章节练习。

📖 本章导读

本章需要考生掌握侵权责任的基本构成要件,数人侵权的侵权责任(共同加害行为,共同危险行为,教唆、帮助行为,无意思联络的数人侵权),侵权责任的承担方式,侵权责任的归责原则(过错责任、过错推定责任、无过错责任、公平责任),侵权责任的免除和减轻事由(受害人过错、受害人故意、第三人过错、自甘风险、自助行为)。

💡 知识点

一、侵权行为的概念和特征

保护对象	➕	归责原则	➖	免责事由	＝	损害赔偿

侵权行为,是指民事主体侵害他人受保护的民事权益,依法应承担侵权责任的行为。

1.侵权行为性质是事实行为,其不以致害人具有民事行为能力为条件。因此,不具有民事行为能力的人,也可以成为侵权行为的主体(但责任由其监护人承担)。

2.侵权行为所侵害的对象包括两类:

(1)绝对权,包括人格权、物权、知识产权;

(2)受法律保护的非权利性质的利益,如侵害他人的占有。

3.侵权行为不具有法律上的正当性。因此,正当防卫、紧急避险、私力救济、执行公务等行为,纵然侵害他人的绝对权或受法律保护的利益,因其行为具有正当性,故不构成侵权行为。

二、侵权行为的归责原则

侵权责任的归责原则,是指侵权责任的承担,是否应当以侵权行为人**具有过错**为要件。由此可见,侵权责任的归责原则,仅是就侵权责任的构成要件中的"过错"要件而言的,是对于"过错"要件的进一步展开,包括过错责任原则、无过错责任原则和公平责任原则,而不涉及其他的侵权责任构成要件。

（一）过错责任原则

1. 过错责任原则是指以过错作为归责的依据和责任的构成要件，任何人仅在过错侵害他人民事权益时，方才承担侵权责任。

2. 过错责任在侵权责任中具有原则性地位，如果没有法律的特殊规定一律适用过错责任，其价值在于划定了行为人自由与责任的边界——无过错，无责任。

3. 过错责任下侵权责任的构成：过错、行为、结果、因果关系（下文详述）。

4. 共同过错与受害人过错：共同过错——共同责任；受害人过错——过失相抵，故意免责（下文详述）。

5. 过错责任的适用范围。

如无特别规定，侵权责任原则上适用过错责任，特别强调以下条文：

（1）经营场所、公共场所的经营者、管理者或者群众性活动的组织者，未尽到安全保障义务，造成他人损害的责任；

（2）无民事行为能力人或者限制民事行为能力人被校外第三人侵权时的教育机构责任；

（3）限制民事行为能力人在教育机构遭受人身损害时的教育机构责任；

（4）患者在诊疗活动中受到损害时的医疗机构责任；

（5）完全民事行为能力人对自己的行为暂时没有意识或者失去控制造成他人损害的责任；

（6）网络用户利用网络服务实施侵权行为时的网络服务提供者的责任；

（7）将高度危险物交由他人管理的所有人的责任；

（8）承揽人在完成工作过程中造成第三人损害或者自己损害且定作人对定作、指示或者选任有过错的定作人责任。

【例题】（2021真题回忆版）某村有一处杨梅种植园，农户们在园区内种植杨梅。杨梅成熟时该某园区对外开放，但考虑安全问题，该园区不开放采摘杨梅的项目，但是园区内没有挂不可以采摘水果的牌子，也没有注意安全的提示牌。甲到了李某的杨梅园，看杨梅熟了，问村民吴某是否可以采摘，吴某说没人管，于是甲去采摘杨梅，在采摘杨梅时甲不慎摔伤，则对于甲的损害应由谁承担责任？

A. 甲自己承担责任　　　　　　　　B. 吴某承担责任

C. 李某承担责任　　　　　　　　　D. 园区承担责任

【答案】A

（二）过错推定责任原则

1. 过错推定责任是指依据法律规定推定行为人有过错，行为人不能证明自己没有过错的，应当承担侵权责任。

2. 过错推定责任下侵权责任的构成：过错、行为、结果、因果关系。

例　甲对乙侵权致乙损害，现乙对甲提起侵权损害赔偿诉讼。此时，如果适用过错推定责任，乙无须举证证明"甲具有过错"，而应当由甲举证证明"自己没有过错"。如果甲无法证明，法院将推定"甲有过错"。

3. 在过错推定责任中，使加害人承担责任的归责事由仍然是过错，过错推定责任只是**过错责任原则的特殊形态**，而非一项独立的归责原则。

4. 过错推定的适用范围。

（1）无民事行为能力人在教育机构遭受人身损害的，推定教育机构具有过错。

（2）患者在诊疗活动中受到损害，有下列情形之一的，推定医疗机构具有过错：①违反法律、行政法规、规章以及其他有关诊疗规范的规定；②隐匿或者拒绝提供与纠纷有关的病历资料；③遗失、伪造、篡改或者违法销毁病历资料。

（3）动物园的动物致人损害的，推定动物园具有过错。

（4）建筑物、构筑物或者其他设施及其搁置物、悬挂物发生脱落、坠落致人损害的，推定其所有人、管理人或者使用人具有过错（注意：建筑物倒塌、塌陷适用无过错责任）。

（5）堆放物倒塌、滚落或者滑落致人损害的，推定堆放人具有过错。

（6）因林木折断、倾倒或者果实坠落致人损害的，推定林木的所有人或者管理人具有过错。

（7）窨井等地下设施造成他人损害，推定管理人具有过错。

（8）非法占有高度危险物中所有人、管理人的过错推定责任。

（9）侵犯个人信息权益造成损害中的过错推定责任（《个人信息保护法》第69条）。

（10）在公共道路上堆放、倾倒、遗撒妨碍通行的物品造成他人损害的，公共道路管理人的过错推定责任。

（11）在公共场所或者道路上挖掘、修缮安装地下设施等造成他人损害的，施工人的过错推定责任。

【例题】（2021真题回忆版）甲家住某小区三楼，某日家里小孩（5周岁）玩耍时拿金箍棒把三楼阳台的花瓶打倒，花瓶掉落砸伤正在送快递的快递员韩某，则对于韩某的损失由谁来承担赔偿责任？

A. 小孩承担　　　　　　　　　　　　B. 小孩父母承担

C. 快递公司承担　　　　　　　　　　D. 快递公司和小孩父母共同承担

【答案】B

【例题】（2021真题回忆版）金某回家需经过小区一内部道路，但有辆皮卡违规停放多日，物业未做处理。金某只好绕道而行，不料大风吹落19楼史某家阳台上的木质晾衣竿，正好砸中金某，金某重伤。关于金某的人身损害赔偿，正确的是：

A. 史某承担赔偿责任　　　　　　　　B. 史某与物业公司承担连带责任

C. 物业公司承担补偿责任　　　　　　D. 本案应按照高空抛物处理

【答案】A

应试点睛

记忆窍门：（1）医疗机构是过错，三种情况转推定；（2）教育机构是过错，无人受伤转推定；（3）动物侵权无过错，关在园里转推定；（4）高度危险无过错，被偷被抢转推定；（5）妨碍通行无过错，道路管理有推定；（6）物件侵权都推定，只有个别是例外；（7）个人信息受保护，过错推定是原则。

（三）无过错责任原则

1. 无过错责任原则，是指在法律有特别规定的情况下，不考虑行为人是否存在主观过错，行为人都要对造成的他人损害承担赔偿责任。在法律适用上，无过错责任原则的适用，也采取法定主义原则，即法律规定适用无过错责任原则的，从其规定；否则，适用过错认定责任。

2. 无过错责任下侵权责任的构成：行为、结果、因果关系。

3. 无过错责任的适用范围。

（1）无民事行为能力人、限制民事行为能力人致人损害的，监护人承担无过错责任；

（2）用人单位的工作人员因执行工作任务致人损害的，用人单位承担无过错责任；

（3）提供个人劳务一方因劳务致人损害的，接受劳务一方承担无过错责任；

（4）饲养的动物致人损害的，动物饲养人或者管理人承担无过错责任（但动物园承担过错推定责任）；

（5）机动车与非机动车驾驶人、行人之间发生道路交通事故的，机动车一方承担无过错责任（《道路交通安全法》第76条）；

（6）因污染环境、破坏生态致人损害的，侵权人承担无过错责任；

（7）高度危险责任中，从事高度危险作业致人损害的，高度危险物品的经营者、占有人承担无过错责任；

（8）因产品存在缺陷致人损害的，生产者、销售者承担无过错责任；

（9）建筑物、构筑物或者其他设施倒塌、塌陷致人损害的，建设单位与施工单位承担无过错责任；

（10）在公共道路上堆放、倾倒、遗撒妨碍通行的物品致人损害的，由行为人承担无过错责任。

应试点睛

记忆窍门：用人单位监护人，饲养动物须谨慎；产品缺陷楼房倒，驾车上路要小心；高度危险污环境，接受劳务堵交通；以上所有无过错，奉劝诸君记分明。

【例题】（2016-3-67）4名行人正常经过北方牧场时跌入粪坑，1人获救3人死亡。据查，当地牧民为养草放牧，储存牛羊粪便用于施肥，一家牧场往往挖有三四个粪坑，深者达三四米，之前也发生过同类事故。关于牧场的责任，下列哪些选项是正确的？

A. 应当适用无过错责任原则

B. 应当适用过错推定责任原则

C. 本案情形已经构成不可抗力

D. 牧场管理人可通过证明自己尽到管理职责而免责

【答案】BD

【例题】（2021真题回忆版）甲和乙住同小区，甲购买了一辆汽车，并为该车上了交强险。为了方便，乙每天搭乘甲的便车去上班。某天乙照常搭乘甲的车上班，路上，因为甲边开车边玩手机，结果发生车祸，导致乙面部受伤。对于此案，下列说法正确的是：

A. 因该车买了交强险，对于乙的损害由保险公司承担责任

B. 甲要承担赔偿责任，但是可以减轻

C. 甲无须承担赔偿责任

D. 甲承担全部赔偿责任

【答案】D

（四）公平分担损失原则

《民法典》第 1186 条　受害人和行为人对损害的发生都没有过错的，依照法律的规定由双方分担损失。

适用公平分担损失原则的情形包括：

1. 自然原因引发的紧急避险：紧急避险人不承担责任或者给予适当补偿。（《民法典》第 182 条）

2. 因保护他人民事权益使自己受到损害的，由侵权人承担民事责任，受益人可以给予适当补偿。没有侵权人、侵权人逃逸或者无力承担民事责任，受害人请求补偿的，受益人应当给予适当补偿。（《民法典》第 183 条）

3. 完全民事行为能力人对自己的行为暂时没有意识或者失去控制造成他人损害有过错的，应当承担侵权责任；没有过错的，根据行为人的经济状况对受害人适当补偿。（《民法典》第 1190 条）

4. 提供劳务期间，因第三人的行为造成提供劳务一方损害的，提供劳务一方有权请求第三人承担侵权责任，也有权请求接受劳务一方给予补偿。接受劳务一方补偿后，可以向第三人追偿。（《民法典》第 1192 条）

5. 禁止从建筑物中抛掷物品。从建筑物中抛掷物品或者从建筑物上坠落的物品造成他人损害的，由侵权人依法承担侵权责任；经调查难以确定具体侵权人的，除能够证明自己不是侵权人的外，由可能加害的建筑物使用人给予补偿。可能加害的建筑物使用人补偿后，有权向侵权人追偿。（《民法典》第 1254 条）

（五）四个归责原则之间的关系（特别条款——一般条款——兜底条款）

（1）有法定事由的，适用无过错责任或者过错推定责任。

（2）无法定事由，但当事人有过错的，适用过错责任。

（3）既无法定事由，也无过错的，适用公平分担损失。

例　张某正被赵某养的狗攻击，刘某看到随手拿起王某的伞与狗搏斗，伞毁坏，刘某受伤，赵某无赔偿能力。本案中，侵权人赵某无赔偿能力，受益人张某应对刘某和王某补偿。

三、一般归责原则的构成要件

（一）违法行为

违法行为，是指民事主体所实施的违反法定义务的行为。一方面，违法行为在客观上违反了法律的相关规定；另一方面，违法行为中的"行为"具体是指受到意思支配的

人的行为。该行为不包括不受意思支配的无意思的举止，如梦游中伤人。

（二）损害事实

损害是指因一定的行为或事件造成的某人财产上或人身上的确定的不利益。这种不利益通常表现为财产减少、生命丧失、身体残疾、名誉受损、精神痛苦等。损害是侵害合法权益的结果。依据损害的后果不同，损害可以分为财产性损害和非财产性损害。财产性损害是一种经济损失，可以用金钱来估量，而非财产性损害则通常不能用金钱来估量，可以请求承担赔礼道歉、恢复名誉、消除影响等其他侵权责任。

（三）因果关系

因果关系是指行为人的行为及其物件与损害事实之间存在引起与被引起的客观联系（考试从来没考过，从略）。

（四）主观过错

主观过错是一般侵权行为构成要件中的核心要素。过错是指行为人通过违反义务的行为所表现出来的一种应受非难的心理状态。过错通常可分为故意和过失。故意是指行为人预见到自己行为的结果，却仍然希望或者放任这一有害结果的发生。过失是指行为人应当预见自己的行为可能发生不良后果而没有预见，或是虽然预见到了却轻信此种结果可以避免的心理状态。过失还可以进一步区分为一般过失和重大过失。如果法律在某些情况下对一行为人的注意程度有较高要求时，行为人尽管没有遵守这种较高的要求，但却未违背一般人应当注意的标准，此时构成一般过失；如果行为人不仅没有遵守法律特别规定的较高要求，甚至连一般人能尽到的注意义务也未达到时，就构成重大过失。

四、多数人侵权

多数人侵权
- 有意思联络
  - 共同加害行为：连带责任
  - 教唆、帮助完全民事行为能力人侵权：连带责任
  - 教唆、帮助欠缺民事行为能力人侵权：按份责任
- 无意思联络
  - 共同危险行为：连带责任
  - 数人分别侵权，因果关系聚合：连带责任
  - 数人分别侵权，因果关系竞合：按份责任

（一）共同加害行为

共同加害行为，是指两人以上的行为人基于共同过错致使他人合法权益遭受损害，依法应承担连带责任的行为。这里的共同过错包括共同故意和共同过失两种情况。

【例1】（共同故意）甲、乙两个小偷一起合作偷盗一户民宅。

> **应试点睛**
>
> 对于任一共同加害人超越事前的意思联络而实施的侵权行为，其他加害人不负连带责任。

如在合作偷盗民宅的过程中，甲趁乙在楼下偷盗之机，对楼上女业主施暴，乙对甲

的行为，不负连带责任。

【例2】（共同过失）张三、李四在工厂共同操作一台大型仪器设备，皆欲图简便而不完全按照安全规程操作，经过简单沟通后认为不致发生不利后果，之后因一起违规操作导致该大型仪器失火报废。

例 下列情况需要承担连带责任的有：

A. 甲、乙合作行窃，甲趁乙在楼下放风时，对女主人施暴

B. 甲、乙在操作单位设备时一致决定违规操作导致该仪器失火报废

C. 甲、乙、丙合谋抢劫银行，后甲因病未参加

D. 甲、乙在库房抽烟乱丢烟头导致失火，但无法查明何人烟头引发火灾

【答案】BCD

（二）教唆、帮助侵权行为

1. 教唆、帮助完全民事行为能力人侵权的，由教唆、帮助人和被教唆、帮助人承担连带责任。

2. 教唆、帮助欠缺民事行为能力人（包括限制民事行为能力人和无民事行为能力人）侵权的，由教唆、帮助人承担侵权责任，该无民事行为能力人、限制民事行为能力人的监护人未尽到监护职责的，应当承担相应的责任。

应试点睛

1. 教唆、帮助无民事行为能力人、限制民事行为能力人实施侵权行为，被侵权人可以请求教唆人、帮助人承担侵权人的全部侵权责任，也可以请求未尽到管理、教育等监护职责的监护人在其能够防止或者制止损害的范围内承担与其过错相应的责任。

2. 教唆人、帮助人和监护人为共同被告的，未尽到管理、教育等监护职责的监护人在其过错范围内与教唆人、帮助人共同承担责任，但被侵权人获得的赔偿不应超出损害范围；教唆人、帮助人主张其与有过错的监护人承担按份责任的，人民法院不予支持。

3. 教唆人、帮助人或者监护人承担责任后，相互之间进行追偿的，人民法院不予支持。

4. 教唆、帮助无民事行为能力人、限制民事行为能力人实施侵权行为，教唆人、帮助人以其不知道或者不应当知道行为人为无民事行为能力人、限制民事行为能力人为由，主张不承担侵权责任或者其与行为人的监护人承担连带责任的，人民法院不予支持。

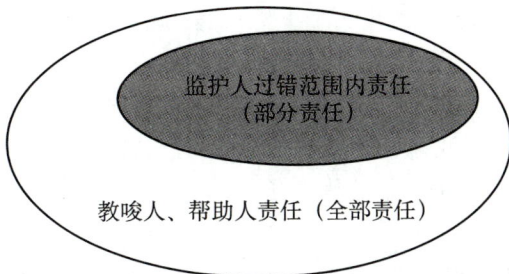

监护人过错范围内责任
（部分责任）

教唆人、帮助人责任（全部责任）

（三）共同危险行为

共同危险行为，是指二人以上实施危及他人人身安全或财产安全的危险行为，仅是其中的一人或数人的行为实质上造成他人的损害，但又无法确定实际侵害人的情形。

1. 责任人：不能确定具体侵权人的，行为人承担连带责任。

2. **免责事由**：证明具体谁是真正的侵权行为人。

3. 特别注意：共同危险与高空抛物的区别。

禁止从建筑物中抛掷物品。从建筑物中抛掷物品或者从建筑物上坠落的物品造成他人损害的，由侵权人依法承担侵权责任；经调查难以确定具体侵权人的，除能够证明自己不是侵权人的外，由可能加害的建筑物使用人给予补偿。可能加害的建筑物使用人补偿后，有权向侵权人追偿。

（1）判断。

共同危险行为的特征：**数行为一损害，不知何人所为（责任人不确定）。**

高空抛物行为的特征：**一行为一损害，不知何人所为（行为人不确定）。**

（2）区别。

①几个行为：共同危险有数个危险行为人，高空抛物一般只有一个行为人实施危险行为；

②免责事由：共同危险行为的免责事由必须确定侵权行为人，高空抛物可以证明自己不是侵权人而免责；

③责任主体：共同危险行为的责任人是危险行为人，高空抛物行为的责任人是可能加害的建筑物使用人；

④责任方式：共同危险行为的责任方式是连带责任，高空抛物行为的责任方式是给予补偿。

> **应试点睛**
>
> 共同危险行为有数个行为，但责任人不确定；高空抛（坠）物则只有一个行为，行为人是谁不确定。

例 甲（男）与乙（女）在某小区相依散步，突然被某楼层抛掷的垃圾砸中，乙受伤。甲见状不禁开口大骂，该楼层的丙、丁、戊甚是生气，于是向甲扔硬物，结果甲被击伤。经查证，该楼层居住着丙、丁、戊、戊四家，戊家事发当日全部外出不在家，丙、丁随手扔甲的均是烟灰缸，戊扔出的是手中正在吃的馒头。经鉴定，甲的伤为烟灰缸之类的硬物所致，不是馒头，但也无法确定是丙、丁中哪一个投的烟灰缸。则下列说法正确的是：

A. 乙可以请求丙、丁、戊三家承担连带赔偿责任

B. 甲可以请求丙、丁、戊、戌四家承担连带赔偿责任

C. 甲可以请求丙、丁、戊承担连带赔偿责任

D. 甲只能请求丙、丁承担连带赔偿责任

【答案】D

【例题】（2016–3–24）张小飞邀请关小羽来家中做客，关小羽进入张小飞所住小区后，突然从小区的高楼内抛出一块砚台，将关小羽砸伤。关于砸伤关小羽的责任承担，下列哪一选项是正确的？

A. 张小飞违反安全保障义务，应承担侵权责任

B. 顶层业主通过证明当日家中无人，可以免责

C. 小区物业违反安全保障义务，应承担侵权责任

D. 如查明砚台系从 10 层抛出，10 层以上业主仍应承担补充责任

【答案】B

（四）无意思联络的数人侵权行为

无意思联络的数人侵权行为，是指二人以上没有进行意思联络，客观上分别实施侵权行为造成同一损害的行为。

1. 因果关系竞合型的无意思联络数人侵权。任何一个人的行为都不足以造成全部损害，侵权行为人之间承担**按份责任**。

2. 因果关系聚合型的无意思联络数人侵权。每个人的侵权行为都足以造成全部损害，侵权行为人之间承担**连带责任**。

【例题】（2017–3–67）甲、乙、丙三家毗邻而居，甲、乙分别饲养山羊各一只。某日二羊走脱，将丙辛苦栽培的珍稀药材悉数啃光。关于甲、乙的责任，下列哪些选项是正确的？

A. 甲、乙可各自通过证明已尽到管理职责而免责

B. 基于共同致害行为，甲、乙应承担连带责任

C. 如能确定二羊各自啃食的数量，则甲、乙各自承担相应赔偿责任

D. 如不能确定二羊各自啃食的数量，则甲、乙平均承担赔偿责任

【答案】CD

【例题】（2010–3–20）甲晚 10 点 30 分酒后驾车回家，车速每小时 80 公里，该路段限速 60 公里。为躲避乙逆向行驶的摩托车，将行人丙撞伤，丙因住院治疗花去 10 万元。关于丙的损害责任承担，下列哪一说法是正确的？

A. 甲应承担全部责任　　　　　　B. 乙应承担全部责任

C. 甲、乙应承担按份责任　　　　D. 甲、乙应承担连带责任

【答案】C

【例题】（2020 真题回忆版）甲在地铁里下天桥楼梯，边走边低头看手机，突然被地面翘起来的铁皮绊了一下，甲未受伤，但却把上楼梯的乙撞倒，造成重伤。关于赔偿责任主体，下列哪些说法是正确的？

A.地铁公司应承担责任　　　　　　　B.甲应承担责任

C.甲与地铁公司按份承担责任　　　　D.甲与地铁公司连带承担责任

【答案】C

【例题】（2021真题回忆版）A牵着自己的小型犬在一楼等电梯，然后B牵着自己的大型犬从电梯出来，大型犬想去逗小型犬，A就拖拽自己的小型犬，然后摔倒了。对于A的损失，下列说法正确的是：

A.无论B是否尽到注意义务，均应承担赔偿责任

B.因为大型犬没有碰到A，所以B不承担责任

C.A自己拖拽摔倒的，自己承担责任

D.大型犬没有攻击小型犬，所以B不承担责任

【答案】B

第二章　损害赔偿

📖 本章导读

本章需要考生掌握侵权责任的主要承担方式，财产损害赔偿（人身伤亡的财产损害赔偿、侵害其他人身权益的财产损害赔偿、侵害财产权益的财产损害赔偿），非财产损害赔偿，惩罚性赔偿。

💡 知识点

一、一般规定

因同一侵权行为造成多人死亡的，可以**以相同数额确定**死亡赔偿金。

被侵权人死亡的，其近亲属有权请求侵权人承担侵权责任。被侵权人为组织，该组织分立、合并的，承继权利的组织有权请求侵权人承担侵权责任。

被侵权人死亡的，支付被侵权人医疗费、丧葬费等合理费用的人有权请求侵权人赔偿费用，但是侵权人已经支付该费用的除外。

损害发生后，当事人可以协商赔偿费用的支付方式。协商不一致的，赔偿费用应当一次性支付；一次性支付确有困难的，可以分期支付，但是被侵权人有权请求提供相应的担保。

二、侵权责任的免责事由和减责事由

（一）过失相抵与受害人故意

法定情形	故意	重大过失	轻过失
一般情况	免责	减责	减责
占有或者使用高度危险物	免责	减轻	不减责
高度危险活动（从事高空、高压、地下挖掘活动或者使用高速轨道运输工具）	免责	减轻	不减责
动物侵权	免责	减轻	不减责
民用核设施或者运入运出核设施的核材料	免责	不减责	不减责
民用航空器	免责	不减责	不减责

过失相抵，是指当受害人对于损害的发生或者损害结果的扩大也具有过错时，依法减轻或者免除赔偿义务人的损害赔偿责任的制度。

受害人故意是指受害人明知自己的行为会发生损害自己的后果，而希望或者放任此种结果的发生。

特别提示：受害人故意是损害发生的唯一原因的，行为人免责；如果行为人也有过错的，则适用过失相抵。

例 甲忘带家门钥匙，邻居乙建议甲从自家阳台攀爬到甲家，并提供绳索以备不测，丙、丁在场协助固定绳索。甲在攀越时绳索断裂，从三楼坠地致重伤。各方当事人就赔偿事宜未达成一致，甲诉至法院。下列哪种说法是正确的？

A. 法院可以酌情让乙承担部分赔偿责任

B. 损害后果应由甲自行承担

C. 应由乙承担主要责任，丙、丁承担补充责任

D. 应由乙、丙、丁承担连带赔偿责任

【答案】A

（二）第三人过错

第三人过错是指当事人之外的第三人对被侵权人损害的发生或扩大具有过错。第三人过错是损害发生的**唯一原因**的，第三人应当承担侵权责任；如果行为人和第三人都有过错的，则认定为多数人侵权（此时就不是第三人而是当事人了）。

> **应试点睛**
>
> 第三人过错，第三人承担责任为原则，不真正连带责任为例外。

（1）不真正连带责任的特点：**内部任选其一，外部追偿全部**（即存在一个终局责任人）。

（2）适用范围：

《民法典》第1203条 因产品存在缺陷造成他人损害的，被侵权人可以向产品的生产者请求赔偿，也可以向产品的销售者请求赔偿。

产品缺陷由生产者造成的，销售者赔偿后，有权向生产者追偿。因销售者的过错使产品存在缺陷的，生产者赔偿后，有权向销售者追偿。

《民法典》第1223条 因药品、消毒产品、医疗器械的缺陷，或者输入不合格的血液造成患者损害的，患者可以向药品上市许可持有人、生产者、血液提供机构请求赔偿，也可以向医疗机构请求赔偿。患者向医疗机构请求赔偿的，医疗机构赔偿后，有权向负有责任的药品上市许可持有人、生产者、血液提供机构追偿。

《民法典》第1233条 因第三人的过错污染环境、破坏生态的，被侵权人可以向侵权人请求赔偿，也可以向第三人请求赔偿。侵权人赔偿后，有权向第三人追偿。

《民法典》第1250条 因第三人的过错致使动物造成他人损害的，被侵权人可以向动物饲养人或者管理人请求赔偿，也可以向第三人请求赔偿。动物饲养人或者管理人赔

偿后，有权向第三人追偿。

（三）不可抗力

不可抗力是指不能预见、不能避免、不能克服的客观情况，包括自然灾害、政府行为、社会异常事件等。不可抗力是侵权责任的一般免责事由。

在特殊情况下，虽然存在不可抗力，也不能免责，具体包括[①]：

（1）民用核设施或者运入运出核设施的核材料发生核事故造成他人损害的。

（2）民用航空器造成他人损害的。

（四）正当防卫

因正当防卫造成损害的，不承担民事责任。

正当防卫超过必要的限度，造成不应有的损害的，正当防卫人应当承担适当的民事责任。

（五）紧急避险

1. 紧急避险，是指为了避免公共利益、自己或他人的合法权益因现实的急迫危险而造成损害，在迫不得已的情况下采取的加害他人的行为。

2. 紧急避险中行为人的责任承担。

第一层次：人为因素引发险情，引发险情的人承担；

第二层次：自然原因引发险情，避险行为人不承担或者给予适当补偿；

第三层次：避险行为不当（无论人为因素还是自然原因），避险行为人须承担适当责任。

（六）自甘风险

自愿参加具有一定风险的文体活动，因其他参加者的行为受到损害的，受害人不得请求其他参加者承担侵权责任；但是，**其他参加者对损害的发生有故意或者重大过失的除外**。

活动组织者的责任适用安保义务人责任或者教育机构责任。

【例题】（2021真题回忆版）张某是 A 市篮球运动员，李某是 B 市篮球运动员，张某扣篮时候，李某没来得及躲闪，导致受伤，B 市篮球运动员陈某认为张某是故意的，于是拿起篮球往张某扔去，导致张某重伤。对于本案，下列说法正确的是：

A.李某和陈某应对张某承担连带责任

B.李某系自甘风险，张某无须对李某承担责任

C.陈某应该对张某承担侵权责任

---

① 根据《国务院关于核事故损害赔偿责任问题的批复》第 6 条的规定，民用核设施的营运单位在发生核事故的情况下造成他人损害的，只有能够证明损害是因战争、武装冲突、敌对行动或者暴乱所引起，或者是因受害人故意造成的，才免除其责任。而因不可抗力的自然灾害造成他人损害的，不能免除核设施的营运单位的责任。

根据《民用航空法》第 160 条的规定，民用航空器造成他人损害的，民用航空器的经营者只有能够证明损害是武装冲突、骚乱造成的，或者是因受害人故意造成的，才免除其责任。因不可抗力的自然灾害造成他人损害的，不能免除民用航空器的经营者的责任。

D. 张某应对李某承担侵权责任

【答案】BC

（七）自助行为

合法权益受到侵害，情况紧迫且不能及时获得国家机关保护，不立即采取措施将使其合法权益受到难以弥补的损害的，受害人可以在保护自己合法权益的必要范围内采取扣留侵权人的财物等合理措施；但是，应当立即请求有关国家机关处理。

受害人采取的措施不当造成他人损害的，应当承担侵权责任。

【例题】（2017-3-23）刘婆婆回家途中，看见邻居肖婆婆带着外孙小勇和另一家邻居的孩子小囡（均为 4 岁多）在小区花园中玩耍，便上前拿出几根香蕉递给小勇，随后离去。小勇接过香蕉后，递给小囡一根，小囡吞食时误入气管导致休克，经抢救无效死亡。对此，下列哪一选项是正确的？

A. 刘婆婆应对小囡的死亡承担民事责任

B. 肖婆婆应对小囡的死亡承担民事责任

C. 小勇的父母应对小囡的死亡承担民事责任

D. 属意外事件，不产生相关人员的过错责任

【答案】D

三、财产损害赔偿和精神损害赔偿

		侵害财产权	侵害人身权
财产损害赔偿	赔偿范围	财产损失	1. 医疗费、护理费、营养费、误工费、交通费、住院伙食补助费 2. 造成残疾的，还应当赔偿辅助器具费和残疾赔偿金；造成死亡的，还应当赔偿丧葬费和死亡赔偿金
	计算方式	按照损失的市场价赔偿	损失——利益——自由裁量
精神损害赔偿		原则上不得主张、故意或者重大过失侵害人格意义物品例外	可以主张

《民法典》第 1183 条　侵害自然人人身权益造成严重精神损害的，被侵权人有权请求精神损害赔偿。

因故意或者重大过失侵害自然人具有人身意义的特定物造成严重精神损害的，被侵权人有权请求精神损害赔偿。

1. 精神损害赔偿（侵权可，违约不可，违约侵犯人身权例外）——五可五不可：

（1）自然人可，法人不可。

（2）人身权可，财产权原则上不可（人格意义的物品和死者的遗体遗骨除外）。

（3）死者的近亲属可，其他人不可。

（4）造成严重后果的可，没有造成严重后果的不可。

（5）诉讼或者书面承诺的可继承，否则不可。

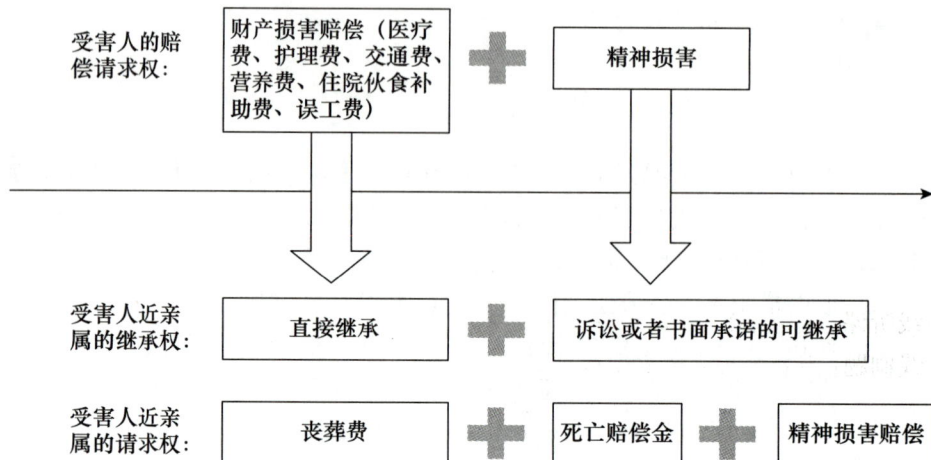

例 1 姚某旅游途中，前往某玉石市场参观，在唐某经营的摊位上拿起一只翡翠手镯，经唐某同意后试戴，并问价。唐某报价 18 万元（实际进货价 8 万元，市价 9 万元），姚某感觉价格太高，急忙取下，不慎将手镯摔断。姚某应赔偿唐某吗？赔偿范围是多少？

答：姚某应赔偿唐某，赔偿范围为玉镯市价 9 万元。试用买卖中，标的物的所有权属于出卖人。因试用人的过错导致标的物毁损、灭失的，应当承担侵权责任。侵害他人财产的，财产损失按照损失发生时的市场价格或者其他合理方式计算。本题中手镯市价为 9 万元，所以应赔偿 9 万元。

例 2 张某因病住院，医生手术时误将一肾脏摘除。张某向法院起诉，请求医院赔偿治疗费用和精神损害抚慰金。法院审理期间，张某术后感染医治无效死亡。关于此案，下列哪些说法是正确的？

A.医院侵犯了张某的健康权和生命权

B.张某的继承人有权继承张某的医疗费赔偿请求权

C.张某的继承人有权继承张某的精神损害抚慰金请求权

D.张某死后其配偶、父母和子女有权另行起诉，请求医院赔偿自己的精神损害

E.张某死后其配偶、父母和子女有权另行起诉，请求医院赔偿丧葬费和死亡赔偿金

【答案】ABCDE

2.非法使被监护人脱离监护

（1）非法使被监护人脱离监护，监护人请求赔偿为恢复监护状态而支出的合理费用等财产损失的，人民法院应予支持。

（2）非法使被监护人脱离监护，导致父母子女关系或者其他近亲属关系受到严重损害的，应当认定为民法典第一千一百八十三条第一款规定的严重精神损害。

（3）非法使被监护人脱离监护，被监护人在脱离监护期间死亡，作为近亲属的监护人既请求赔偿人身损害，又请求赔偿监护关系受侵害产生的损失的，人民法院依法予以支持。

第三章　责任主体的特殊规定

📚 本章导读

　　本章需要考生掌握监护人责任的构成要件、责任承担以及减轻，用人者责任的构成要件、责任承担以及提供劳务一方受害的侵权责任，定作人责任，网络侵权责任中通知规则下和知道规则下的网络侵权责任，违反安全保障义务责任的构成要件和责任承担，教育机构侵权责任归责原则、侵权责任构成要件以及侵权责任承担。

💡 知识点

一、监护人的侵权责任

　　监护人责任，是指作为被监护人的无民事行为能力人、限制民事行为能力人造成他人损害的，监护人应当承担的侵权责任。监护人责任重点掌握以下"七个不免责"：

　　1. 监护人尽到监护职责的，可以减轻但不能免除其侵权责任。（尽责不免责——有例外）

　　2. 未成年子女造成他人损害，被侵权人有权请求父母共同承担侵权责任。父母离异的，该子女的离异父母应当共同承担责任。未成年子女离异父母的责任份额，可根据各自履行监护职责的约定及情况确定。实际承担责任超过自己责任份额的父母一方，有权向另一方追偿。（离婚不免责）

　　3. 有财产的无民事行为能力人、限制民事行为能力人造成他人损害的，依然由侵权行为人的监护人承担全部侵权责任。赔偿费用可以先从被监护人财产中支付，不足部分由监护人支付，但应当保留被监护人正常生活和接受教育的开支。（有钱不免责）

　　4. 行为人在侵权行为发生时不满 18 周岁，被诉时已满 18 周岁的，由原监护人承担全部侵权责任。赔偿费用可以先从被监护人财产中支付，不足部分由监护人支付，前述规定情形，被侵权人仅起诉行为人的，人民法院应当向原告释明申请追加原监护人为共同被告。（成年不免责）

　　5. 无民事行为能力人、限制民事行为能力人造成他人损害，被侵权人合并请求监护人和受托履行监护职责的人承担侵权责任的，监护人承担侵权人应承担的全部责任；受托人在过错范围内与监护人共同承担责任，但责任主体实际支付的赔偿费用总和不应超出被侵权人应受偿的损失数额。监护人承担责任后向受托人追偿的，人民法院可以参照民法典第九百二十九条的规定处理。仅有一般过失的无偿受托人承担责任后向监护人追偿的，人民法院应予支持。（委托不免责）

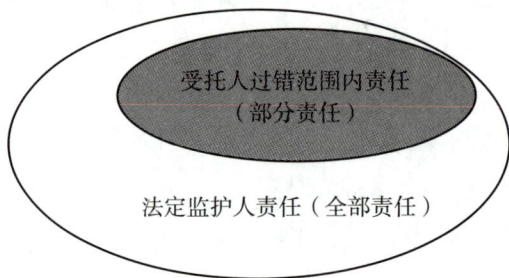

6. 教唆、帮助无民事行为能力人、限制民事行为能力人实施侵权行为，被侵权人合并请求教唆人、帮助人以及监护人承担侵权责任的，依照民法典第一千一百六十九条第二款的规定，教唆人、帮助人承担侵权人应承担的全部责任；监护人在未尽到监护职责的范围内与教唆人、帮助人共同承担责任，但责任主体实际支付的赔偿费用总和不应超出被侵权人应受偿的损失数额。

监护人先行支付赔偿费用后，就超过自己相应责任的部分向教唆人、帮助人追偿的，人民法院应予支持。（教唆不免责）

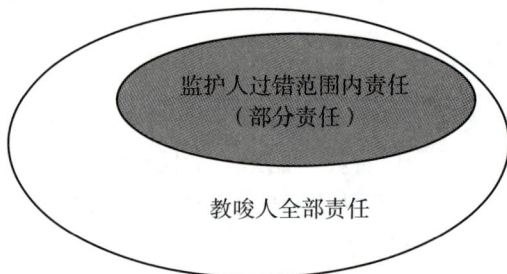

7. 教唆、帮助无民事行为能力人、限制民事行为能力人实施侵权行为，教唆人、帮助人以其不知道且不应当知道行为人为无民事行为能力人、限制民事行为能力人为由，主张不承担侵权责任或者与行为人的监护人承担连带责任的，人民法院不予支持。（不知不免责）

【例题】（2015-3-24）甲的儿子乙（8岁）因遗嘱继承了祖父遗产10万元。某日，乙玩耍时将另一小朋友丙的眼睛划伤。丙的监护人要求甲承担赔偿责任2万元。后法院查明，甲已尽到监护职责。下列哪一说法是正确的？

A. 因乙的财产足以赔偿丙，故不需用甲的财产赔偿

B. 甲已尽到监护职责，无需承担侵权责任

C. 用乙的财产向丙赔偿，乙赔偿后可在甲应承担的份额内向甲追偿

D. 应由甲直接赔偿，否则会损害被监护人乙的利益

【答案】A

二、完全民事行为能力人对自己的行为暂时没有意识或者失去控制致人损害的侵权责任

完全民事行为能力人对自己的行为暂时没有意识或者失去控制造成他人损害有过错的，应当承担侵权责任；没有过错的，根据行为人的经济状况对受害人**适当补偿**。

完全民事行为能力人因醉酒、滥用麻醉药品或者精神药品对自己的行为暂时没有意识或者失去控制造成他人损害的，应当承担侵权责任。

三、用人单位、用工单位的侵权责任

（一）用人单位责任：无过错责任、替代责任

用人单位的工作人员因执行工作任务造成他人损害的，由用人单位承担侵权责任。用人单位承担侵权责任后，可以向有故意或者重大过失的工作人员追偿。

与用人单位形成劳动关系的员工、执行用人单位工作任务的其他人员，因执行工作任务造成他人损害的，均由用人单位承担侵权责任。个体工商户的员工因执行工作任务造成他人损害，适用上述规定。

工作人员以执行工作任务的名义实施的行为造成他人损害，构成自然人犯罪的，工作人员刑事责任的承担不影响用人单位民事责任的认定。

（二）劳务派遣责任

劳务派遣期间，被派遣的工作人员因执行工作任务造成他人损害，被侵权人合并请求劳务派遣单位与接受劳务派遣的用工单位承担侵权责任的，依照民法典第一千一百九十一条第二款的规定，接受劳务派遣的用工单位承担侵权人应承担的全部责任；劳务派遣单位在不当选派工作人员、未依法履行培训义务等过错范围内，与接受劳务派遣的用工单位共同承担责任，但责任主体实际支付的赔偿费用总和不应超出被侵权人应受偿的损失数额。

劳务派遣单位先行支付赔偿费用后，就超过自己相应责任的部分向接受劳务派遣的用工单位追偿的，人民法院应予支持，但双方另有约定的除外。

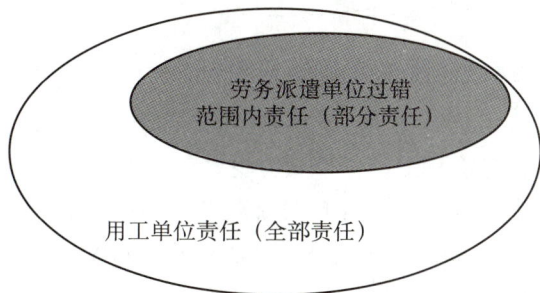

【例题】（2013-3-67）甲赴宴饮酒，遂由有驾照的乙代驾其车，乙违章撞伤丙。交管部门认定乙负全责。以下假定情形中对丙的赔偿责任，哪些表述是正确的？

A. 如乙是与甲一同赴宴的好友，乙不承担赔偿责任

B. 如乙是代驾公司派出的驾驶员，该公司应承担赔偿责任

C. 如乙是酒店雇佣的为饮酒客人提供代驾服务的驾驶员，乙不承担赔偿责任

D. 如乙是出租车公司驾驶员，公司明文禁止代驾，乙为获高额报酬而代驾，乙应承担赔偿责任

【答案】BC

四、个人之间形成劳务关系中接受劳务一方的侵权责任

个人之间形成劳务关系，提供劳务一方因劳务造成他人损害的，由接受劳务一方承担侵权责任。接受劳务一方承担侵权责任后，可以向有故意或者重大过失的提供劳务一方追偿。提供劳务一方因劳务受到损害的，根据双方各自的过错承担相应的责任。

提供劳务期间，因第三人的行为造成提供劳务一方损害的，提供劳务一方有权请求第三人承担侵权责任，也有权请求接受劳务一方给予补偿。接受劳务一方补偿后，可以向第三人追偿。

五、承揽人责任

承揽人在完成工作过程中造成第三人损害或者自己损害的，定作人不承担侵权责任。但是，定作人对定作、指示或者选任有过错的，应当承担相应的责任。

被侵权人合并请求定作人和承揽人承担侵权责任的，造成损害的承揽人承担侵权人应承担的全部责任；定作人在定作、指示或者选任过错范围内与承揽人共同承担责任，但责任主体实际支付的赔偿费用总和不应超出被侵权人应受偿的损失数额。

定作人先行支付赔偿费用后，就超过自己相应责任的部分向承揽人追偿的，人民法院应予支持，但双方另有约定的除外。

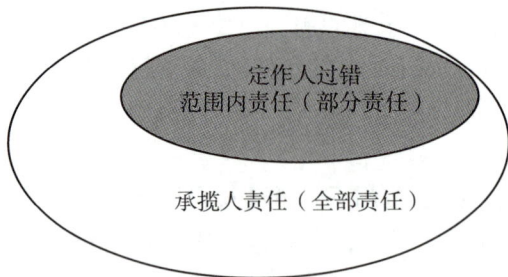

六、网络用户、网络服务提供者的侵权责任

《民法典》第 1194 条　网络用户、网络服务提供者利用网络侵害他人民事权益的，应当承担侵权责任。法律另有规定的，依照其规定。

《民法典》第 1195 条　网络用户利用网络服务实施侵权行为的，权利人有权通知网络服务提供者采取删除、屏蔽、断开链接等必要措施。通知应当包括构成侵权的初步证据及权利人的真实身份信息。

网络服务提供者接到通知后，应当及时将该通知转送相关网络用户，并根据构成侵权的初步证据和服务类型采取必要措施；未及时采取必要措施的，对损害的扩大部分与该网络用户承担连带责任。（"通知——转送——取下"规则）

权利人因错误通知造成网络用户或者网络服务提供者损害的，应当承担侵权责任。法律另有规定的，依照其规定。

《民法典》第1196条 网络用户接到转送的通知后，可以向网络服务提供者提交不存在侵权行为的声明。声明应当包括不存在侵权行为的初步证据及网络用户的真实身份信息。

网络服务提供者接到声明后，应当将该声明转送发出通知的权利人，并告知其可以向有关部门投诉或者向人民法院提起诉讼。网络服务提供者在转送声明到达权利人后的合理期限内，未收到权利人已经投诉或者提起诉讼通知的，应当及时终止所采取的措施。（"声明——转送——恢复"规则）

《民法典》第1197条 网络服务提供者知道或者应当知道网络用户利用其网络服务侵害他人民事权益，未采取必要措施的，与该网络用户承担连带责任。

1. 避风港规则：

（1）网络服务提供者在接到通知之前没有责任。

（2）网络服务提供者在接到通知之后采取删除、屏蔽、断开链接等适当措施的免责。

（3）网络服务提供者在接到错误通知之后采取删除、屏蔽、断开链接等适当措施的免责。

▲小结：确有侵权的，上传者担责——没有侵权的，错误通知者担责。

2. 红旗规则：网络服务提供者知情须与网络用户承担连带责任。

3. 实施细则：

（1）人民法院适用《民法典》第1195条第2款的规定，认定网络服务提供者采取的删除、屏蔽、断开链接等必要措施是否及时，应当根据网络服务的类型和性质、有效通知的形式和准确程度、网络信息侵害权益的类型和程度等因素综合判断。

（2）其发布的信息被采取删除、屏蔽、断开链接等措施的网络用户，主张网络服务提供者承担违约责任或者侵权责任，网络服务提供者以收到《民法典》第1195条第1款规定的有效通知为由抗辩的，人民法院应予支持。

（3）人民法院依据《民法典》第1197条认定网络服务提供者是否"知道或者应当知道"，应当综合考虑下列因素：①网络服务提供者是否以人工或者自动方式对侵权网络信息以推荐、排名、选择、编辑、整理、修改等方式作出处理；②网络服务提供者应当具备的管理信息的能力，以及所提供服务的性质、方式及其引发侵权的可能性大小；③该网络信息侵害人身权益的类型及明显程度；④该网络信息的社会影响程度或者一定时间内的浏览量；⑤网络服务提供者采取预防侵权措施的技术可能性及其是否采取了相应的合理措施；⑥网络服务提供者是否针对同一网络用户的重复侵权行为或者同一侵权信息采取了相应的合理措施；⑦与本案相关的其他因素。

（4）人民法院认定网络用户或者网络服务提供者转载网络信息行为的过错及其程度，应当综合以下因素：①转载主体所承担的与其性质、影响范围相适应的注意义务；②所转载信息侵害他人人身权益的明显程度；③对所转载信息是否作出实质性修改，是否添加或者修改文章标题，导致其与内容严重不符以及误导公众的可能性。

附：避风港规则流程图

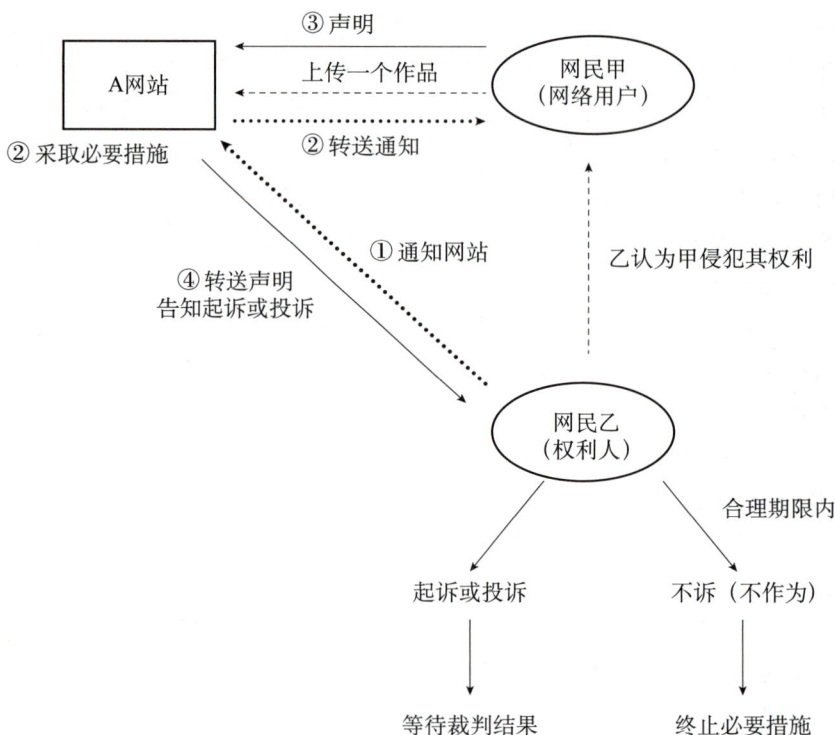

七、经营者、管理人和组织者违反安全保障义务的侵权责任

《民法典》第 1198 条　宾馆、商场、银行、车站、机场、体育场馆、娱乐场所等经营场所、公共场所的经营者、管理者或者群众性活动的组织者，未尽到安全保障义务，造成他人损害的，应当承担侵权责任。

因第三人的行为造成他人损害的，由第三人承担侵权责任；经营者、管理者或者组织者未尽到安全保障义务的，承担相应的补充责任。经营者、管理者或者组织者承担补充责任后，可以向第三人追偿。

安全保障义务是指宾馆、商场、银行、车站、机场、体育场馆、娱乐场所等经营场所、公共场所的经营者、管理者或者群众性活动的组织者负有保障他人人身安全、财产安全的注意义务。违反安全保障义务的侵权责任适用的是一般的过错责任原则。物业服务企业等建筑物管理人应当采取必要的安全保障措施防止高空抛物和高空坠物的发生；未采取必要的安全保障措施的，应当依法承担未履行安全保障义务的侵权责任。

第三人的行为下未尽到安保义务：**过错补充责任**。具体而言，分三种情况：

第一种情况：第三人有能力的，独立承担责任。

第二种情况：第三人没有能力或者没有足够能力，但安保义务人无过错的，安保义务人不承担责任。

第三种情况：第三人没有能力或者没有足够能力，但安保义务人有过错的，安保义务人承担与其过错相应的补充责任。经营者、管理者或者组织者承担补充责任后，可以向第三人追偿。

例 A 请 B、C 去饭店吃饭。A、B、C 三人均未成年。其间 B、C 产生冲突，饭店老板王某和员工均未劝说，也未报警。后 B 上厕所时，C 趁机用饮料瓶将 B 打伤。则下列说法正确的有：

A. 王某要和 C 承担连带责任

B. 王某要承担补充责任

C. A 的监护人要承担责任

D. C 的监护人要承担责任

【答案】 BD

【例题】（2015–3–23）某洗浴中心大堂处有醒目提示语："到店洗浴客人的贵重物品，请放前台保管"。甲在更衣时因地滑摔成重伤，并摔碎了手上价值 20 万元的定情信物玉镯。经查明：因该中心雇用的清洁工乙清洁不彻底，地面湿滑导致甲摔倒。下列哪一选项是正确的？

A. 甲应自行承担玉镯损失

B. 洗浴中心应承担玉镯的全部损失

C. 甲有权请求洗浴中心赔偿精神损害

D. 洗浴中心和乙对甲的损害承担连带责任

【答案】 C

八、教育机构的侵权责任

无民事行为能力人或者限制民事行为能力人在幼儿园、学校或者其他教育机构学习、生活期间，是由教育机构而非其监护人实际履行教育和管理职责，如果教育机构未尽到相关职责，而使无民事行为能力人或者限制民事行为能力人受到人身伤害的，理应由教育机构承担相应的侵权责任。

《民法典》第 1199 条　无民事行为能力人在幼儿园、学校或者其他教育机构学习、生活期间受到人身损害的，幼儿园、学校或者其他教育机构应当承担侵权责任；但是，能够证明尽到教育、管理职责的，不承担侵权责任。

《民法典》第 1200 条　限制民事行为能力人在学校或者其他教育机构学习、生活期间受到人身损害，学校或者其他教育机构未尽到教育、管理职责的，应当承担侵权责任。

《民法典》第 1201 条　无民事行为能力人或者限制民事行为能力人在幼儿园、学校或者其他教育机构学习、生活期间，受到幼儿园、学校或者其他教育机构以外的第三人人身损害的，由第三人承担侵权责任；幼儿园、学校或者其他教育机构未尽到管理职责的，承担相应的补充责任。幼儿园、学校或者其他教育机构承担补充责任后，可以向第三人追偿。

> **应试点睛**
>
> 教育机构责任的隐含前提：完全民事行为能力人遭受损害教育机构不赔，非学习、生活期间教育机构不赔，财产损害教育机构不赔。

	校内侵权（学生打学生）	校外第三人侵权（流氓打学生）
无民事行为能力人受侵害	过错推定责任	与其过错相应的补充责任
限制民事行为能力人受侵害	过错责任	（先诉抗辩权 + 向第三人追偿①）

例 关于教育机构的侵权责任，下列说法正确的是：

A. 大一新生甲（18周岁）因与大三学生乙发生争执，被打伤花去医药费600元，新生甲可以要求学校承担适当的补偿责任

B. 小甲（7周岁）在校期间，被高年级的同学乙打伤，小甲的父母如果要求学校承担责任，则需要证明学校未尽到教育、管理职责

C. 小甲（7周岁）在校期间，因被学校门前卖东西的小商贩乙怀疑偷东西而打伤，小甲的父母如果要求学校承担责任，则需要举证学校未尽到管理职责

D. 小甲（11周岁）在校期间，被高年级同学乙打伤，小甲的父母如果要求学校承担责任，则需要举证学校未尽到教育、管理职责

【答案】CD

【例题】（2009-3-23）某小学组织春游，队伍行进中某班班主任张某和其他教师闲谈，未跟进照顾本班学生。该班学生李某私自离队购买食物，与小贩刘某发生争执被打伤。对李某的人身损害，下列哪一说法是正确的？

A. 刘某应承担赔偿责任

B. 某小学应承担赔偿责任

C. 某小学应与刘某承担连带赔偿责任

D. 刘某应承担赔偿责任，某小学应承担相应的补充赔偿责任

【答案】D

九、被帮工人、帮工人的侵权责任

无偿提供劳务的帮工人，在从事帮工活动中致人损害的，被帮工人应当承担赔偿责任。被帮工人承担赔偿责任后向有故意或者重大过失的帮工人追偿的，人民法院应予支持。**被帮工人明确拒绝帮工的，不承担赔偿责任**。

无偿提供劳务的帮工人因帮工活动遭受人身损害的，根据帮工人和被帮工人各自的过错承担相应的责任；被帮工人明确拒绝帮工的，被帮工人不承担赔偿责任，但可以在受益范围内予以适当补偿。

帮工人在帮工活动中因第三人的行为遭受人身损害的，有权请求第三人承担赔偿责任，也有权请求被帮工人予以适当补偿。被帮工人补偿后，可以向第三人追偿。

【例题】（2014-3-66）甲家盖房，邻居乙、丙前来帮忙。施工中，丙因失误从高处摔

---

① 无民事行为能力人或者限制民事行为能力人在幼儿园、学校或者其他教育机构学习、生活期间，受到教育机构以外的第三人人身损害，第三人、教育机构作为共同被告且依法应承担侵权责任的，人民法院应当在判决中明确，教育机构在人民法院就第三人的财产依法强制执行后仍不能履行的范围内，承担与其过错相应的补充责任。被侵权人仅起诉教育机构的，人民法院应当向原告释明申请追加实施侵权行为的第三人为共同被告。第三人不确定的，未尽到管理职责的教育机构先行承担与其过错相应的责任；教育机构承担责任后向已经确定的第三人追偿的，人民法院依照民法典第一千二百零一条的规定予以支持。

下受伤，乙不小心撞伤小孩丁。下列哪些表述是正确的？

A. 对丙的损害，甲应承担赔偿责任，但可减轻其责任

B. 对丙的损害，甲不承担赔偿责任，但可在受益范围内予以适当补偿

C. 对丁的损害，甲应承担赔偿责任

D. 对丁的损害，甲应承担补充赔偿责任

【答案】AC

十、见义勇为中受益人的补偿责任

《民法典》第183条　因保护他人民事权益使自己受到损害的，由侵权人承担民事责任，受益人可以给予适当补偿。没有侵权人、侵权人逃逸或者无力承担民事责任，受害人请求补偿的，受益人应当给予适当补偿。

《民法典》第184条　因自愿实施紧急救助行为造成受助人损害的，救助人不承担民事责任。

第四章　产品责任

📖 **本章导读**

本章要求考生熟练掌握产品责任的归责原则，产品责任的构成要件，产品责任的承担主体，惩罚性赔偿责任以及产品责任的免责事由。

💡 **知识点**

一、产品责任的构成要件

产品责任，是指产品因存在缺陷而致人损害，生产者、销售者等应当承担的侵权责任。

产品责任的构成要件为：

（1）产品存在缺陷。所谓产品的缺陷，是指产品存在危及人身、他人财产安全的不合理的危险；产品有保障人体健康和人身、财产安全的国家标准、行业标准的，是指不符合该标准。

（2）缺陷产品造成了受害人民事权益的损害。

（3）缺陷产品与受害人的损害后果之间存在因果关系。

二、产品责任的承担主体

产品责任的承担主体主要是生产者和销售者。在外部关系上，产品的生产者和销售者都对缺陷产品的受害人承担无过错责任。在其内部关系上，产品缺陷由生产者造成的，销售者赔偿后，有权向生产者追偿。因销售者的过错使产品存在缺陷的，生产者赔偿后，有权向销售者追偿。此时，产品的生产者承担的是无过错责任，只要销售者能够证明缺陷产品是由生产者造成，以及其已向受害人承担赔偿责任；而产品的销售者承担的是过错责任，生产者一般应当证明销售者有过错，以及其已向受害人承担赔偿责任，即可向销售者追偿。基于上述，产品的生产者和销售者对缺陷产品的受害人承担的是不真正连带责任，而非连带责任。

另外，缺陷产品运输者、仓储者等第三人应承担过错责任。产品的运输者、仓储者等第三人不按照有关规定和产品包装上标明的储藏、运输等标准进行储存、运输，造成产品缺陷，应对缺陷产品造成他人损害承担侵权责任。但是，因运输者、仓储者等第三人的过错使产品存在缺陷，造成他人损害的，一般应先由产品的生产者或者销售者向缺陷产品的受害人赔偿，生产者或者销售者在实际赔偿之后方有权向缺陷产品运输者、仓储者等第三人追偿。

三、产品责任的免责事由

产品责任是无过错责任，被诉请承担产品责任的人一般不得以自己无过错为由而主张免责，但是《产品质量法》第41条第2款为生产者规定了以下三种免责事由：（1）生产者能够证明未将产品投入流通的；（2）生产者能够证明产品投入流通时，引起损害的缺陷尚不存在的；（3）生产者能够证明将产品投入流通时的科学技术水平尚不能发现缺陷的存在的。同时，是否存在上述免责事由，应由生产者负举证责任。

【例题】（2013-3-15）李某用100元从甲商场购买一只电热壶，使用时因漏电致李某手臂灼伤，花去医药费500元。经查该电热壶是乙厂生产的。下列哪一表述是正确的？

A. 李某可直接起诉乙厂要求其赔偿500元损失

B. 根据合同相对性原理，李某只能要求甲商场赔偿500元损失

C. 如李某起诉甲商场，则甲商场的赔偿范围以100元为限

D. 李某只能要求甲商场更换电热壶，500元损失则只能要求乙厂承担

【答案】A

【例题】（2011-3-67）甲系某品牌汽车制造商，发现已投入流通的某款车型刹车系统存在技术缺陷，即通过媒体和销售商发布召回该款车进行技术处理的通知。乙购有该车，看到通知后立即驱车前往丙销售公司，途中因刹车系统失灵撞上大树，造成伤害。下列哪些说法是正确的？

A. 乙有权请求甲承担赔偿责任

B. 乙有权请求丙承担赔偿责任

C. 乙有权请求惩罚性赔偿

D. 甲的责任是无过错责任

【答案】ABD

四、特殊责任

1. 产品投入流通后发现存在缺陷的，生产者、销售者应当及时采取停止销售、警示、召回等补救措施；未及时采取补救措施或者补救措施不力造成损害扩大的，对扩大的损害也应当承担侵权责任。

依据上述规定采取召回措施的，生产者、销售者应当负担被侵权人因此支出的必要费用。

2. 明知产品存在缺陷仍然生产、销售，或者没有依据上述规定采取补救措施，造成他人死亡或者健康严重损害的，被侵权人有权请求相应的惩罚性赔偿。

3. 因产品存在缺陷造成买受人财产损害，买受人有权请求产品的生产者或者销售者赔偿缺陷产品本身损害以及其他财产损害的。

第五章　机动车交通事故责任

扫描右侧二维码"听课＋做题"，直达最佳学习效果

1. 在线听课：学习本章节核心考点讲解课程。
2. 在线刷题：点击 🏠 进入题库做章节练习。

📖 本章导读

本章需要考生熟练掌握机动车交通事故责任的归责原则、机动车交通事故责任的构成要件，机动车交通事故责任的责任主体。

💡 知识点

一、机动车交通事故责任的归责原则

（一）归责原则

机动车之间发生交通事故的，适用过错责任；机动车与非机动车驾驶人、行人之间发生交通事故的，机动车一方承担无过错责任。

（二）过失相抵

1. 机动车之间发生交通事故，双方都有过错的，按照各自过错的比例分担责任。

2. 机动车与非机动车驾驶人、行人之间发生交通事故，有证据证明非机动车驾驶人、行人有过错的，根据过错程度适当减轻机动车一方的赔偿责任；机动车一方没有过错的，承担不超过 10% 的赔偿责任。

（三）受害人故意免责

交通事故的损失是由非机动车驾驶人、行人故意碰撞机动车造成的，机动车一方不承担赔偿责任。

（四）好意同乘

非营运机动车发生交通事故造成无偿搭乘人损害，属于该机动车一方责任的，应当减轻其赔偿责任，但是机动车使用人有故意或者重大过失的除外。

例　甲搭乘同事乙的顺风车上班，如果乙闯红灯发生交通事故致甲损害，则不得减轻乙的赔偿责任。

二、机动车交通事故责任的责任主体

1.合法使用时，谁控制，谁承担责任（即驾驶人、使用人、有控制力的驾驶培训单位），包括以下情况：

（1）租赁、借用导致的所有人和使用人的分离——使用人承担责任（所有人过错相应）。

（2）转让机动车交付未登记（含多次转让）——受让人承担责任。

（3）未经允许驾驶他人机动车——驾驶人承担责任（所有人过错相应）。

（4）接受机动车驾驶培训活动中——驾驶培训单位承担责任。

（5）机动车试乘过程中发生交通事故造成试乘人损害——试乘服务者承担责任（试乘是指在经销商指定人的驾驶下，顾客乘坐在汽车上）。

2.涉及违法时，谁违法，谁承担责任，具体包括：

（1）买卖拼装报废车，含多次买卖的——所有的转让人、受让人承担连带责任。

> **应试点睛**
>
> 转让拼装报废车担责不以明知为要件。

（2）盗窃、抢劫、抢夺机动车的——盗抢人承担责任，盗窃人、抢劫人或者抢夺人与机动车使用人并非同一人，发生交通事故后属于该机动车一方责任的，由盗窃人、抢劫人或者抢夺人与机动车使用人承担连带责任。盗窃、抢劫或者抢夺的机动车发生交通事故造成他人人身损害，受害人或者死亡受害人的近亲属请求承保机动车强制保险的保险人在强制保险责任限额范围内先予赔偿的，人民法院应予支持。承保机动车强制保险的保险人承担赔偿责任后，向交通事故责任人追偿的，人民法院应予支持。

（3）驾车逃逸的——机动车驾驶人发生交通事故后逃逸，该机动车参加强制保险的，由保险人在机动车强制保险责任限额范围内予以赔偿；机动车不明、该机动车未参加强制保险或者抢救费用超过机动车强制保险责任限额，需要支付被侵权人人身伤亡的抢救、丧葬等费用的，由道路交通事故社会救助基金垫付。道路交通事故社会救助基金垫付后，其管理机构有权向交通事故责任人追偿。

（4）套牌车——套牌车的所有人、管理人承担责任（被套牌者知情的承担连带责任）。

3.与机动车责任险的关系。

（1）机动车发生交通事故造成损害，属于该机动车一方责任的，先由承保机动车强制保险的保险人在强制保险责任限额范围内予以赔偿；不足部分，由承保机动车商业保险的保险人按照保险合同的约定予以赔偿；仍然不足或者没有投保机动车商业保险的，由侵权人赔偿。

（2）未依法投保强制保险的机动车发生交通事故造成损害，投保义务人和交通事故责任人不是同一人，被侵权人合并请求投保义务人和交通事故责任人承担侵权责任的，交通事故责任人承担侵权人应承担的全部责任；投保义务人在机动车强制保险责任限额范围内与交通事故责任人共同承担责任，但责任主体实际支付的赔偿费用总和不应超出

被侵权人应受偿的损失数额。

投保义务人先行支付赔偿费用后，就超出机动车强制保险责任限额范围部分向交通事故责任人追偿的，人民法院应予支持。

（3）机动车驾驶人离开本车后，因未采取制动措施等自身过错受到本车碰撞、碾压造成损害，机动车驾驶人请求承保本车机动车强制保险的保险人在强制保险责任限额范围内，以及承保本车机动车商业第三者责任保险的保险人按照保险合同的约定赔偿的，人民法院不予支持，但可以依据机动车车上人员责任保险的有关约定支持相应的赔偿请求。

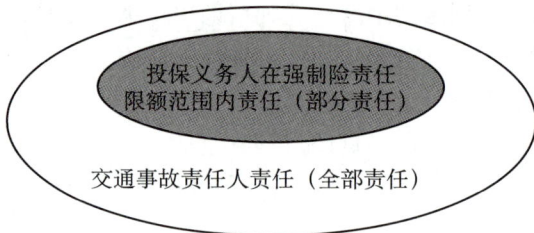

投保义务人在强制险责任限额范围内责任（部分责任）

交通事故责任人责任（全部责任）

例 1 机动车交通事故责任。

周某从迅达汽车贸易公司购买了 1 辆车，约定周某试用 10 日，试用期满后 3 日内办理登记过户手续。试用期间，周某违反交通规则将李某撞成重伤。现周某经济困难，无力赔偿。本案中的侵权责任应当如何承担？

答：本案中，周某违反交通规则将李某撞成重伤，出让人迅达汽车贸易公司没有过错，故该侵权责任应当由受让人周某承担，迅达汽车贸易公司不需要承担责任。

例 2 盗抢机动车交通事故责任。

乙骑摩托车回村途中被货车撞成重伤，公安部门认定货车司机丙承担全部责任。经查：丁为货车车主，该货车一年前被丙盗走，未买任何保险。本案中的侵权责任应当如何承担？

答：本案中，该造成侵害的车在一年前被盗，属于被盗的机动车，应当由盗窃人丙承担赔偿责任；丁作为登记的货车车主，无过错，不应当承担责任。

例 3 受害人重大过失的机动车交通事故责任。

甲以正常速度驾驶汽车（已投保）途中，突遇行人乙在非人行道处横穿公路，甲紧急刹车，但仍将乙撞伤。本案中的侵权责任应当如何承担？

答：本案中，行人乙在非人行道处横穿公路，属于违反道路交通安全法律、法规的情形；驾驶员甲以正常速度驾驶汽车且采取了紧急刹车的处置措施，故可减轻其赔偿责任，只承担部分责任（该部分责任最终由交强险保险公司予以承担）。

第六章　医疗损害责任

扫描右侧二维码"听课＋做题"，直达最佳学习效果

1. 在线听课：学习本章节核心考点讲解课程。

2. 在线刷题：点击🏠进入题库做章节练习。

📖 **本章导读**

　　本章需要考生熟练掌握医疗损害责任的构成要件，医疗活动中的其他责任，医疗损害责任的免责事由。

💡 **知识点**

一、医疗损害责任

（一）构成要件

　　医疗损害责任是指医疗机构或者其医务人员在诊疗活动中因过错导致患者遭受损害，医疗机构因此需要承担的侵权责任。

　　医疗损害责任应具备四个构成要件：

　　（1）医疗机构或者其医务人员在诊疗活动中存在违法行为。

　　（2）存在患者遭受损害的事实。①人身伤害。②名誉权、隐私权遭受损害。③财产损害。④精神损害，对以上权益的侵害都有可能造成患者的精神损害。

　　（3）医疗机构或者其医务人员的违法医疗行为与患者遭受损害的事实之间存在因果关系。

　　（4）医疗机构或者其医务人员存在过错。

　　根据《最高人民法院关于审理医疗损害责任纠纷案件适用法律若干问题的解释》第4条的规定，患者需要承担的举证责任包括：（1）患者到医疗机构就诊的证据；（2）患者到医疗机构就诊受到损害的证据；（3）医疗机构或者其医务人员有过错的证据；（4）诊疗行为与损害之间具有**因果关系**的证据。

　　患者无法提交医疗机构或者其医务人员有过错、诊疗行为与损害之间具有因果关系的证据，可以提出医疗损害鉴定申请。

> **应试点睛**
>
> 　　医疗损害责任的一般归责原则是过错责任原则而且举证责任不倒置（三种情况除外，下文详述）。

（二）三种情形下的医疗过失推定

1. 以下三种情况**推定**医疗机构有过错，医疗机构不能证明自己无过错的，须承担侵权责任：

（1）患者在诊疗活动中受到损害，医疗机构违反法律、行政法规、规章以及其他有关诊疗规范的规定。

（2）患者在诊疗活动中受到损害，医疗机构隐匿或者拒绝提供与纠纷有关的病历资料。

（3）患者在诊疗活动中受到损害，医疗机构遗失、伪造、篡改或者违法销毁病历资料。

2. 对医疗机构或者其医务人员的过错，应当依据法律、行政法规、规章以及其他有关诊疗规范进行认定，可以综合考虑患者病情的紧急程度、患者个体差异、当地的医疗水平、医疗机构与医务人员资质等因素。医务人员在诊疗活动中未尽到与当时的医疗水平相应的诊疗义务，造成患者损害的，医疗机构应当承担赔偿责任。

（三）免责事由

【相关法条】

《民法典》第 1224 条　患者在诊疗活动中受到损害，有下列情形之一的，医疗机构不承担赔偿责任：

（一）患者或者其近亲属不配合医疗机构进行符合诊疗规范的诊疗；

（二）医务人员在抢救生命垂危的患者等紧急情况下已经尽到合理诊疗义务；

（三）限于当时的医疗水平难以诊疗。

前款第一项情形中，医疗机构或者其医务人员也有过错的，应当承担相应的赔偿责任。

应试点睛

医疗责任要点有三：

过错责任为原则，三种情况转推定。特殊措施须同意，情况紧急有例外。免责事由有三项，最为特殊第一项。

【例题】（2016-3-23）田某突发重病神志不清，田父将其送至医院，医院使用进口医疗器械实施手术，手术失败，田某死亡。田父认为医院在诊疗过程中存在一系列违规操作，应对田某的死亡承担赔偿责任。关于本案，下列哪一选项是正确的？

A. 医疗损害适用过错责任原则，由患方承担举证责任

B. 医院实施该手术，无法取得田某的同意，可自主决定

C. 如因医疗器械缺陷致损，患方只能向生产者主张赔偿

D. 医院有权拒绝提供相关病历，且不会因此承担不利后果

【答案】A

（四）两种特殊情况中的责任

1. 两个以上医疗机构的诊疗行为造成患者同一损害，患者请求医疗机构承担赔偿责任的，应当区分不同情况，依照《民法典》第 1168 条、第 1171 条或者第 1172 条的规定，确定各医疗机构承担的赔偿责任。

2. 医疗机构邀请本单位以外的医务人员对患者进行诊疗，因受邀医务人员的过错造成患者损害的，由邀请医疗机构承担赔偿责任。

二、医疗伦理责任

医务人员在诊疗活动中应当**向患者说明**病情和医疗措施。需要实施手术、特殊检查、特殊治疗的，医务人员应当及时向患者具体说明医疗风险、替代医疗方案等情况，并取得其明确同意；不能或者不宜向患者说明的，应当向患者的近亲属说明，并取得其明确同意。医务人员未尽到上述义务，造成患者损害的，医疗机构应当承担赔偿责任，但未造成患者人身损害的除外。

因抢救生命垂危的患者等紧急情况，不能取得患者或者其近亲属意见的，经医疗机构负责人或者授权的负责人批准，可以立即实施相应的医疗措施。因抢救生命垂危的患者等紧急情况且不能取得患者意见时，下列情形可以认定为《民法典》第1220条规定的不能取得患者近亲属意见：（1）近亲属不明的；（2）不能及时联系到近亲属的；（3）近亲属拒绝发表意见的；（4）近亲属达不成一致意见的；（5）法律、法规规定的其他情形。上述情形，医务人员经医疗机构负责人或者授权的负责人批准立即实施相应医疗措施，患者因此请求医疗机构承担赔偿责任的，不予支持；医疗机构及其医务人员怠于实施相应医疗措施造成损害，患者请求医疗机构承担赔偿责任的，应予支持。

医疗机构及其医务人员应当按照规定填写并妥善保管住院志、医嘱单、检验报告、手术及麻醉记录、病理资料、护理记录等病历资料。患者要求查阅、复制上述病历资料的，医疗机构应当及时提供。

医疗机构及其医务人员应当对患者的隐私和个人信息**保密**。泄露患者的隐私和个人信息，或者未经患者同意公开其病历资料的，应当承担侵权责任。

医疗机构及其医务人员不得违反诊疗规范**实施不必要的检查**。

三、医疗产品责任

"医疗产品"包括药品、消毒产品、医疗器械等。

（一）惩罚性赔偿

医疗产品的生产者、销售者、药品上市许可持有人**明知**医疗产品存在缺陷仍然生产、销售，造成患者死亡或者健康严重损害，被侵权人请求生产者、销售者、药品上市许可持有人赔偿损失及2倍以下惩罚性赔偿的，人民法院应予支持。

（二）医疗产品责任（不真正连带责任）

因药品、消毒产品、医疗器械的缺陷，或者输入不合格的血液造成患者损害的，患者可以向药品上市许可持有人、生产者、血液提供机构请求赔偿，也可以向医疗机构请求赔偿。患者向医疗机构请求赔偿的，医疗机构赔偿后，有权向负有责任的药品上市许可持有人、生产者、血液提供机构追偿。

（三）医疗产品生产者、销售者与医疗机构分别侵权（连带责任）

缺陷医疗产品或者输入不合格血液与医疗机构的过错诊疗行为共同造成患者同一损害，患者请求医疗机构与医疗产品的生产者、销售者、药品上市许可持有人承担连带责任的，应予支持。

医疗机构或者医疗产品的生产者、销售者、药品上市许可持有人承担赔偿责任后，向其他责任主体追偿的，应当根据诊疗行为与缺陷医疗产品或者输入不合格血液造成患者损害的原因力大小确定相应的数额。

第七章　环境污染和生态破坏责任

📚 本章导读

　　本章要求考生掌握环境污染责任，生态破坏责任，环境污染和生态破坏责任的构成要件，环境污染和生态破坏责任的形式。

💡 知识点

一、环境污染和生态破坏责任的责任承担

1. 环境污染和生态破坏损害赔偿适用无过错责任原则。

2. 举证责任：污染者应当就其行为与损害之间不存在因果关系承担举证责任。

3. 在数人实施污染环境、破坏生态行为造成同一损失的情形下，可能构成共同加害行为、因果关系聚合型的无意思联络数人侵权或因果关系竞合型的无意思联络数人侵权。对此，可以根据不同情况分别确定责任承担。这其中有一种特殊情形，即两个以上侵权人分别实施污染环境、破坏生态行为造成同一损害，部分侵权人的污染环境、破坏生态行为足以造成全部损害，部分侵权人的污染环境、破坏生态行为只造成部分损害，被侵权人可以请求足以造成全部损害的侵权人与其他侵权人就共同造成的损害部分承担连带责任，并对全部损害承担责任。

4. 侵权人违反法律规定故意污染环境、破坏生态造成严重后果的，被侵权人有权请求相应的惩罚性赔偿。

5. 违反国家规定造成生态环境损害，生态环境能够修复的，国家规定的机关或者法律规定的组织有权请求侵权人在合理期限内承担修复责任。侵权人在期限内未修复的，国家规定的机关或者法律规定的组织可以自行或者委托他人进行修复，所需费用由侵权人负担。违反国家规定造成生态环境损害的，国家规定的机关或者法律规定的组织有权请求侵权人赔偿下列损失和费用：

（1）生态环境受到损害至修复完成期间服务功能丧失导致的损失；

（2）生态环境功能永久性损害造成的损失；

（3）生态环境损害调查、鉴定评估等费用；

（4）清除污染、修复生态环境费用；

（5）防止损害的发生和扩大所支出的合理费用。

例 甲厂在东，乙厂在西，中间是一块农田10亩，甲厂排放的工业废水是红色的，乙厂排放的工业废水是绿色的：

若甲厂与乙厂排放的废水均可以将10亩农田全部污染，则甲厂与乙厂对农田的损失承担连带责任；

若甲厂的废水造成4亩损害，乙厂的废水造成6亩损害，则甲厂与乙厂承担按份责任；

若甲厂的废水造成10亩损害，乙厂的废水造成4亩损害，则就此4亩农田甲厂与乙厂承担连带责任，其余6亩农田由甲厂自己承担责任。

二、环境污染和生态破坏责任的免责事由

环境污染和生态破坏责任的免责事由主要有两项：（1）不可抗力；（2）受害人故意。而减责事由是重大过失。这些免责事由和减责事由都应由侵权人来举证证明。

除此之外，第三人过错不构成环境污染和生态破坏责任的免责事由或减责事由。因第三人的过错污染环境、破坏生态的，被侵权人可以向侵权人请求赔偿，也可以向第三人请求赔偿。侵权人赔偿后，有权向第三人追偿。被侵权人可以分别或者同时起诉侵权人、第三人。被侵权人请求第三人承担赔偿责任的，人民法院应当根据第三人的过错程度确定其相应赔偿责任。此处第三人和侵权人之间承担的是不真正连带责任。

【例题】（2015-3-22）甲、乙、丙三家公司生产三种不同的化工产品，生产场地的排污口相邻。某年，当地大旱导致河水水位大幅下降，三家公司排放的污水混合发生化学反应，产生有毒物质致使河流下游丁养殖场的鱼类大量死亡。经查明，三家公司排放的污水均分别经过处理且符合国家排放标准。后丁养殖场向三家公司索赔。下列哪一选项是正确的？

A. 三家公司均无过错，不承担赔偿责任

B. 三家公司对丁养殖场的损害承担连带责任

C. 本案的诉讼时效是2年

D. 三家公司应按照污染物的种类、排放量等因素承担责任

【答案】D

第八章 高度危险责任

本章导读

本章要求考生掌握民用核事故致害责任,民用航空器致害责任,高度危险物致害责任,高度危险活动致害责任,高度危险区域致害责任。

知识点

一、高度危险责任的类型

高度危险责任,是指从事高度危险作业造成他人损害应当承担的侵权责任。从事高度危险作业造成他人损害的,应当承担侵权责任。高度危险责任可以区分为:(1)高度危险物品致害责任,包括民用核设施致害责任和高度危险物致害责任;(2)高度危险活动致害责任,包括民用航空器致害责任和高空、高压、地下挖掘活动致害责任;(3)高度危险区域致害责任,包括高速轨道运输工具致害责任和高度危险区域管理人的责任。

二、高度危险责任的责任主体和免责事由

高危行为类型	责任主体	归责原则	免责事由
民用核设施或者运入运出核设施的核材料	营运单位	无过错责任	战争、武装冲突、暴乱、受害人故意
民用航空器	经营者	无过错责任	战争[1]、受害人故意
占有或者使用高度危险物	占有人或者使用人	无过错责任	受害人故意和不可抗力免责,受害人重大过失减责
遗失、抛弃高度危险物	所有人	无过错责任	限于法律规定
将高度危险物交由他人管理	(1)管理人	无过错责任	限于法律规定
	(2)有过错的所有人承担连带责任	过错责任	
非法占有高度危险物	(1)非法占有人	无过错的责任	限于法律规定
	(2)有过错的所有人、管理人承担连带责任	过错推定	所有人对防止非法占有尽到高度注意义务

---

① 《民用航空法》第160条 损害是武装冲突或者骚乱的直接后果,依照本章规定应当承担责任的人不承担责任。

续表

高危行为类型	责任主体	归责原则	免责事由
未经许可进入高度危险活动区域或者高度危险物存放区域	管理人	无过错责任	管理人已经采取足够安全措施并尽到充分警示义务
从事高空、高压、地下挖掘活动或者使用高速轨道运输工具	经营者	无过错责任	受害人故意和不可抗力免责，受害人重大过失减责

第九章　饲养动物损害责任

扫描右侧二维码"听课 + 做题"，直达最佳学习效果
1. 在线听课：学习本章节核心考点讲解课程。
2. 在线刷题：点击🏠进入题库做章节练习。

📖 本章导读

本章需要考生掌握饲养动物损害责任的构成要件，饲养动物损害责任的承担，饲养动物损害责任的减轻或免责事由。

💡 知识点

一、饲养动物损害责任的归责原则与免责事由

饲养动物损害责任，是指饲养的动物造成他人损害，动物饲养人或者管理人应当承担的侵权责任。

动物侵权适用**三层次的归责原则**，即"**绝对无过错责任——一般无过错责任——过错推定责任**"。

（1）禁止饲养的烈性犬等危险动物造成他人损害的，动物饲养人、管理人承担无过错责任且没有免责事由。

（2）没有安全措施的动物造成他人损害的，动物饲养人、管理人承担无过错责任，能够证明损害是因被侵权人故意造成的，可以减轻责任。

（3）一般的动物侵权，动物饲养人、管理人承担无过错责任；如果受害人有故意或者重大过失的，动物饲养人、管理人可以减轻或者免除责任。

（4）动物园的动物造成他人损害的，动物园承担过错推定责任，可以证明自己无过错而免责。

二、第三人原因导致的动物侵权

因第三人的过错致使动物造成他人损害的，被侵权人**可以**向动物饲养人或者管理人请求赔偿，**也可以向第三人请求赔偿**。动物饲养人或者管理人赔偿后，**有权向第三人追偿**。

此条规定属于不真正连带责任，被侵权人可以在动物饲养人或者管理人和第三人之间择一起诉，但终局责任人为第三人，即动物饲养人或者管理人赔偿后可以向第三人追偿，但第三人不能向动物饲养人或者管理人追偿。

【**例题**】（2015-3-67）关于动物致害侵权责任的说法，下列哪些选项是正确的？

A. 甲 8 周岁的儿子翻墙进入邻居院中玩耍，被院内藏獒咬伤，邻居应承担侵权责任

B. 小学生乙和丙放学途经养狗的王平家，丙故意逗狗，狗被激怒咬伤乙，只能由丙的监护人对乙承担侵权责任

C. 丁下夜班回家途经邻居家门时，未看到邻居饲养的小猪趴在路上而绊倒摔伤，邻居应承担侵权责任

D. 戊带女儿到动物园游玩时，动物园饲养的老虎从破损的虎笼蹿出将戊女儿咬伤，动物园应承担侵权责任

【**答案**】ACD

第十章 物件损害责任

📚 本章导读

本章要求考生掌握建筑物、构筑物或者其他设施倒塌、塌陷致害责任,建筑物、构筑物或者其他设施及其搁置物、悬挂物脱落、坠落致害责任,建筑物中抛掷物品或者建筑物上坠落物品致害责任,堆放物倒塌、滚落或者滑落致害责任,公共道路堆放、倾倒、遗撒妨碍通行的物品致害责任,地下施工及地下设施致害责任。

💡 知识点

一、物件损害责任归责原则

物件损害责任,是指建筑物、构筑物、道路、林木等人工物造成他人损害时,责任人应当承担的侵权责任。物件损害责任在《民法典》侵权责任编规定有数种具体类型,不同类型适用不同的归责原则,概括而言,就是一句口诀——**物件侵权都推定,只有个别是例外**。

(1)适用过错推定责任的,包括建筑物等脱落、坠落致害责任,堆放物倒塌、滚落或者滑落致害责任,公共道路妨碍通行物致害责任,林木折断、倾倒或者果实坠落致害责任,窨井等地下设施致害责任,地面施工致害责任。

①建筑物、构筑物或者其他设施及其搁置物、悬挂物发生脱落、坠落造成他人损害,所有人、管理人或者使用人不能证明自己没有过错的,应当承担侵权责任。所有人、管理人或者使用人赔偿后,有其他责任人的,有权向其他责任人追偿。

②堆放物倒塌、滚落或者滑落造成他人损害,堆放人不能证明自己没有过错的,应当承担侵权责任。

③在公共道路上堆放、倾倒、遗撒妨碍通行的物品造成他人损害的,由行为人承担侵权责任。公共道路管理人不能证明已经尽到清理、防护、警示等义务的,应当承担相应的责任。

④因林木折断、倾倒或者果实坠落等造成他人损害,林木的所有人或者管理人不能证明自己没有过错的,应当承担侵权责任。

⑤在公共场所或者道路上挖掘、修缮安装地下设施等造成他人损害,施工人不能证

明已经设置明显标志和采取安全措施的，应当承担侵权责任。

⑥窨井等地下设施造成他人损害，管理人不能证明尽到管理职责的，应当承担侵权责任。

（2）适用无过错责任的：建筑物、构筑物或者其他设施倒塌、塌陷致害责任。

建筑物、构筑物或者其他设施倒塌、塌陷造成他人损害的，由建设单位与施工单位承担连带责任，但是建设单位与施工单位能够证明不存在质量缺陷的除外。建设单位、施工单位赔偿后，有其他责任人的，有权向其他责任人追偿。

因所有人、管理人、使用人或者第三人的原因，建筑物、构筑物或者其他设施倒塌、塌陷造成他人损害的，由所有人、管理人、使用人或者第三人承担侵权责任。

（3）适用公平责任的：抛掷物、坠落物致害责任（高空抛物）。

禁止从建筑物中抛掷物品。从建筑物中抛掷物品或者从建筑物上坠落的物品造成他人损害的，由侵权人依法承担侵权责任；经调查难以确定具体侵权人的，除能够证明自己不是侵权人的外，由可能加害的建筑物使用人给予补偿。可能加害的建筑物使用人补偿后，有权向侵权人追偿。

物业服务企业等建筑物管理人应当采取必要的安全保障措施防止上述情形的发生；未采取必要的安全保障措施的，应当依法承担**未履行安全保障义务**的侵权责任。

发生上述情形的，公安等机关应当依法及时调查，查清责任人。

二、三种情况的区分

	建筑物倒塌、塌陷	脱落、坠落	高空作业	高空抛物
归责原则	无过错	过错推定	无过错	公平补偿
责任主体	建设单位与施工单位	所有人、管理人或者使用人	高空作业人	可能加害的建筑物使用人
追偿	向其他责任人追偿	向其他责任人追偿		向侵权人追偿

【例题】（2008-3-16）大华商场委托飞达广告公司制作了一块宣传企业形象的广告牌，并由飞达公司负责安装在商场外墙。某日风大，广告牌被吹落砸伤过路人郑某。经查，广告牌的安装存在质量问题。关于郑某的损害，下列哪一选项是正确的？

A.大华商场承担赔偿责任，飞达公司承担补充赔偿责任

B.飞达公司承担赔偿责任，大华商场承担补充赔偿责任

C.大华商场承担赔偿责任，但其有权向飞达公司追偿

D.飞达公司承担赔偿责任，大华商场不承担责任

【答案】C

【例题】（2020真题回忆版）洪某在某小区被不明业主高空抛下的物品砸伤，花费医疗费数万元，于是将二楼以上住户、小区物业公司、管区派出所告上法庭索赔。对此，下列哪些说法是正确的？

A.二楼以上住户、物业公司不承担连带责任

B.二楼以上住户若能证明自己不在家，则不承担责任

C.派出所承担查清案件事实的责任

D.物业公司承担安全保障责任

【答案】ABCD

三、高空抛物的责任细化

1.高空坠物无具体侵权人时物业服务企业的直接责任与法律适用。

物业服务企业等建筑物管理人未采取必要的安全保障措施防止建筑物、构筑物或者其他设施及其搁置物、悬挂物发生脱落造成他人损害，没有具体侵权人的，人民法院应当依照《民法典》第1198条第1款、第1253条的规定认定物业服务企业等建筑物管理人应当承担的侵权责任。

2.高空抛坠物具体侵权人能够确定时物业服务企业的补充责任、顺位抗辩、法律适用及裁判主文。

物业服务企业等建筑物管理人未采取必要的安全保障措施防止从建筑物中抛掷物品或者从建筑物上坠落的物品造成他人损害，具体侵权人、物业服务企业等建筑物管理人作为共同被告的，人民法院应当依照民法典第一千一百九十八条第二款、第一千二百五十四条的规定，在判决中明确，未采取必要安全保障措施的物业服务企业等建筑物管理人在人民法院就具体侵权人的财产依法强制执行后仍不能履行的范围内，承担与其过错相应的补充责任。

3.高空抛坠物具体侵权人难以确定时物业服务企业与可能加害的建筑物使用人的责任顺位和追偿。

物业服务企业等建筑物管理人未采取必要的安全保障措施防止从建筑物中抛掷物品或者从建筑物上坠落物品造成他人损害，经公安等机关调查，民事案件一审法庭辩论终结前仍无法确定具体侵权人的，未采取必要安全保障措施的物业服务企业等建筑物管理人承担与其过错相应的责任。被侵权人其余部分的损害，由可能加害的建筑物使用人给予适当补偿。

具体侵权人确定后，承担责任的物业服务企业等建筑物管理人、可能加害的建筑物使用人向具体侵权人追偿的，人民法院应予支持。

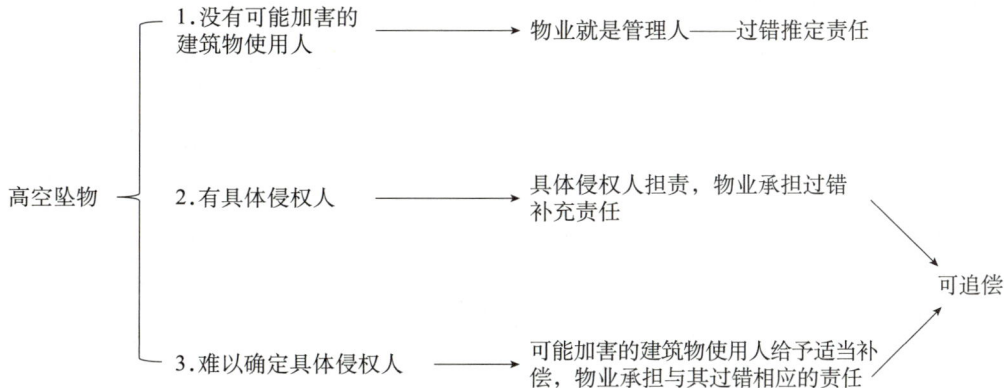

高空坠物
- 1.没有可能加害的建筑物使用人 → 物业就是管理人——过错推定责任
- 2.有具体侵权人 → 具体侵权人担责，物业承担过错补充责任 → 可追偿
- 3.难以确定具体侵权人 → 可能加害的建筑物使用人给予适当补偿，物业承担与其过错相应的责任 → 可追偿